Die Wahrheit hinter den Akten

Ein Ex-Häftling über die Justiz und ihre Machenschaften

Daniel Kessler

Die Wahrheit hinter den Akten

Ein Ex-Häftling über die Justiz und ihre Machenschaften

Bibliografische Information der Deutschen Nationalbibliothek:
Die Deutsche Nationalbibliothek verzeichnet diese Publikation in der Deutschen Nationalbibliografie; detaillierte bibliografische Daten sind im Internet über http://portal.dnb.de abrufbar.

ISBN 978-3-98885-054-6

Umschlagillustration:
THE Ä-TEAM
Thomas Ströbele
www.theaeteam.de

www.rediroma-verlag.de
13,95 Euro (D)

Inhalt

Grußwort von Werner Hansch

Liebe Leserin, lieber Leser!

Sobald der Spielteufel Sie erwischt hat – meist geschieht dies beiläufig, zufällig, kaum bemerkt – übernimmt er rasend schnell die Kontrolle über Ihr Leben. Sie verlieren erst Ihre Seele, dann Ihr Vermögen. Über einen sehr großen Zeitraum erkennen Sie keine Sucht, kein krankhaftes Verhalten, später versuchen Sie den Scherbenhaufen mit allen Mitteln zu vertuschen. Es sind furchtbare Qualen, weil Sie Menschen hintergehen und enttäuschen.

Genau das ist mir über einen langen Zeitraum widerfahren. Ich war Gefangener dieser Sucht und, wie ich heute weiß, nicht mehr Herr meiner Sinne. Je geringer mein Kontostand wurde, umso größer wurde der Zwang, mir Geld zur Befriedigung der Sucht zu besorgen, ähnlich wie es Drogenabhängige tun. Als meine Erkrankung öffentlich wurde, hat mir das förmlich den Boden unter den Füßen weggerissen. Aber das war auch ein Moment, Scherben aufzufegen und Stück für Stück einen Neustart zu wagen. Wohlwissend, dass das ein gewaltiger Kraftakt ist.

Der Autor dieses Buch, Daniel Kessler, ist verheirateter Familienvater und Mitarbeiter im Rettungsdienst. Wegen seiner Spielsucht ist er sogar im Gefängnis gelandet. Den tragischen Suchtverlauf hat er offen dargelegt, die Hose bis auf die Sprunggelenke heruntergelassen. Großen Respekt für diesen Mut! Sich der Krankheit bewusst zu werden, vor allem mit einem Anstoß von außen und dem Zuspruch von Angehörigen, ist hier entscheidend. Mit großer Freude habe ich erfahren, dass Daniel erst Freigänger wurde und nun aus der

Haft entlassen wurde. Für die Zukunft wünsche ich ihm nur das Allerbeste!

Noch ein Hinweis in eigener Sache, für mich eine Herzensangelegenheit: Zusammen mit Rechtsanwalt Marc Ellerbrock habe ich vor einigen Monaten das Startup „Zockerhelden" gegründet – und die Resonanz ist unglaublich. Womöglich gelte ich als ältester Startup-Gründer Deutschlands. Das hat mich sogar noch mehr motiviert, da der Hintergrund ein sehr wichtiger ist: Wir möchten Menschen dabei unterstützen, sich Teile von Glücksspielverlusten zurückzuholen.

Der Weg aus der Sucht ist kein leichter, der Weg zu finanzieller Gesundung ebenfalls nicht. Doch ich freue mich über jeden Betroffenen, der sich Hilfe holt und einen Ausweg aus der Spielhölle findet.

Alles Gute sowie erhellende Momente beim Lesen dieses Buches

wünscht
Werner Hansch

Vorwort

Nachdem der erste Teil „Game Over 23.01.2020: Wetten, Knast & COVID-19“ am 23.11.2021 veröffentlicht wurde, folgt nun die angekündigte Fortsetzung. In diesem Buch tauche ich noch tiefer in die offenen Wunden der Justiz ein. Ein besonderes Augenmerk richte ich auf die Vetternwirtschaft in den Ulmer Justizbehörden. Des Weiteren schildere ich ein packendes und zugleich erschütterndes Gespräch, das ich exklusiv mit einem Pädophilen geführt habe. Außerdem berichte ich über eine mir zugetragene Körperverletzung innerhalb der Justizvollzugsanstalt. Darüber hinaus informiere ich über den reformierten Glücksspielstaatsvertrag und gebe den Lesern Einblick in die haftverschärfenden Einschränkungen durch COVID-19. Die schwierige Suche nach einem Arbeitgeber aufgrund meiner Haftsituation sowie meine Verlegung in das Freigängerheim spielen ebenfalls eine tragende Rolle in diesem Buch. Zusätzlich möchte ich erwähnen, dass ich zusammen mit meiner Anwältin erfolgreich die Entlassung nach Verbüßung der Hälfte der Strafe erreicht habe.

Rechtliche Aspekte

Zum Schutz der Strafgefangenen und Bediensteten, die ich während meiner Haftzeit kennengelernt habe, habe ich sämtliche Namen, die in meinem Buch erwähnt werden, frei erfunden. Die beschriebenen Straftaten und Handlungen entsprechen jedoch den tatsächlichen Erlebnissen, die ich persönlich in Haft gemacht habe. Für die geführten Interviews mit den Strafgefangenen Cem und Dieter wurde ihre schriftliche Zustimmung zur freien Verwendung und Wiedergabe in jeglicher medialen Form, online und offline, ohne Rechtsanspruch an den Autor oder den Verlag, eingeholt. Ich distanziere mich ausdrücklich von Straftaten gegen die sexuelle Selbstbestimmung und Pädophilie. Die berichteten Straftaten sollen keinesfalls zur Sensationslust dienen. Ich möchte meinen Lesern jedoch Cems grausame und schockierende Gedanken und Taten verdeutlichen und gleichzeitig auf das Strafrecht der Bundesrepublik Deutschland hinweisen, indem ich das Strafmaß eines solchen Täters im Vergleich zu meinem eigenen Strafmaß und den Folgen für die geschädigten Personen betrachte. Sollte das Buch Links zu Websites Dritter enthalten, übernehme ich keine Haftung für deren Inhalte. Diese werden nicht zu eigen gemacht, sondern verweisen lediglich auf den Stand zum Zeitpunkt der Erstveröffentlichung.

Das Buch basiert auf dem Grundrecht der freien Meinungsäußerung gemäß Artikel 5 Absatz 1 des Grundgesetzes, das die Wahl des Ortes für eine wirksame Meinungsäußerung einschließt. Es wird geschützt, dass der Äußernde die Umstände wählen kann, von denen er sich die größte Verbreitung oder die stärkste Wirkung seiner Meinungsäußerung

Reaktionen und Meinungen

11FREUNDE – Magazin für Fußballkultur
Nr. 243 02/2022: „Raus aus dem Teufelskreis: Plädoyer gegen Glücksspiel“

Dr. med. Michael Tsokos – Spiegel-Bestsellerautor
„Spielsucht ist ein wichtiges Thema. Hier berichtet ein Betroffener.“

Uli B. – Leser
„Ein sehr informatives Buch über Spielsucht mit lustigen Anekdoten aus dem Leben des Autors.“

Schwäbische – Tageszeitung
23.12.2021: „Spielend in den Knast – Ein Süchtiger packt aus“

Ludwigsburger Kreiszeitung – Tageszeitung
15.11.2021: „Ich habe allen eine heile Welt vorgespielt“

SWR Nacht Café
14.04.2023: „Wenn der Schein trügt“

Donau 3FM
30.04.2023: „Sabrina trifft... Daniel Kessler“

Stuttgarter Zeitung
02.05.2023: „Daniel Kessler verzockte eine halbe Million Euro“

Über den Autor

Daniel Kessler ist zum Zeitpunkt seiner Inhaftierung 32 Jahre alt. Er lebt zusammen mit seiner Ehefrau und Tochter nahe Ludwigsburg, unweit der Landeshauptstadt Baden-Württembergs, Stuttgart. Seine Eltern trennten sich früh, seine Mutter war Alkoholikerin, sein Vater verstarb, als Daniel Kessler 21 Jahre alt war. Nach seinem Realschulabschluss absolvierte er eine Ausbildung zum Kaufmann für Verkehrsservice bei der Deutschen Bahn AG in Stuttgart. Anschließend arbeitete er am Flughafen Stuttgart und wechselte dann als hauptberuflicher Rettungssanitäter zum Malteser Hilfsdienst im Rettungsdienstbezirk Stuttgart. Dort war er in der Notfallrettung, im Krankentransport, im ärztlichen Bereitschaftsdienst sowie als Beauftragter für die Sozialen Medien tätig. Im Januar 2019 begann er seine Ausbildung zum Disponenten bei der integrierten Leitstelle des Landkreises Ludwigsburg. Dort war er für die Einsatzmittel-Disposition sowie die Bearbeitung von Hilfeersuchen über den europaweiten Notruf 112 und Krankentransport 19222 zuständig. In seiner Freizeit widmet er sich der Zivilluftfahrt. Zudem war er Gründungsmitglied der Jugendfeuerwehr Hemmingen und engagierte sich nach seiner Grundausbildung als Maschinist für Löschfahrzeuge sowie als Schriftführer in der Einsatzabteilung.

Die historische Entwicklung des Strafvollzugs und der Freiheitsstrafe in Deutschland

In diesem Kapitel schaue ich zurück auf die historische Entwicklung des Strafvollzugs und der Freiheitsstrafe in Deutschland. Für manche Leser mag es zu Beginn ein trockenes Thema sein, dennoch finde ich es eine interessante Materie mit Blick auf die vorangegangene Entwicklung. Das Strafvollzugsrecht gehört wie das Kriminalrecht insgesamt zum öffentlichen Recht im weiteren Sinne. Es umfasst alle Rechtsnormen, die die Vollziehung freiheitsentziehender Kriminalsanktionen betreffen.

Schon begrifflich bedeutet Strafvollzug nicht die Durchführung sämtlicher strafgerichtlich verhängten Rechtsfolgen, dazu zählen auch Geldstrafen. Er beschränkt sich vielmehr auf den stationären Vollzug der die Freiheit eines Straftäters entziehenden Kriminalsanktionen. Zum Bereich des Strafvollzugs zählen damit die Unrechtsreaktionen: Freiheitsstrafe (§§ 38 f. StGB), Jugendstrafe (§§ 17 f. JGG), Unterbringung in einem psychiatrischen Krankenhaus (§ 63 StGB), in einer Entziehungsanstalt (§ 64 StGB), in der Sicherungsverwahrung (§ 66 StGB) und militärischer Strafarrest (§ 9 WStG), soweit er in Justizvollzugsanstalten verbüßt wird.

Das Leben im Knast ist wie nirgendwo sonst von Paragrafen geprägt, also von Gesetzen, Vorschriften und Bürokratie. Das kann einen wahnsinnig machen und manche auch zur Verzweiflung bringen. Alles muss man im Knast schriftlich „beantragen“. In den vergangenen Jahren ist das System Knast noch viel komplizierter geworden. Das liegt an der Föderalismusreform. Da die Bundesländer sich überlegt hatten, auf dem Rücken der Gefangenen mehr Geld einzusparen, haben sie die Gesetzgebungskompetenz vom Bund übernommen. Aus dem alten Strafvollzugsgesetz (StVollzG) des Bundes sind zwischenzeitlich Landesstrafvollzugsgesetze geworden, die oft zu einer Verschlechterung der Lage der Gefangenen geführt haben.

Das Vollzugsziel lautet im Gesetz (§ 2 S.1 StVollzG): Im Vollzug der Freiheitsstrafe soll der Gefangene fähig werden, künftig in sozialer Verantwortung ein Leben ohne Straftaten zu führen. „Die Freiheitsstrafe ist der Entzug der Freiheit und nichts anderes, jedwede Übelzufügung darüber hinaus ist unzulässig", ein Zitat des ehemaligen Verfassungsrechtlers Frieder Dünkel. Auch Urteile des ehemaligen Präsidenten des Verfassungsgerichts, Udo Di Fabio, zeigen durchaus die Bekenntnisse, dass sowohl Verantwortungsbewusstsein als auch Moral innerhalb der Justiz noch keine effektive Achtung fänden.

Ist ein Täter von einem Strafgericht verurteilt worden und die Entscheidung in formelle Rechtskraft entsprungen, bedarf es einer Realisierung der angeordneten Rechtsfolge. Diese Strafverwirklichung untergliedert sich bei den freiheitsentziehenden Sanktionen in die Strafvollstreckung und den Strafvollzug. Im Gegensatz zum Strafvollzug stellt die Strafvollstreckung einen letzten Teil des Strafprozesses dar. Die Vollstreckung strafrichterlicher Entscheidungen ist geregelt in §§ 449 ff. StPO, ergänzt durch die Strafvollstreckungsordnung als bundeseinheitliche gültige Verwaltungsvorschrift, die die Gerichte nicht bindet. Die Strafvollstreckung umfasst alle Maßnahmen, die zur Ausführung der richterlichen Erkenntnisse notwendig sind. Das Vorgehen von der Rechtskraft der Entscheidung an bis hin zum Strafantritt, während der Strafverbüßung, insbesondere die generelle Überwachung dahingehend, dass Art und Dauer des Vollzugs den sanktionsrechtlichen Festsetzungen des Gerichts entsprechen, sowie das Verfahren zur Aussetzung des Restes einer Freiheitsstrafe zur Bewährung.

Die Strafvollstreckung obliegt im allgemeinen Strafrecht gemäß § 451 StPO der Staatsanwaltschaft als Vollstreckungsbehörde. Ist das Urteil rechtskräftig, wurde vom Urkundenbeamten eine Vollstreckbarkeitsbescheinigung erteilt und liegen keine Vollstreckungshindernisse vor, hat er unverzüglich die Vollstreckung einzuleiten.

Freiheitsentziehende Sanktionen werden nicht nur vollstreckt, sondern auch vollzogen. Bei der Strafvollstreckung geht es vor allem um die Frage, ob die Sanktionsverwirklichung erfolgt. Der Strafvollzug umfasst dagegen den Bereich von der Aufnahme des Verurteilten in die Vollzugsanstalt bis zu seiner Entlassung. Er betrifft die praktische Durchführung des Vollzugs unter den organisatorischen Bedingungen der jeweiligen Institution – also das „Wie". Strafvollstreckungsrechtliche und strafvollzugsrechtliche Maßnahmen und Entscheidungen beeinflussen damit während des Freiheitsentzugs auf getrennten Ebenen die Realisierung der Unrechtsreaktion, wobei das Strafvollstreckungsrecht insbesondere in verfahrensrechtlicher Hinsicht in den Strafvollzug eingreift.

Unter dynamischen Aspekten stellt der Strafvollzug zwar eine Phase der Sanktionierung dar, die schon mit der gesetzlichen Strafdrohung beginnt und vom Ermittlungsverfahren über die Verurteilung des Täters sowie die Urteilsvollstreckung bis hin zum Vollzug der Sanktion reicht. Anders als der Bereich der Strafvollstreckung gehört der Strafvollzug jedoch nicht zum Strafverfahrensrecht. Er stellt auch keinen Bestandteil des materiellen Strafrechts dar, denn das Strafgesetzbuch enthält keine Rechtsgrundlage für den Sanktionsvollzug, sondern rechtliche Voraussetzungen für die Verhängung freiheitsentziehender Folgen. Das Strafvollzugsrecht bildet daher neben dem materiellen und formellen Strafrecht eine eigenständige Rechtsmaterie innerhalb des gesamten Kriminalrechts. Diese Dreiteilung entspricht der überkommenen Drei-Säulen-Theorie im Gesamtsystem der Strafrechtspflege:

- Das Gesetz droht die Strafe an.
- Der Strafrichter spricht die Sanktion aus.
- Der Staat vollzieht die verhängte Unrechtsreaktion.

Den Säulen entsprechend kommen verschiedenen Instanzen jeweils abweichende Aufgaben zu, die auch in generalpräventiver Gesetzgebung, vergeltender Rechtsprechung und resozialisierendem Strafvollzug aufgeteilt werden. Obwohl die Drei-Säulen-Theorie im Ergebnis zutreffend zum Ausdruck bringt, dass der Strafvollzug als das „Wie“ der Sanktionsverwirklichung einen selbstständigen Bereich gegenüber dem materiellen Strafrecht und Strafverfahrensrecht darstellt, erfasst sie den Sanktionierungsprozess insgesamt nur unvollständig. Strafgesetze und deren richterliche Anwendung verfolgen auch spezialpräventive Zwecke. Die Tätigkeit von Ermittlungsorganen bleibt ebenso außer Betracht wie die der Bewährungshilfe. Die Dynamik der Strafrechtsrealisierung wird vernachlässigt.

Die Freiheitsstrafe in ihrer modernen Ausprägung entstand nach allgemeiner Auffassung in der zweiten Hälfte des 16. Jahrhunderts. Zu dieser Zeit wurden in England und Holland Gefängnisse eingerichtet, in denen der Freiheitsentzug dem Zweck einer planmäßigen Erziehung der Insassen zu Arbeit und Ordnung dienen sollte, und damit zu einem gesetzmäßigen Leben. Diese Entwicklung der Freiheitsstrafe hin zu Zielen einer Reue und sozialen Integration von Straftätern stand im Gegensatz zu den Strafzwecken des römischen, germanischen und fränkischen Strafrechts, in denen der Gedanke einer Vergeltung für begangenes Unrecht und einer Unschädlichmachung des Rechtsbrechers überwog. Das Einsperren von Straftätern diente noch bis zum Ende des Mittelalters vorwiegend der bloßen Verwahrung der Gefangenen für das Strafverfahren und der anschließenden Vollstreckung von Leibes- oder Lebensstrafen.

Den römischen Gesetzen war zwar eine öffentliche Strafhaft fremd; lediglich Sklaven als „Sachen" konnten mit Freiheitsentzug belegt werden. Dennoch fand sich bereits Freiheitsstrafe als eine Art Willkürmaßnahme. Durch das Unterlassen der Vollstreckung einer Todesstrafe konnte sich die Vollstreckungshaft in ewige Einsperrung umwandeln. Zurückhaltung bei der Verhängung von Todesurteilen dürfte auch im fränkischen Recht zu der Anordnung Karls des Großen von 813 geführt haben, worin er den Freiheitsentzug bis zur Besserung von Straftätern verfügte – erste nachweisbare Anfänge der Verhängung von Freiheitsstrafen mit Besserungszweck aufgrund einer umfassenden Anordnung. Diese beinhaltete zudem, dass in jeder Grafschaft ein Kerker vorhanden sein sollte.

Eine bedeutende Rolle bei der Entstehung der Freiheitsstrafe spielte die sich ab dem 4. Jahrhundert herausbildende Sanktionsform der „Klosterhaft". Anfangs wurden straffällige Mönche zur klösterlichen Bußübung in einem Arbeitshaus isoliert. Ab dem 9. und 10. Jahrhundert wurde die Einsperrung delinquenter Ordensleute auch zu einer kirchlichen Strafe gegenüber weltlicher Geistlichkeit und Laien, die zunächst im Klosterkerker, später in von den Klöstern getrennten besonderen Gefängnissen verbüßt wurde. Die zeitlich oder lebenslänglich verhängte Klosterhaft zielte auf die innere Besserung des Sanktionierten ab. Die Entziehung der Freiheit gehörte bald zu den schwersten Strafen und stand, vor allem in ihrer lebenslangen Ausprägung, der Todesstrafe kaum nach. Die Gefangenen mussten bei Wasser und Brot – bisweilen gefesselt – Jahre in unterirdischen, feuchten Räumen ohne Türen und Fenster verbringen; die Strafe war häufig mit körperlichen Züchtigungen verbunden. In der Klosterhaft zeigten sich zwar Tendenzen eines Besserungsvollzugs. Dem Einsperren lag ein Erziehungselement zugrunde, allerdings noch im Sinne der kirchlichen Bußfertigkeit.

Strafe stellte im Rahmen einer umfassenden klösterlichen Erziehung ein besonderes Mittel dar. Dabei lag der Fokus eher auf der Rettung gefährdeter Seelen vor Verdammnis als auf einer sozialen Integration der Betroffenen. In der zweiten Hälfte des 16. Jahrhunderts setzte sich allmählich der zeitlich begrenzte Freiheitsentzug anstelle von Leibes- und Lebensstrafen durch und änderte somit den Zweck der Strafe. Die Besserung des Gefangenen und seine soziale Wiedereingliederung wurden zu grundlegenden Zielen der modernen Freiheitsstrafe. Dennoch konnten sich diese Ziele nicht vollständig von körperlicher Bestrafung lösen, sodass ein „peinlicher" Rest verblieb.

Die Entwicklung hin zu einem verbesserten Strafvollzug zu dieser Zeit kann hauptsächlich auf soziale, religiöse und wirtschaftliche Umstände zurückgeführt werden. Im 18.

Jahrhundert führten der Niedergang des Gefängniswesens und die damit einhergehenden Missstände zu Reformbestrebungen, die im 19. Jahrhundert vor allem in Nordamerika, England und den deutschen Partikularstaaten zu einer Erneuerung des Strafvollzugs führten. In der Bundesrepublik Deutschland kam es nach der Beseitigung der Überreste des nationalsozialistischen Abschreckungs- und Vernichtungskonzepts zu einer Rehumanisierung.

Zunächst knüpften Vollzugspraktiker vor allem aus kriminalpädagogischer Sicht an die Reformtendenzen der Weimarer Republik an. Damit einher gingen Forderungen nach der Verrechtlichung des Strafvollzugs durch ein Bundesgesetz, das auf Grundsätzen der Rechtseinheit, -gleichheit sowie der Regelung der Rechtsstellung des Gefangenen und der Eingriffsbefugnis des Staates beruhte. Die Realisierung eines Bundesstrafvollzugsgesetzes blieb jedoch in den 1950er- und 1960er-Jahren aus. Das Bundesstrafvollzugsgesetz trat nach zahlreichen Änderungen schließlich am 01.01.1977 in Kraft. Mit dem Beitritt der ehemaligen DDR am 03.10.1990 wurden die Strafvollzugsvorschriften der DDR durch das Bundesstrafvollzugsgesetz abgelöst.

In der ehemaligen DDR war der Strafvollzug zunächst als eine polizeiliche Aufgabe durch Verordnungen und Durchführungsbestimmungen des Innenministeriums geregelt. Nach einer Kriminalrechtsreform existierte bereits ab 1968 ein Strafvollzugs- und Wiedereingliederungsgesetz. Dieses wurde durch das Gesetz über den Vollzug der Strafen mit Freiheitsentzug (StVG-DDR) vom 07.04.1977, ergänzt durch das Wiedereingliederungsgesetz vom gleichen Tag, abgelöst. Das Strafvollzugssystem der DDR folgte einer ideologisch orientierten, disziplinierenden Erziehungskonzeption, die auch in § 39 Abs. 3 und 4 StGB-DDR zum Ausdruck kam.

Das Ziel war es, dem zur Freiheitsstrafe Verurteilten nach § 2 Abs. 1 StGB-DDR seine „Verantwortung als Mitglied der sozialistischen Gesellschaft durch nachhaltige Beeinflussung bewusst zu machen", da er sich als Ergebnis einer persönlichen Entscheidung gegen ein gesellschaftskonformes Verhalten gestellt hatte. Dem Vollzug oblag es daher, den Inhaftierten im Sinne der sozialistischen Ideologie zu einem gesetzmäßigen Verhalten zu erziehen. Die Erziehung im Strafvollzug umfasste gemäß § 5 StVG-DDR den Einsatz zu gesellschaftlich nützlicher Arbeit, staatsbürgerliche Schulung, Durchsetzung von Ordnung und Disziplin, allgemeine und berufliche Bildungsmaßnahmen sowie kulturelle und sportliche Betätigung. Der Fokus des Strafvollzugs nach § 6 StVG-DDR lag auf der Erziehung zu gesellschaftlich nützlicher Arbeit sowie der sicheren Verwahrung des Gefangenen und der Durchsetzung von Ordnung und Disziplin.

Die Strafen wurden in Anstalten (Strafvollzugseinrichtungen) vollzogen, in denen unmenschliche Verhältnisse herrschten. Dies betraf nicht nur die grausame und willkürliche Behandlung der Inhaftierten durch das Gefängnispersonal, sondern auch die Unterbringung in Einrichtungen, die den humanitären Bedingungen widersprachen. So wurden kleine Zellen (z. B. 3 * 5 m) im Durchschnitt mit 10 bis 15 Inhaftierten belegt, während sogenannte Schlafsäle 30 bis 50 Personen einschlossen. Politische Häftlinge wurden regelmäßig noch schlechter behandelt als kriminelle Gefangene. Im Strafvollzug der DDR gab es keine gerichtliche Überprüfung von Vollzugsmaßnahmen. Der Strafgefangene hatte lediglich das Recht, Eingaben nach § 35 Abs. 1 StVG-

DDR einzureichen. Beschwerden gegen Disziplinar- und Sicherungsmaßnahmen sowie Verfügungen zu Ersatzleistungen wegen in der Strafanstalt verursachter Schäden konnten beim Leiter der Strafvollzugseinrichtung eingelegt werden. Wenn keine Abhilfe geschaffen wurde und die Beschwerde gegen eine Entscheidung des Anstaltsleiters selbst gerichtet war, musste diese dem Leiter der Verwaltung Strafvollzug im Ministerium des Innern zur abschließenden Entscheidung vorgelegt werden. Vorher war die zuständige Staatsanwaltschaft zu hören, die eine begrenzte Aufsicht über die Wahrung der Gesetzlichkeit beim Vollzug der Freiheitsstrafen hatte. Im Jahr 1990 wurde § 202 in das StVollzG eingefügt. Nach Abs. 2 dieser Vorschrift waren die von DDR-Gerichten nach dem StGB-DDR rechtskräftig verhängten Freiheits- und Haftstrafen gemäß den Regelungen des bundesdeutschen Strafvollzugsgesetzes zu vollziehen.

Obwohl sich unser Rechtssystem als sattelfest darstellen möchte, scheint es bis ins heutige Jahrhundert weiterhin an simplen und längst überholten Zuständen der bisherigen Menschheitsgeschichte anzulehnen. Dieses Zeitalter war bereits geprägt von einer Form der Armut im zwischenmenschlichen Sektor. Nun stellt sich die Frage, ob eine Verfassung noch eine rechtmäßige Legitimation hat, auf die sie sich stützen kann, wenn es eine deutliche Armut im Eid jedes Richters vor dem Grundgesetz gibt. Die Forderung in unserer Gesellschaft nach härteren Strafen wird immer lauter, während Sparsamkeit innerhalb der Justiz längst zu einer trostlosen Tatsache geworden ist. Das Ziel der heutigen Justiz sollte nicht sein, die Löcher ihrer bröckelnden Fassade mit sophistischen Mätzchen oder einseitigem

Rechtsempfinden zu stopfen. Unsere Justiz sollte schleunigst zu ihren Grundlagen zurückfinden und sich der Bedeutung einer im Grundgesetz unter Art. 3 festgelegten Aussage widmen: „Vor dem Gesetz sind alle Menschen gleich“, ob Jurist oder nicht! Es hilft nicht, die Augen vor dem offensichtlich vorhandenen juristischen Mangel zu verschließen, und es ist auch nicht die Zeit dafür, diese Mängel zu verbergen und sie unter das schwarze Mäntelchen des Schweigens zu ziehen oder weitschweifige Täuschungen einer existierenden Rechtsstaatlichkeit hervorzurufen. Ein Deutschland, das sich nicht darum kümmert, seine juristischen Fehler aufzuarbeiten, möchte ich meinen folgenden Jahrgängen unter keinen Umständen hinterlassen. Ich möchte in einem von wahrhaft rechtsstaatlichem Handeln geprägten Deutschland leben und nicht auf den Untergang warten. Denn dann habe ich keinen Grund mehr, mich in irgendeiner Form sicher zu fühlen. Nicht in einem Land, in dem sich die Justiz selbst hintergeht und auf diese Weise Recht und Unrecht schafft. Nur durch Zusammenarbeit in bestem Wissen und Gewissen zwischen Politik, Justiz und unserer Gesellschaft könnte es vielleicht irgendwann doch noch so werden, wie es von den Gründervätern unserer Bundesrepublik immer angenommen wurde – mit Recht und Gerechtigkeit.

Die Organisation und Vielfalt des Strafvollzugs in Deutschland

Die Grundlage der seit 1961 bundeseinheitlich durchgeführten Strafvollzugsstatistik bildet die Vollzugsgeschäftsordnung, welche in verschiedenen Zeitpunkten von den Justizministerien des Bundes und der Länder novelliert wurde. Laut Angaben des Statistischen Bundesamts gab es am 13.07.2023 folgende Justizvollzugsanstalten in Deutschland:

Gefängnisse in Baden-Württemberg:

- Justizvollzugsanstalt Adelsheim
- Justizvollzugsanstalt Bruchsal
- Justizvollzugsanstalt Freiburg
- Justizvollzugsanstalt Heilbronn
- Justizvollzugsanstalt Heimsheim
- Justizvollzugskrankenhaus Hohenasperg
- Justizvollzugsanstalt Karlsruhe
- Justizvollzugsanstalt Konstanz
- Justizvollzugsanstalt Mannheim
- Justizvollzugsanstalt Offenburg
- Justizvollzugsanstalt Ravensburg
- Justizvollzugsanstalt Rottenburg
- Justizvollzugsanstalt Rottweil
- Justizvollzugsanstalt Schwäbisch Gmünd
- Justizvollzugsanstalt Schwäbisch Hall
- Justizvollzugsanstalt Stuttgart
- Justizvollzugsanstalt Ulm
- Justizvollzugsanstalt Waldshut-Tiengen

Gefängnisse in Bayern:

- Justizvollzugsanstalt Aichach
- Justizvollzugsanstalt Amberg

- Justizvollzugsanstalt Ansbach
- Justizvollzugsanstalt Aschaffenburg
- Justizvollzugsanstalt Augsburg-Gablingen
- Justizvollzugsanstalt Bad Reichenhall
- Justizvollzugsanstalt Bamberg
- Justizvollzugsanstalt Bernau
- Justizvollzugsanstalt Ebrach
- Justizvollzugsanstalt Erlangen
- Justizvollzugsanstalt Garmisch-Partenkirchen
- Justizvollzugsanstalt Hof
- Justizvollzugsanstalt Ingolstadt
- Justizvollzugsanstalt Kaisheim
- Justizvollzugsanstalt Kempten
- Justizvollzugsanstalt Kronach
- Justizvollzugsanstalt Landsberg
- Justizvollzugsanstalt Landshut
- Justizvollzugsanstalt Laufen-Lebenau
- Justizvollzugsanstalt Memmingen
- Justizvollzugsanstalt Mühldorf
- Justizvollzugsanstalt München
- Justizvollzugsanstalt Neuburg
- Justizvollzugsanstalt Neuburg-Herrenwörth
- Justizvollzugsanstalt Niederschönenfeld
- Justizvollzugsanstalt Nürnberg
- Justizvollzugsanstalt Passau
- Justizvollzugsanstalt Regensburg
- Justizvollzugsanstalt St. Georgen-Bayreuth
- Justizvollzugsanstalt Schweinfurt
- Justizvollzugsanstalt Straubing
- Justizvollzugsanstalt Traunstein
- Justizvollzugsanstalt Weiden

- Justizvollzugsanstalt Würzburg

Gefängnisse in Berlin:

- Justizvollzugsanstalt Tegel
- Justizvollzugsanstalt Moabit
- Justizvollzugsanstalt Plötzensee
- Jugendstrafanstalt Berlin
- Justizvollzugsanstalt für Frauen Berlin
- Justizvollzugsanstalt des offenen Vollzuges Berlin
- Justizvollzugsanstalt Heidering

Gefängnisse in Brandenburg:

- Justizvollzugsanstalt Brandenburg a. d. Havel
- Justizvollzugsanstalt Cottbus-Dissenchen
- Justizvollzugsanstalt Luckau-Duben
- Justizvollzugsanstalt Neuruppin-Wulkow
- Justizvollzugsanstalt Wriezen

Gefängnis in Bremen:

- Justizvollzugsanstalt Bremen (JVA Oslebshausen)

Gefängnisse in Hamburg:

- Justizvollzugsanstalt Billwerder
- Justizvollzugsanstalt Fuhlsbüttel
- Justizvollzugsanstalt Glasmoor
- Justizvollzugsanstalt Hahnöfersand
- Untersuchungshaftanstalt Hamburg

Gefängnisse in Hessen:

- Justizvollzugsanstalt Butzbach
- Justizvollzugsanstalt Darmstadt
- Justizvollzugsanstalt Dieburg
- Justizvollzugsanstalt Frankfurt am Main 1
- Justizvollzugsanstalt Frankfurt am Main 3
- Justizvollzugsanstalt Frankfurt am Main 4
- Justizvollzugsanstalt Fulda
- Justizvollzugsanstalt Gießen

- Justizvollzugsanstalt Hünfeld
- Justizvollzugsanstalt Kassel 1
- Justizvollzugsanstalt Kassel 2
- Justizvollzugsanstalt Limburg
- Justizvollzugsanstalt Rockenberg
- Justizvollzugsanstalt Schwalmstadt
- Justizvollzugsanstalt Weiterstadt
- Justizvollzugsanstalt Wiesbaden

Gefängnisse in Mecklenburg-Vorpommern:

- Justizvollzugsanstalt Bützow
- Justizvollzugsanstalt Neustrelitz
- Justizvollzugsanstalt Stralsund
- Justizvollzugsanstalt Waldeck

Gefängnisse in Niedersachsen:

- Justizvollzugsanstalt Bremervörde
- Justizvollzugsanstalt Celle
- Jugendanstalt Hameln
- Justizvollzugsanstalt Hannover
- Justizvollzugsanstalt Lingen
- Justizvollzugsanstalt Meppen
- Justizvollzugsanstalt Oldenburg
- Justizvollzugsanstalt Rosdorf
- Justizvollzugsanstalt Sehnde
- Justizvollzugsanstalt Uelzen
- Justizvollzugsanstalt für Frauen Vechta
- Justizvollzugsanstalt für Jungtäter Vechta
- Justizvollzugsanstalt Wolfenbüttel

Gefängnisse in Nordrhein-Westfalen:

- Justizvollzugsanstalt Aachen
- Justizvollzugsanstalt Attendorn
- Justizvollzugsanstalt Bielefeld-Brackwede

- Justizvollzugsanstalt Bielefeld-Senne
- Justizvollzugsanstalt Bochum
- Justizvollzugsanstalt Castrop-Rauxel
- Justizvollzugsanstalt Detmold
- Justizvollzugsanstalt Dortmund
- Justizvollzugsanstalt Düsseldorf
- Justizvollzugsanstalt Essen
- Justizvollzugsanstalt Euskirchen
- Justizvollzugsanstalt Geldern
- Justizvollzugsanstalt Gelsenkirchen
- Justizvollzugsanstalt Hagen
- Justizvollzugsanstalt Hamm
- Justizvollzugsanstalt Heinsberg
- Justizvollzugsanstalt Herford
- Justizvollzugsanstalt Hövelhof
- Justizvollzugsanstalt Iserlohn
- Justizvollzugsanstalt Kleve
- Justizvollzugsanstalt Köln
- Justizvollzugsanstalt Moers-Kapellen
- Justizvollzugsanstalt Münster
- Justizvollzugskrankenhaus Nordrhein-Westfalen
- Justizvollzugsanstalt Remscheid
- Justizvollzugsanstalt Rheinbach
- Justizvollzugsanstalt Schwerte
- Justizvollzugsanstalt Siegburg
- Justizvollzugsanstalt Werl
- Justizvollzugsanstalt Willich 1
- Justizvollzugsanstalt Willich 2
- Justizvollzugsanstalt Wuppertal-Ronsdorf
- Justizvollzugsanstalt Wuppertal-Vohwinkel

Gefängnisse in Rheinland-Pfalz:

- Justizvollzugs- und Sicherungsverwahranstalt Diez
- Justizvollzugsanstalt Frankenthal
- Justizvollzugsanstalt Koblenz
- Justizvollzugsanstalt Ludwigshafen – Sozialtherapeutische Anstalt
- Justizvollzugsanstalt Rohrbach
- Jugendstrafanstalt Schifferstadt
- Justizvollzugsanstalt Trier
- Justizvollzugsanstalt und Jugendstrafanstalt Wittlich
- Justizvollzugsanstalt Zweibrücken

Gefängnisse im Saarland:

- Justizvollzugsanstalt Ottweiler
- Justizvollzugsanstalt Saarbrücken

Gefängnisse in Sachsen:

- Justizvollzugsanstalt Bautzen
- Justizvollzugsanstalt Chemnitz
- Justizvollzugsanstalt Dresden
- Justizvollzugsanstalt Görlitz
- Justizvollzugsanstalt Leipzig mit Krankenhaus
- Jugendstrafvollzugsanstalt Regis-Breitingen
- Justizvollzugsanstalt Torgau
- Justizvollzugsanstalt Waldheim
- Justizvollzugsanstalt Zeithain
- Justizvollzugsanstalt Zwickau

Gefängnisse in Sachsen-Anhalt:

- Justizvollzugsanstalt Burg
- Justizvollzugsanstalt Halle
- Jugendanstalt Raßnitz
- Justizvollzugsanstalt Volkstedt

Gefängnisse in Schleswig-Holstein:

- Justizvollzugsanstalt Itzehoe

- Justizvollzugsanstalt Flensburg
- Justizvollzugsanstalt Kiel
- Justizvollzugsanstalt Lübeck
- Justizvollzugsanstalt Neumünster
- Jugendanstalt Schleswig

Gefängnisse in Thüringen:

- Justizvollzugsanstalt Goldlauter
- Justizvollzugsanstalt Hohenleuben
- Jugendstrafanstalt Arnstadt
- Justizvollzugsanstalt Tonna
- Justizvollzugsanstalt Untermaßfeld

Die Justizvollzugsanstalten gliedern sich individuellen Behandlungserfordernissen und unterschiedlichen Vollzugszwecken entsprechend in verschiedene Anstaltsformen. Die Regelung der sachlichen und örtlichen Zuständigkeit der einzelnen Institutionen erfolgt im Wege der Aufstellung von Vollstreckungsplänen durch die Landesjustizverwaltungen.

Die für den Vollzug der Freiheitsstrafe in Baden-Württemberg vorhandenen Anstalten lassen sich im Wesentlichen in folgende Typen aufteilen: Anstalten des geschlossenen Vollzugs, die in erster Linie eine sichere Unterbringung vor allem von Langstrafen bzw. ein großes Sicherheitsrisiko darstellenden Inhaftierten gewährleisten. Anstalten des offenen Vollzugs, die keine oder nur verminderte Vorkehrungen gegen Entweichungen vorsehen. Ein Verzicht auf physische Sicherungsmittel und das Fehlen einer ständigen und unmittelbaren Beaufsichtigung der Gefangenen außerhalb der Hafträume kennzeichnen den offenen Vollzug. Das wesentliche Ziel besteht darin, die psycho-sozialen

Stressfaktoren geschlossener Inhaftierung und deren mögliche schädliche Nebenwirkungen zu vermeiden.

Sozialtherapeutische Anstalten stellen eine inhaltlich und strukturell eigenständige Vollzugsform mit speziellen Behandlungsangeboten dar. Therapiebedürftigen und behandlungsfähigen Gefangenen werden dort besondere therapeutische Mittel und soziale Hilfen gewährt, wenn das Anforderungsprofil der Anstalt den therapeutischen Notwendigkeiten im Einzelfall entspricht. Daneben existieren besondere sozialtherapeutische Einrichtungen für Sexual- und Gewaltstraftäter. In Baden-Württemberg zählen unter anderem Abteilungen in den Justizvollzugsanstalten Offenburg und Asperg zu solchen Vollzugstypen.

Anstalten und Abteilungen für Frauen ermöglichen es weiblichen Verurteilten, ihre Freiheitsstrafen getrennt von den Männern zu verbüßen. Aufgrund der geringen Anzahl von Frauen im Strafvollzug werden diese in Schwerpunkteinrichtungen zusammengelegt, was eine weitergehende Differenzierung des Frauenvollzugs unter Behandlungsaspekten erschwert. Es besteht auch die Möglichkeit, noch nicht schulpflichtige Kinder bei der inhaftierten Mutter in sogenannten Mutter-Kind-Stationen unterzubringen.

Einrichtungen des Altenstrafvollzugs berücksichtigen die spezifischen Bedürfnisse älterer Gefangener. In Baden-Württemberg befindet sich der sogenannte „Rentnerknast“ in Singen/Hohentwiel.

In Deutschland sind laut Statistik 2022 insgesamt 42.492 Menschen inhaftiert. Davon sind nur 5,66 % Frauen. Der Anteil der Ausländer im Vollzug beträgt insgesamt 34,12 %, wobei der Ausländeranteil bei Frauen geringer ist.

Im Vergleich zu den meisten europäischen Ländern werden in Deutschland abermals mehr Menschen inhaftiert. Auf 100.000 Einwohner kommen hierzulande ca. 96 Inhaftierte, davon etwa 55 durch „kleine Delikte" wie Diebstahl, Fahren ohne Fahrerlaubnis, Fahren ohne Fahrschein etc. Das Fahren ohne Fahrschein ist in Deutschland eine Straftat. Tausende Menschen landen jedes Jahr im Knast, weil sie sich kein Ticket für den öffentlichen Nahverkehr leisten konnten. Bis zu einem Jahr sitzen diese „Straftäter" in Haft. Diese Betroffenen sind überwiegend arbeitslos oder ohne einen festen Wohnsitz. Der Straftatbestand wurde 1935 von den Nationalsozialisten eingeführt. Bis heute werden dadurch Menschen für das Fahren ohne Fahrschein häufig härter bestraft als z. B. Menschen, die angetrunken Auto fahren, denn dies wird meist nur als Ordnungswidrigkeit geahndet. Niemand darf wegen fehlender Fahrscheine in Haft landen! Deswegen fordern einige Initiativen schon lange, dass § 265a StGB von 1935 gekippt wird. Der § 265a StGB passt nicht in die Moderne unseres Rechtsstaates. Eine Kriminalisierung von Menschen, die sich aufgrund ihrer sozialen Verhältnisse in unserem Sozialstaat keinen Fahrschein leisten können, ist nicht vertretbar. Eine Kriminalisierung von sozial Schwachen, die der besonderen Obhut des Staates unterstellt sind, ist nicht mehr tragbar und führt zu einer Stigmatisierung. Fahren ohne Fahrschein muss entkriminalisiert werden und langfristig eine günstigere Nutzung des ÖPNV ermöglicht werden. Die Initiative Freiheitsfonds befreit deutschlandweit Menschen aus dem Knast, die wegen „Fahren ohne Fahrschein" hinter Gittern sind. Die meisten Inhaftierten verbringen bereits ihre dritte oder gar vierte Inhaftierung wegen solcher Delikte. Es mag darin begründet sein, dass diese Menschen zuvor in keiner Weise sozial behandelt oder (re-)sozialisiert worden sind.

Daten und Fakten zum Justizvollzug Baden-Württembergs

Die Entwicklung der Gefangenenzahlen in Baden-Württemberg war historisch gesehen von erheblichen und grundsätzlich wenig vorhersehbaren Schwankungen geprägt. Zwischen Mitte der Neunzigerjahre und 2004 stiegen die Gefangenenzahlen kontinuierlich an, während sie in den folgenden rund zehn Jahren bis Herbst 2015 eine stetige Abnahme der jährlichen Durchschnittsbelegung verzeichneten.

Allerdings endete dieser Rückgang, da die Gefangenenzahlen aufgrund einer Zunahme ausländischer Gefangener, insbesondere zwischen 2016 und 2018, stark anstiegen und seitdem dauerhaft hoch blieben. Im Vergleich zum Jahresdurchschnitt von 2015 stieg die Zahl bis zum Jahresdurchschnitt 2019 um etwa 800 Gefangene.

Die Corona-Pandemie hatte einen gewissen Einfluss auf die Belegung der Justizvollzugseinrichtungen. Seit Frühjahr 2020 wurde die Belegung reduziert, insbesondere durch die Aussetzung der Vollstreckung von Ersatzfreiheitsstrafen. Die freigewordenen Kapazitäten wurden jedoch für die Einrichtung von Zugangsquarantäne- und Isolationsbereichen genutzt. Nach Beendigung der coronabedingten Maßnahmen zum Ende des Jahres 2022 nahm die Belegung wieder zu.

Im Mai 2023 befanden sich bei einer Belegungsfähigkeit von 6.352 bereits durchschnittlich 6.259 Gefangene im geschlossenen Vollzug. Die Anzahl ausländischer Gefangener ist im Jahr 2023 von 2.889 auf 3.175 gestiegen, und der

Ausländeranteil an der Gesamtbelegung liegt bei 47,7 Prozent.

Um den gestiegenen Haftplatzbedarf zu bewältigen, wurden einige Maßnahmen ergriffen. Der zum Altbestand der Justizvollzugsanstalt Stuttgart gehörende Bau 1 wird teilweise saniert. Darüber hinaus wurden Erweiterungsbauten an bestehenden Vollzugsstandorten, wie den Justizvollzugsanstalten Heimsheim, Ravensburg und Schwäbisch Hall, errichtet.

Die Zukunft des Vollzugsbaus in Baden-Württemberg wird sich vor allem auf den Neubau der Justizvollzugsanstalt Rottweil mit 500 Haftplätzen konzentrieren. Zudem ist geplant, ein neues Justizvollzugskrankenhaus auf dem Gelände der Justizvollzugsanstalt Stuttgart zu errichten, um die stationäre psychiatrische Behandlung von Gefangenen sicherzustellen.

Die Mitarbeiterinnen und Mitarbeiter des baden-württembergischen Justizvollzugs spielen eine entscheidende Rolle bei der Gewährleistung der inneren Sicherheit des Landes. Die Arbeit im Vollzug ist angesichts einer unverändert hohen Quote drogen- und alkoholabhängiger Gefangener, einer Zunahme gefährlicher Gefangener aus dem Bereich der organisierten Kriminalität, eines anhaltend hohen Anteils von Gefangenen unterschiedlicher kultureller Herkunft und eines großen therapeutischen Bedarfs und behandlerischen Aufwands, insbesondere für Gewalt- und Sexualstraftäter, eine große Herausforderung.

Personalstellen am 1. Januar 2023:

(einschließlich Stellen für Tarifbeschäftigte, jedoch ohne Anwärter)

Höherer Verwaltungsdienst	61
Ärztlicher Dienst	48,5
Seelsorglicher Dienst	21
Psychologischer Dienst	94
Pädagogischer Dienst	47,5
Sozialdienst	163
Gehobener Verwaltungsdienst	92
Mittlerer Verwaltungsdienst	220
Büro- und Schreibdienst	95,5
Vollzugsdienst im Justizvollzug	2.964 (davon 56 im gehobenen Dienst)
Krankenpflegedienst (soweit nicht im Vollzugsdienst im Justizvollzug)	24,5
Werkdienst	492 (davon 21 im gehobenen Dienst)
Sonstige Tarifkräfte	33,5
Summe	**4.356,5**

Für das Haushaltsjahr 2023 sind im Staatshaushaltsplan für die Justizvollzugsanstalten im Ländle folgende Beträge vorgesehen:

Gesamteinnahmen von 14,0 Millionen Euro, wobei der größte Anteil von 12,8 Millionen Euro für den Ersatz von Personal- und anderen Kosten durch den Landesbetrieb Vollzugliches Arbeitswesen (VAW) vorgesehen ist.

Gesamtausgaben von 298,9 Millionen Euro, davon:

- 242,6 Millionen Euro für Personalausgaben,

- 44,1 Millionen Euro für sächliche Verwaltungsausgaben, einschließlich:
    - 7,8 Millionen Euro für die Verpflegung der Gefangenen,
    - 14,3 Millionen Euro für die medizinische Versorgung der Gefangenen,
    - 3,1 Millionen Euro für die EDV-Ausstattung und
    - 2,5 Millionen Euro für die sicherheitstechnische Ausstattung,
- 43,2 Millionen Euro für Zuweisungen und Zuschüsse, darunter:
    - 13,4 Millionen Euro für Gefangenenlöhne, insbesondere für Ausbildungsbeihilfen und Entlohnung von Hausarbeitern,
    - 3,7 Millionen Euro für Zuschüsse an externe Träger zur Erfüllung vollzuglicher Aufgaben,
- 24,6 Millionen Euro für Zuweisungen an die Landesanstalt Bewährungs- und Gerichtshilfe Baden-Württemberg für die Erfüllung gesetzlicher Aufgaben der Bewährungs- und Gerichtshilfe,
- 7,7 Millionen Euro für Investitionen.

Im Haushaltsjahr 2022 betrugen die Nettokosten eines Gefangenen je Hafttag, einschließlich Bauinvestitionen, 180,46 €. Die Kosten des baden-württembergischen Justizvollzugs liegen regelmäßig unterhalb des Durchschnittswerts aller Bundesländer.

Der Transport der Gefangenen zwischen den Anstalten und zu den Gerichten erfolgt in Baden-Württemberg durch Fahrzeuge und Personal des Justizvollzugs.

Der Sammeltransport wird durch die Transportzentrale in der Justizvollzugsanstalt Heimsheim koordiniert und richtet sich nach einem bundesweit abgestimmten Fahrplan. Jährlich werden im Rahmen des Sammeltransportes allein in Baden-Württemberg etwa 10.000 Gefangene transportiert. Die hierfür eigens eingerichteten vier Transportbusse legen dabei etwa 200.000 km zurück.

Der Verlauf meiner Ankunft und erste Eindrücke in Ulm

Da ich im ersten Teil meines Buches in erster Linie nicht viel zum Aufnahmeprozedere und zu den Abläufen in einer Justizvollzugsanstalt geschrieben habe, werde ich nun den Verlauf meiner Aufnahme in den Ulmer Strafvollzug schildern.

Nach meiner Rundreise durch den Justizvollzug von Baden-Württemberg bin ich in Ulm angekommen und wurde sogleich in der Justizvollzugsanstalt aufgenommen. An der Torwache (Eingangsbereich) der Justizvollzugsanstalt wurde mit dem Eintragen meines Namens und der aktuellen Uhrzeit in das Gefangenenbuch die bürokratische Prozedur der Aufnahme eröffnet. Da ich bereits vor dem Schubtransport auf verbotene Gegenstände gefilzt worden war, entfiel dieser Punkt nach meiner Ankunft.

Anschließend wurde ich zur Vollzugsgeschäftsstelle verwiesen, die sich im Verwaltungstrakt der Justizvollzugsanstalt befindet. Dort wurden meine Papiere überprüft, und es fand die sogenannte „Aufnahmeverhandlung“ statt. In der Vollzugsgeschäftsstelle wurden mir nun – unter Strafandrohung – richtige Angaben abverlangt. Falsche Angaben sind tatsächlich strafbar, wenn man mir nachweisen kann, dass ich sie absichtlich verfälscht habe.

Gemäß Strafvollzugsgesetz habe ich als Inhaftierter ein Recht auf Unterbringung in einem Einzelhaftraum. Der Bedienstete in der Vollzugsgeschäftsstelle sagte: „Bitte unterschreiben Sie, dass Sie auch mit der Unterbringung in einem Zimmer mit anderen Inhaftierten einverstanden sind.“ Bevor ich etwas dazu sagen konnte, folgte der Satz:

„Wenn Sie nicht einverstanden sind, verlegen wir Sie in die geschlossene Abteilung!“

Wenn man keine Lust hat, Fragen zu beantworten und Erklärungen zu unterschreiben, sind die Bediensteten zwar nicht sehr erfreut darüber, lassen einen aber dann oft in Ruhe. Offenbar sind sie es gewohnt. Außerdem sparen sie sich damit Arbeit!

Folgende Fragen musste ich u. a. beantworten: • Haben Sie ein unversorgtes Kind in Ihrer Wohnung zurückgelassen? • Ist Ihre Familie hilfsbedürftig? • Fühlen Sie sich krank? • Beziehen Sie gesetzliche Rente? • Beziehen Sie Unterhaltshilfe? • Was ist Ihr erlernter Beruf?

Zudem wurde ich gefragt, ob ich Suizidgedanken habe. Bejaht man diese Frage, wird man zunächst in einem mindestens doppelt belegten Haftraum untergebracht. In einer geschlossenen Abteilung wird zudem ein roter Punkt am Namensschild der Tür angebracht. Dieser Punkt bedeutet, dass ca. jede Stunde ein Bediensteter durch ein kleines Loch überprüft, ob man noch lebt.

Als Nächstes wird ein „Kennzeichnungsbogen“ ausgefüllt. In diesen Bogen werden meine Körpergröße, mein Gewicht sowie besondere Merkmale wie Narben, Tattoos, Ohrringe und Piercings eingetragen. Abschließend wurde noch ein Foto für meine Gefangenenakte gemacht, welches sich dann auch auf Ausgangsscheinen abgedruckt wiederfindet.

Die nächste Station ist die „Kammer“. Im geschlossenen Vollzug werden einem Inhaftierten die Schnürsenkel, der Gürtel, die Jacke und beispielsweise der Rucksack abgenommen – im offenen Vollzug gibt es dieses Vorgehen nicht. Was ich sonst noch dabei hatte, wurde kontrolliert und als „Effekten“ zur „Habe“ genommen – z. B. Schmuck,

Ausweispapiere, Führerschein, Bankkarten und das Smartphone. Mitgebrachtes Geld wurde zunächst an der Zahlstelle auf mein Eigengeld einbezahlt und nach späterer Antragsstellung wieder an mich ausbezahlt. Einen Teil der mitgebrachten Sachen konnte ich mit auf den Haftraum nehmen. Was und wie viel, ist in der Hausordnung geregelt.

Schließlich bekam ich den Schlüssel für meinen Haftraum ausgehändigt. Im geschlossenen Vollzug wird man nach der Kammer durch einen Bediensteten in die Zelle gebracht. Dort sollte man zunächst prüfen, ob alles funktioniert und unbeschädigt ist: Toilette, Wasser, Mobiliar und den Rundfunklautsprecher. In manchen Knästen ist ein abschaltbarer Lautsprecher mit zwei oder drei wählbaren Radioprogrammen eingebaut.

Eingesperrt zu sein, war auch für mich eine völlig neue Situation, an die man sich nur mit Mühe und nur sehr langsam anpassen kann. Es ist zunächst ungeheuer schmerzhaft. Es bedeutet, von allem abgeschnitten zu sein, wovon man früher gelebt hat, nämlich von einer bestimmten Gemeinschaft mit anderen. Die Ängste und Schwierigkeiten der ersten Zeit in Haft rühren vor allem daher. Jeder Mensch lebt von den Gefühlen anderer Menschen.

Die erste Zeit bedeutet also eine extreme Umstellung, die nach dem völligen Bruch mit dem „Draußen" notwendig geworden ist. Für eine solche Umstellung gibt es wohl je nach Charakter, eigener Vergangenheit und je nach Temperament verschiedene Wege. Dass man daran scheitert, ist ebenso möglich wie dass man sich behauptet.

Nach einiger Zeit beobachtete ich bei mir, dass die früheren Beziehungen, die ich draußen hatte, immer mehr in den Hintergrund rückten und sich zu neutralisieren begannen.

Sie wurden schwächer. Was ich da beobachtete, ist ein Hinweis darauf, dass ich mich innerhalb der neuen Situation zurechtzufinden begonnen habe, dass ich mich in ihr eingerichtet habe. Diese Veränderung, die ich an mir bemerkte, ist etwas sehr Beeindruckendes. Sie bedeutet eine Anpassungsfähigkeit, die man so beschreiben könnte: Man ist fähig, sich in einer Situation der Zwangsgemeinschaft, in der einem alles genommen ist, mit neuen „Gefühlsbesetzungen" einigermaßen über die erste Zeit zu helfen.

Die Gefühlsentwicklung eines Inhaftierten wird immer etwas sehr Fremdartiges hervorbringen. Aber für das eigene Leben wird der Inhaftierte immer normal bleiben, weil es nichts anderes gibt, woran er sich halten könnte. Das „Übersetzen" in diese Gefühlswelt des Inhaftierten ist deshalb kein Verstoß gegen die Normalität, wie es manchen scheint, die zu sehr ihre eigenen Maßstäbe von sozialem Leben an das Dasein im Knast anlegen. Sicher ist, dass man mit dem Festhalten an solchen Normen im Knast nicht überleben kann.

Was draußen als gestört gilt, kann einem Inhaftierten helfen, sich geistig, seelisch und körperlich ungestört zu fühlen. Beispielsweise gilt in Freiheit die extreme Konzentration auf sich selbst als gestört. Im Knast ist es jedoch unvermeidbar, und wer „gesellig" bleibt, wird zum Kranken seiner Geselligkeit. Man hält es in der Zelle allein nicht aus.

Dass man sich immer an die neue Umgebung anpassen wird, bedeutet nicht, dass man diese Anpassung nicht durch eine genauere Selbstbeobachtung und durch gezielte Versuche beschleunigen und verbessern müsste. Die Anpassung kann leicht dazu führen, dass eine soziale Beziehung Stück für Stück aufgegeben wird – auch im Knast. Ein Mittel der aktiven Anpassung – ich meine hier das Überleben und nicht die Unterordnung – wäre z. B., dass man seine Umgebung genauer beobachtet. Durch aktive Beschäftigung damit kann einem zunächst die Angst genommen werden, die man vor der fremden neuen Umwelt hat. Die neuen Kenntnisse über die Situation machen es schließlich so bekannt, dass man sich in ihr sicher bewegen kann.

Das alles bedeutet eine Aneignung der Umgebung durch „Arbeit". Auch in jeder Beziehung, die intensiv genug ist, ist so etwas wie Arbeit, Tätigkeit, Bewältigung enthalten. Die Arbeit an der neuen Umgebung kann bedeuten, dass man sich zunächst einmal ausreichend Kenntnisse über sie verschafft, Kenntnisse über die Menschen, über die Vorgänge und Funktionen, über den ganzen Betrieb des Knasts und Kenntnisse über andere Inhaftierte. Man nimmt das alles nicht einfach auf, sondern je intensiver dieses Forschen ist, umso mehr benötigt es das Schreiben, mit dem man Beobachtungen und Einschätzungen festhalten kann. Durch das Schreiben kann man sich am ehesten seine neue Situation aneignen. Sie wird dadurch zu Gedanken, und durch Gedanken wird sie zu etwas, das im eigenen Leben die wichtigste Rolle spielt: die eigene Absicht und Vernunft.

Die Qual der Trennung von der früheren Umgebung lässt sich vermindern, wenn man versucht, durch die Bearbeitung dessen, was um einen herum ist, neue Probleme zu finden, die sich lösen lassen. Das sind die Probleme von neuen Beziehungen zu anderen, mit denen man die in Freiheit zurückgelassenen Beziehungen, die sich weit entfernt haben, tatsächlich so bewältigt, dass man sie vergisst. Man wird versuchen, diese Beziehung durch Briefe und Besuche bzw. Ausgänge festzuhalten – ob man es über lange Zeit tatsächlich kann, wird an der geistigen Intensität dieser Beziehungen liegen. Nur sie ist stärker als die Knastmauern.

Hierzu fällt mir ein passender Spruch von Hape Kerkeling ein, als er die Sexualberaterin Evje van Dampen verkörpert: „Liebe ist Arbeit, Arbeit, Arbeit ..." Schmerzhaft an der neuen Situation waren vor allem die Übergänge und bestimmte Arten der Bewältigung des Übergangs von der alten in die neue Situation. Selbstverständlich gibt es gescheiterte Formen der Anpassung, die mit Passivität und Beschränktheit auf mich selbst zu tun hatten.

Grundsätzlich kann sich der Mensch selbst an extreme Situationen anpassen. Es ist nicht möglich, sich an dauerndes Hungern, andauerndes Frieren usw. anzupassen, aber innerhalb einer physisch ertragbaren Umgebung ist die Anpassungsfähigkeit sehr groß. Diese Anpassungsfähigkeit wird also in der neuen Umgebung nach Vorzügen herausfinden und neue Möglichkeiten, die sie bedingt, ertragbar machen. Es entstehen neue Gefühle, die nur mit dieser und keiner anderen Umgebung zu tun haben. Diese Überlebenschancen des Eingesperrtseins müssen also gefunden werden. Das bedeutet aber nicht, dass das Eingesperrt sein oder der Knast irgendwelche Vorzüge hat, sondern lediglich den Zwang, unter dem man selbst steht, sich eine einigermaßen ertragbare Lage zu schaffen. Und sich schützen kann nur, wer sich eine solche ertragbare Lage schafft, zumindest eine solche, die man seelisch verkraften kann. Aus einer absolut unerträglichen Lage wird niemand sich schützen können, weil diese auch das Denken und die Gefühle unerträglich macht und damit alle Handlungen kunterbunt werden.

Man muss sich mit sich selbst viel mehr beschäftigen als in Freiheit. Man lernt sich besser kennen. Dieser Vorteil sollte man nicht einfach hinnehmen, sondern als Gelegenheit nutzen, sich mit sich selbst besser umzugehen zu lernen. Es kann bedeuten, dass man sich eine bestimmte Art dieser Bewältigung, dieser Verarbeitung seiner Probleme aneignet. Diese sind z. B. Trauma-Aufzeichnungen, Aufzeichnungen dessen, woran man denkt, woran man sich erinnert, Notieren der eigenen Fantasien, Überlegung und Erinnerung der eigenen persönlichen Geschichte. Dass man dabei vor plötzlichen Haftraumdurchsuchungen geschützt sein muss, ist selbstverständlich. Was im Hinblick auf den Prozess oder die einem vorgeworfene Tat belastend sein kann, schreibt man nicht auf.

Eine weitere Möglichkeit, die hinzukommt und die genauso notwendig ist, wäre, sich auf seine Mitgefangenen besser einzustellen und sie nicht von vornherein als Unmenschen anzusehen. Denn damit macht man genau das, was die Justiz mit einem selbst macht. Unter meinen Mitgefangenen habe ich einige wenige gefunden, mit denen ich mich gut verstanden habe. Außerdem war ich umso weniger der Einbildung verfallen, dass die anderen – nur ich nicht – zu Recht hierhergehören, je mehr ich mich mit anderen abgegeben habe und ihre Geschichte kennengelernt habe. Ich habe Überraschungen erlebt. Wer mir vorgekommen ist wie einer, mit dem ich absolut nichts gemeinsam habe, kann mein bester „Freund" werden.

Eine weitere Gelegenheit, die die neue Situation zulässt, ist die geistige Arbeit, die Aneignung von neuem Wissen. Man kann die Stille des Haftraums dazu nutzen, um zu lesen, sich Notizen zu machen und eigene Überlegungen aufzuschreiben. Damit kann man sich bis zu einem gewissen Grad über den Zustand der Bewegungslosigkeit, zu dem man verdammt ist, hinweghelfen. Man kann sich sogar vorstellen, dass geistige Arbeit die körperlichen Beschränkungen, das Eingesperrt sein im eigenen Körper, der Bedürfnisse hat, und im Knast, der alle Bedürfnisse erstickt, bis zu Bedürfnissen nach Freiheit, Bewegung, Sexualität unterdrücken kann. Es ist sicher falsch, aber es ist nicht unmöglich, seine Bedürfnisse in Fantasien auszuleben, die die weggenommene Freiheit auf eine zersetzende Weise wieder einfangen. Die Fantasie kann Wege gehen, die aus der Gesellschaft herausführen und nie mehr zu ihr zurückkehren. Irrwege der Entfernung oder Anpassung, aber als Drang, sich zu befreien, sind sie ganz gleich, was aus ihrer Vorwegnahme eines Tuns später folgt. Alles ist notwendiger Ausdruck eines Lebens und daher legitim. Sie würden einen großen Teil ihres Schreckens für andere einbüßen, wenn man nicht auch die Fantasiewelt der Inhaftierten als Äußerung ihres autonomen Schicksals, ihrer Ungebrochenheit und ihrer eigenen Kultur mit Tabus und Strafen belegen würde. Erst das Unausgesprochene, am Aussprechen Gehinderte wird grausam – in der Form der Grausamkeit, die ein letzter verzweifelter und zum Scheitern verurteilter Versuch ist, Zuneigung von anderen zu erhalten.

Deshalb ist es notwendig, seine Fantasien nicht nur zu träumen, sondern sie auch zu leben und auszusprechen, zu agieren. Dies alles sind Möglichkeiten, das Eingesperrt sein zu bewältigen – eine Verfeinerung eigenen Fühlens, Denkens und Handelns zu erreichen, die der äußeren Gewalt besser angepasst ist als eine gewaltsame Härte gegen sich und andere, „Abhärtung", „dicke Haut". Die Form des größtmöglichen Widerstands im Knast ist die, die den eigenen Widerstand verfeinert, das heißt fein verteilt handhaben kann, weil er sonst zerschlagen wird und nur blinde Rebellion bedeutet, sinnlose Rebellion.

Man bildet sich nicht ein, damit irgendetwas Endgültiges gesagt zu haben. Das zuvor Geschriebene ist vielmehr nur ein erster, vielleicht gescheiterter, vielleicht aufgeblasener Versuch, zu diesem Thema doch etwas zu sagen, obwohl es schwer genug ist. Es ist zudem ein Erfahrungsbericht, also nicht ganz so ausgedacht, wie es dem Leser vielleicht scheint.

MISSSTÄNDE IM OFFENEN VOLLZUG: EINE KRITISCHE BETRACHTUNG AM BEISPIEL DER JUSTIZVOLLZUGSANSTALT ULM

Da ich den größten Teil meiner Haftstrafe im offenen Vollzug verbracht habe, möchte ich ausführlicher auf diese Vollzugsform eingehen. Die Justizvollzugsanstalt Ulm wird in Baden-Württemberg als eine „Mustereinrichtung" des offenen Vollzugs im Ländle gerühmt. Diese Auffassung stellt sich jedoch in Wirklichkeit eher als eine Einrichtung des gelockerten Strafvollzugs dar. Das Ziel der Justizvollzugsanstalt Ulm ist nämlich nicht die hoch angesehene (Re-)Sozialisierung, sondern stellt nach außen hin lediglich eine drastische Verspottung der gegebenen Vollzugsmaßnahmen eines angeblichen offenen Vollzugs dar. Ein offener Vollzug, wie er in der Justizvollzugsanstalt Ulm praktiziert wird, wirkt eher wie ein sophistischer und provokativer Etikettenschwindel.

Der Eindruck eines Rachegedankens der Justiz kommt in Ulm nicht von ungefähr auf. Verwaltung und Verwahrung, restriktives und situatives Handeln stehen tatsächlich mehr im Vordergrund dieser vermeintlichen Justizvollzugsanstalt des „offenen Vollzugs". Anstelle einer angemessenen Behandlung der Inhaftierten im Einzelfall oder beispielsweise der Mitwirkung des Inhaftierten bei seinen Bemühungen um eine Wiedereingliederung in die Gesellschaft, dient die Justizvollzugsanstalt Ulm als Einrichtung des offenen Vollzugs eher als eine kosmetische, kontrovers diskutierte, leere Ummantelung. Daher sollte sie keinesfalls als repräsentative Auffassung des offenen Vollzugs verstanden oder bewertet werden. Der Justizvollzugsanstalt Ulm fehlt der wirkliche

Wille und die effektive Bereitschaft, sich ausreichend mit den Inhaftierten auseinanderzusetzen. Denn es genügt nicht, keine Gitter vor den Fenstern zu haben oder die umgebende Mauer der Justizvollzugsanstalt Ulm, ohne den obligatorischen Stacheldraht mit Wildwuchs zu versehen.

Es reicht nicht einmal aus, die Menschen hinter dieser Mauer als bereits verurteilte Objekte anzuerkennen. Der offene Vollzug soll eigentlich dazu beitragen, die Lebensverhältnisse während der Haft an diejenigen anzunähern, die wir in Freiheit genießen. Der Umgang mit den Inhaftierten ist jedoch von einer gewissen Respektlosigkeit gegenüber den Menschen geprägt und hinterlässt mehr als nur einen geistlosen Beigeschmack; er sorgt bei Beobachtern für unfassbares Kopfschütteln. Man beginnt sich zu fragen und wundert sich, warum ein derart dreistes Verhalten gegenüber den Inhaftierten im Strafvollzug gezeigt wird. Oft neigt man zu Wichtigtuerei, Unhöflichkeit und fast schon menschenfeindlichem Verhalten gegenüber den Inhaftierten. In der Justizvollzugsanstalt Ulm scheint der primäre (Re-)Sozialisierungsgedanke nicht als besonders wichtig erachtet zu werden.

Viele Inhaftierte erleben beinahe täglich, dass in dieser Justizvollzugsanstalt des vermeintlichen „offenen Vollzugs" anstelle von (Re-)Sozialisierung eher der Rachegedanke der Erniedrigung umgesetzt wird. Ein Beispiel für diese Erniedrigung ist die Vollzugsplanung, bei der die Haftzeit und deren Abschnitte ermittelt und geplant werden. Es soll festgestellt werden, welche Maßnahmen und gegebenenfalls Therapien vorgenommen werden sollten und auch tatsächlich angewendet werden sollen. Die Rechtsvorschriften des § 7 StVollzG und die Justizgesetze der Bundesländer sehen vor, dass der Inhaftierte an der Fortschreibung des Vollzugsplans beteiligt wird. In der Realität sieht die Umsetzung jedoch ganz anders aus. Es wird eher eine Art Tribunal über den Inhaftierten abgehalten, obwohl dieser bereits seinen gesetzlichen Richter hatte und ihm lediglich schriftlich mitgeteilt wird, wie die zukünftige Planung seines Vollzugs festgesetzt ist. Eine effektive Beteiligung des Inhaftierten findet nur in sehr seltenen Fällen statt. Die Justizvollzugsanstalt Ulm stellt daher eher eine Art Justizvollzugsanstalt dar, die sich den Arbeits- und Beschäftigungsmaßnahmen widmet und deren anstaltseigene Betriebe des Vollzuglichen Arbeitswesens (VAW) stets ausreichend mit „Zwangsarbeitern" versorgt sind.

Betrachtet man dies in vielen Bundesländern, erkennt man, dass die Arbeitspflicht in vielen Justizvollzugsanstalten immer noch besteht und die Betriebe des Vollzuglichen Arbeitswesens in der Lage sind, dem zivilen Arbeitsmarkt durch Dumping der Personal- und Produktionskosten ausreichend Arbeitskräfte zu liefern. Dies führt dazu, dass Auftragskapazitäten aus der freien Wirtschaft in das Mindestlohnfreie Vollzugliche Arbeitswesen der Justizvollzugsanstalten verlagert werden.

Die Inhaftierten werden weniger auf einen routinierten Arbeitsprozess vorbereitet als vielmehr zum Objekt einer Kostenminimierung in der Produktion externer Unternehmen gemacht. Diese Unternehmen nutzen die Billiglöhne in den Justizvollzugsanstalten aus, um Arbeitsplätze aus den Unternehmen in das Niedriglohnparadies Justizvollzugsanstalt zu verlagern. Im Knast gibt es zudem kaum Arbeitnehmerrechte, die berücksichtigt werden müssen. In der Regel wird man in Justizvollzugsanstalten des offenen Vollzugs gemeinsam mit anderen Personen untergebracht und teilt sich häufig ein Zimmer. Darüber hinaus muss man im offenen Vollzug in Baden-Württemberg einen Haftkostenbeitrag zahlen, der aber nur im Freigängerheim erhoben wird. Dies ist eine monatliche Miete, die man entrichten muss. Ein Vorteil ist natürlich, dass man das Gefängnis verlassen kann und nicht den ganzen Tag hinter Mauern verbringt. Tatsächlich sollen Justizvollzugsanstalten im offenen Vollzug nicht vor Flucht gesichert sein. Vor der Verlegung oder Einweisung durch die Staatsanwaltschaft wird geprüft, ob man für diese Vollzugsform geeignet ist, also ob davon ausgegangen werden kann, dass man nicht flieht oder weitere Straftaten begeht.

Wenn man vom geschlossenen in den offenen Vollzug verlegt wird, muss man gemäß der Einschätzung der Anstalt „geeignet" sein. Das ist der Fall, wenn keine Flucht- oder Missbrauchsgefahr von dem Inhaftierten ausgeht. Es wird also geprüft, ob aus Sicht der Justizvollzugsanstalt ein Risiko besteht, dass man aus dem offenen Vollzug flieht und ob zu befürchten ist, dass man Straftaten begeht, wenn man draußen unterwegs ist. Zudem gibt es Allgemeinverfügungen, die festlegen, ab wann grundsätzlich eine Eignung für den offenen Vollzug vorliegt. In einigen dieser Verfügungen steht zum Beispiel, dass eine Überforderung der Inhaftierten durch zu lange Zeit im offenen Vollzug vermieden werden soll. Hintergrund ist die Vermutung, dass der Widerspruch zwischen Freiheit während des Freigangs und der Gefangenschaft mit vielen strengen Regeln während der Zeit in der Anstalt mit der Zeit kaum erträglich wird, da die Inhaftierten sich immer weniger Vorschriften unterwerfen möchten und dadurch Schwierigkeiten im Vollzug auftreten können.

Selbst wenn dies der Fall wäre, dürfte es nicht dazu führen, dass eine Verlegung in den offenen Vollzug allein mit dem Argument der Überforderung abgelehnt wird, wenn ansonsten die Eignung besteht. Wenn die Justizvollzugsanstalt befürchtet, dass der Inhaftierte bei Verlegung mit einem noch langen Strafrest überfordert wäre, muss sie den Gefangenen angemessen darauf vorbereiten, anstatt aus diesem Grund die Verlegung abzulehnen.

Bei der Frage, ob man für eine Verlegung in den offenen Vollzug geeignet ist, wird besonders gewichtet, ob man Erstverbüßer ist, sich freiwillig gestellt hat, nicht als Bewährungsversager gilt, sich gut verhält, also wenig oder keine Disziplinarmaßnahmen gegen den Inhaftierten verhängt wurden, zumindest nicht in jüngster Vergangenheit, und ob man einen Plan für die Zeit außerhalb des Gefängnisses hat (Arbeitgeber/Arbeitsvertrag usw.). Wenn ein offenes Ermittlungsverfahren gegen eine Person läuft, wird die Justizvollzugsanstalt wahrscheinlich einen Antrag auf Verlegung in den offenen Vollzug ablehnen, da befürchtet wird, dass die Person eher flieht, wenn sie die Strafverfolgung in einer anderen Angelegenheit fürchtet. Es ist jedoch nicht so, dass allein aus diesem Grund eine Person als ungeeignet angesehen werden darf. Wenn die genannten positiven Faktoren erfüllt sind, muss man nicht lange warten, um einen Antrag auf Verlegung zu stellen. Im „Normalfall" ist vorgesehen, dass die Inhaftierten schnell in den offenen Vollzug verlegt werden, wenn sie geeignet sind. Ein weiterer Vorteil einer frühzeitigen Antragstellung besteht darin, dass man nach drei Monaten, wenn die Justizvollzugsanstalt noch nicht über den Verlegungsantrag entschieden hat, eine Untätigkeitsklage einreichen kann. Im Bundesvollzugsgesetz von

1977 wurde der offene Vollzug als Regelvollzugsform genannt. Das bedeutet, dass grundsätzlich ALLE Inhaftierten im offenen Vollzug untergebracht werden sollten, es sei denn, sie sind dafür nicht geeignet. Seit es die Landesstrafvollzugsgesetze gibt, sind die Bestimmungen unterschiedlich und haben sich meistens zum Nachteil der Inhaftierten entwickelt. In vielen Landesgesetzen werden offener und geschlossener Vollzug gleichrangig nebeneinander genannt. In Bayern, Hessen, Niedersachsen und im Saarland ist der geschlossene Vollzug leider sogar die Regelvollzugsform, das heißt, dort werden alle Inhaftierten im geschlossenen Vollzug untergebracht, es sei denn, sie sind für den offenen Vollzug geeignet. Die Unterscheidung ist sehr relevant. In den meisten Bundesländern wird nach der Inhaftierung zunächst der geschlossene Vollzug vollzogen, und dann wird geprüft, ob der Inhaftierte für den offenen Vollzug geeignet ist und dementsprechend verlegt wird. Dies kann jedoch dauern! Wenn jedoch in den Landesgesetzen steht, dass Inhaftierte im offenen Vollzug untergebracht werden sollen, dann ist der offene Vollzug als Regelvollzugsform anzusehen. Dies gibt den Inhaftierten bessere Chancen, gegen eine negative Entscheidung der Justizvollzugsanstalt vorzugehen oder eine positive Entscheidung zu erreichen.

Denn die Entscheidung, ob dem Antrag auf Verlegung in den offenen Vollzug stattgegeben wird, liegt leider immer im Ermessen der Justizvollzugsanstalt. Das bedeutet, dass man gegen eine Ablehnung der Verlegung nur auf eine neue, fehlerfreie Ermessensentscheidung klagen kann, nicht auf eine Anordnung des Gerichts zur Verlegung in den offenen Vollzug. Das führt dazu, dass die Justizvollzugsanstalten einen ziemlich großen Spielraum haben und die

Frage der Eignung ziemlich beliebig und willkürlich entschieden wird. Daher wird die Entscheidung über die Eignung auch in der Literatur teilweise als „Einfallstor für Willkürentscheidungen“ bezeichnet (vgl. Volckart/Pollähne/Woynar, Verteidigung in Strafvollstreckung und Strafvollzug, 2008, Rn. 570).

Etwas anderes gilt, wenn in dem Strafvollzugsgesetz des Bundeslandes, in dem der Inhaftierte sitzt, steht, dass Inhaftierte im offenen Vollzug untergebracht werden sollen. Dann ist das Ermessen der Justizvollzugsanstalt eingeschränkt. Das bedeutet, dass die Justizvollzugsanstalt eine Flucht- und Missbrauchsgefahr positiv feststellen muss. Es reicht dann nicht aus, dass eine Gefahr nicht sicher ausgeschlossen werden kann (vgl. StraFo 2015, S 261 und StV 2007, S. 390), sondern es müssen konkrete Anhaltspunkte dafür vorliegen, dass man flieht oder weitere Straftaten begeht. Es besteht also ein erheblicher Unterschied, ob laut Gesetz Inhaftierte im offenen Vollzug untergebracht werden sollen oder können. Nach der Verlegung muss man einen Antrag auf Freigang stellen, um das Gefängnis verlassen zu dürfen. Der häufigste Grund dafür ist die Arbeit, für die man nach draußen möchte. Der Arbeitsplatz wird von der Justizvollzugsanstalt auf Sicherheit überprüft. Normalerweise geht jemand von der Justizvollzugsanstalt in den Betrieb und prüft, ob alles „in Ordnung“ ist. Die Arbeitszeiten müssen grundsätzlich von der Justizvollzugsanstalt akzeptiert werden. Wenn man also spät abends oder im Schichtsystem arbeitet, muss die Anstalt dies tolerieren und dem Inhaftierten auch für diese Zeiten Freigang gewähren. Es ist jedoch auch möglich, außerhalb des offenen Vollzugs anderen Tätigkeiten nachzugehen. Man sollte die Möglichkeit haben, den alltäglichen Verpflichtungen nachzukommen. Wenn man die Freiheitsstrafe noch nicht angetreten hat und in Freiheit eine Arbeitsstelle hat, lohnt es sich, gleich eine Ladung zum Strafantritt in einem Freigängerheim zu beantragen. In den meisten Bundesländern besteht diese Möglichkeit. Eine Ausnahme bildet Hamburg. Dennoch sollte man auch dort versuchen, bei der Staatsanwaltschaft eine Direktladung in den offenen Vollzug, sprich das Freigängerheim, zu erhalten, indem man die Einweisung in den offenen Vollzug gemäß der Strafvollstreckungsordnung beantragt. Diesen Antrag sollte man schriftlich bei der zuständigen Staatsanwaltschaft stellen. Zusätzlich ist es wichtig, ein Schreiben des Arbeitgebers beizufügen, in dem bestätigt wird, dass er den Mitarbeiter auch aus dem offenen Vollzug beschäftigen würde. Über meine berufliche Wiedereingliederung berichte ich an späterer Stelle in diesem Buch.

Die erste Kontaktperson, die ich im Knast kennengelernt habe, war ein Hausarbeiter (Reiniger). Diese Arbeiter genießen das Vertrauen der Bediensteten und sind ihre wichtigsten Informationsquellen. Daher ist Zurückhaltung gegenüber ihnen ratsam.

Man kann jedoch den Reiniger fragen, wo sich bestimmte Personen befinden, die man vielleicht aus anderen Justizvollzugsanstalten kennt, wie man am besten einen Antrag stellt oder wann Einkaufszeiten sind. Es ist wichtig, mehr über die Bediensteten zu erfahren, um zu wissen, bei wem man besonders vorsichtig sein sollte und wer eher locker ist. Die Reiniger sind diejenigen, die am besten Bescheid wissen, da sie viel herumkommen.

Wenn sie von sich aus vertraulich auf einen zukommen, sollte man nichts Vertrauliches mit ihnen besprechen. Man sollte sie lediglich nach den Dingen, die man wissen möchte, fragen und von sich aus nichts weiter mit ihnen besprechen. Man sollte ihnen nie mehr erzählen, als man einem Bediensteten erzählen würde, um zu vermeiden, dass Sprüche weitergegeben werden könnten, die dann gegen einen verwendet werden könnten. Es kommt vor, dass die Reiniger als „Spione" für die Bediensteten arbeiten und ihnen übermittelte Neuigkeiten berichten.

Wenn man sich bei den Reinigern unsicher fühlt, sollte man lieber auf den Hofgang warten, wo man vielleicht jemanden findet, dem man einigermaßen vertrauen kann. Inhaftierung ist eine Ausnahmesituation, in der man generell vorsichtig sein sollte, wem man vertraut. Trotzdem sollte man nicht vergessen, dass die Reiniger selbst Gefangene sind und sie nicht alle pauschal als Spitzel betrachten sollte. Die Reiniger sind auch diejenigen, die mit den Neuankömmlingen die besten Geschäfte machen, indem sie ihnen Tabak verkaufen und dafür teuer bezahlen lassen. Neue Gefangene können beispielsweise ihre wertvolle Uhr oder ein gutes Feuerzeug für eine kleine Menge Tabak abgeben.

Einige Inhaftierte schaffen es nicht, einen ersten Kontakt zu knüpfen und hängen dann wochenlang ohne Gespräche mit anderen herum. Das ist jedoch die Ausnahme, und oft liegt es daran, dass die Inhaftierten von sich aus keine Anstrengung unternehmen, ihre Isolation zu überwinden. Es erfordert auf jeden Fall Anstrengung und Kraftanstrengung, sich so früh wie möglich mit anderen zu verbinden. Andernfalls lebt man wie auf einem Bahnsteig und wartet. Nur dass das Warten möglicherweise endlos ist, für Monate und oft für Jahre.

Es ist anfangs schwierig, ein Gesprächsthema zu finden. Die meisten Inhaftierten sind auf ihre eigenen Angelegenheiten fixiert – den Prozess, die Anwälte, den Knast. Fast alle Gespräche scheinen sich um den Knast und den Prozess zu drehen. Man sollte auf jeden Fall vorsichtig sein, Geschäftemachern zu vertrauen. Solche, die Gewohnheit darin haben, andere auszunutzen, werden auch Geschäfte mit den Informationen machen, die sie über andere haben. Daher sollte man keine leichtfertigen Aussagen darüber machen, warum man im Knast ist. Es ist möglich, denunziert zu werden.

Im Gefängnis kommt es oft zu gegenseitigem Denunzieren, was angesichts der Situation naheliegend ist. Es kann für manche Menschen ein rettender Strohhalm sein. Es gibt immer welche, die Gehörtes weitergeben, entweder aus Berechnung oder aus Dummheit und gewohnheitsmäßiger Unterwürfigkeit gegenüber den Bediensteten. In jedem Gefängnis herrscht eine bestimmte „Betriebsklima". Es gibt eine Art Solidarität, auch wenn sie zwiespältig ist. Auf der einen Seite gibt es eine beeindruckende Solidarität zwischen den Inhaftierten, die größer sein kann als die Solidarität zwischen Menschen außerhalb des Gefängnisses. Das ist die spontane Solidarität zwischen denen, die sich in einer gemeinsamen schwierigen Lage befinden – und das sind alle Inhaftierten.

Diese gemeinsame Situation schafft ein spontanes Gefühl der Zusammengehörigkeit. Auf der anderen Seite besteht aufgrund der Aussicht auf längere Strafen und der damit verbundenen Hoffnung auf vorzeitige Entlassung eine größere Gefahr des Verrats. Das Solidaritätsklima hängt daher weniger vom Gefängnis selbst ab als von der bewussten Aktivität, dem Willen und der Persönlichkeit derjenigen, die sich im günstigsten Fall auf einer Etage treffen. Es ist sicher, dass einige wenige Inhaftierte unter günstigen Bedingungen das Solidaritätsklima auf ihrer Etage erheblich verbessern können – was ein Grund für die Anstaltsleitung sein kann, sie zu trennen.

Für mich war es wichtig herauszufinden, wie man dieses „Betriebsklima" erkennt, wie man es einschätzen kann – durch Beobachtungen. Und vor allem, wie ich selbst Einfluss auf dieses Klima in meiner unmittelbaren Umgebung nehmen kann. Dafür gibt es einen Maßstab der Beobachtung. Tauschgeschäfte sind in jedem Gefängnis üblich. Anhand der Art und Weise, wie sie ablaufen, ob sie ständig sichtbar sind oder eher im Hintergrund stattfinden, ob das Klima von egoistischen Tauschhandlungen und Geschäften geprägt ist oder von freundschaftlicher Art ist, kann man erkennen, wie es beschaffen ist.

Die Tauschgeschäfte sind die unterste Stufe dieser Solidarität, an der Solidarität in Unsicherheit übergeht. Diese Tauschgeschäfte können unterschiedlichen Charakter haben – sie können gegenseitige Ausbeutung sein, aber auch gegenseitige Hilfe. Im günstigsten Fall sind sie gemeinschaftliche, gegenseitige Hilfe, bei der der Charakter eines Geschäfts völlig verloren geht. Das Tauschverhalten im Gefängnis sollte daher nicht grundsätzlich abgelehnt werden. Um zu verhindern, dass man hereingelegt wird, sollte man sich bei anderen Inhaftierten nach den Preisen erkundigen.

Im Gefängnis gibt es eine „Währung" – den Tabak. Die Preise werden anhand des Wertes einer Tabakpackung gemessen, der im Gefängnis anders ist als der Einzelhandelspreis. Wenn es beispielsweise aufgrund eines längeren Feiertags keinen Einkauf gibt, kann eine Tabakpackung im Wert von 5,00 Euro unter den Inhaftierten bereits 15-20 Euro kosten. Die Nachfrage reguliert auch hier den Preis.

Die Solidarität ist etwas Zwiespältiges und oft Verborgenes, eine Schicht der Knastgemeinschaft, die nicht immer sichtbar ist, sondern unterhalb einer anderen Art des Umgangs miteinander liegt. Das innere Klima eines Gefängnisses ist auch sehr flexibel und kann sich verändern. Die Bediensteten, die Verwaltung, aber hauptsächlich die Inhaftierten selbst prägen es. Es ist ein Prozess, den man versuchen sollte zu verstehen, um daran teilzuhaben. Man sollte auf jeden Fall nicht den Fehler machen, das Klima der alltäglichen Unsicherheit, dass man anfangs bemerken wird, als Beweis dafür anzusehen, dass es im Gefängnis überhaupt keine Solidarität gibt.

Das „Betriebsklima“ des Gefängnisses wird sowohl von der Institution als auch von den Inhaftierten selbst bestimmt – und damit von den Möglichkeiten, dass die Inhaftierten zusammenkommen, miteinander sprechen und sich kennenlernen. Diese Möglichkeiten werden bewusst eingeschränkt. Die Kommunikation findet einerseits bei beaufsichtigten und reglementierten Gelegenheiten statt, andererseits aber auch in den Zwischenräumen der totalen Kontrolle, die im Gefängnis herrscht.

Gottesdienste und seelsorgerische Betreuung sind im Gefängnis durch das Grundgesetz besonders geschützt. Das bedeutet, dass Gespräche mit der Pfarrerin oder dem Seelsorger und die Teilnahme am Gottesdienst kaum verweigert werden können. Das Recht auf Kontakt zu einem Seelsorger der eigenen Konfession wird in den Strafvollzugsgesetzen garantiert. Das bedeutet, dass unüberwachte Gespräche mit der Pfarrerin – normalerweise auch in ihrem Büro – garantiert sind und durchgesetzt werden können.

Jedes seelsorgerische Gespräch mit einem Geistlichen unterliegt der Schweigepflicht. Man kann nur auf Wunsch des Inhaftierten von der Schweigepflicht entbunden werden. Das Recht auf Teilnahme am Gottesdienst und an „religiösen Veranstaltungen“ der eigenen Konfession kann einem Inhaftierten entzogen werden, „wenn dies aus überwiegenden Gründen der Sicherheit und Ordnung geboten ist“ – also die berüchtigte Formulierung! Der Seelsorger sollte jedoch vorher angehört werden.

In Freiheit hatte ich eigentlich nichts mit der Kirche zu tun, warum sich das aber im Gefängnis geändert hat, weiß ich nicht. Ein Gespräch mit der Pfarrerin tat mir in den ersten Wochen im Gefängnis gut. Dadurch konnte ich unter anderem Druck abbauen, mich ausheulen und volle Aufmerksamkeit genießen. Auch der Gottesdienst war ein Ort zum Innehalten und Nachdenken. Stille, Gebete und Gesang halfen mir, mich meiner Familie in Freiheit nahe zu fühlen. Gleichzeitig bieten der Gottesdienst und das Gespräch mit der Pfarrerin oder dem Seelsorger die Möglichkeit, mit anderen Inhaftierten in Kontakt zu kommen.

Neben dem Gottesdienst und dem Gesprächsangebot kann man über die Pfarrerin oder den Seelsorger auch gewisse Erleichterungen im Alltag erhalten. Dabei gab es jedoch große Unterschiede zwischen der Ulmer Knastpfarrerin und dem mittlerweile im Ruhestand befindlichen Seelsorger. Der Seelsorger brachte zum Beispiel bei manchen Gruppengesprächen Eis oder andere Leckereien mit. Wenn man ein spezielles Küchengerät benötigte, das schwer im Gefängnis zu bekommen war, konnte es der Seelsorger gegen Vorkasse besorgen und bei seinem nächsten Besuch mitbringen.

Viele Geistliche sind offen für Dialog und Ideenentwicklung. Hier kann man die alltäglichen Probleme des Gefängnisalltags in anderer Weise gemeinsam besprechen und sich darüber austauschen. Gesprächskreise und ähnliche Angebote sollen – wie in der Gemeinde draußen – möglichst hierarchiefrei sein. Falls man beispielsweise eine Disziplinarstrafe im Bunker absitzen muss, kann einen der Geistliche trotzdem besuchen – dies darf nicht verweigert werden!

Muslime wurden in regelmäßigen Abständen von einem Imam in der Justizvollzugsanstalt besucht. Imame können in manchen Angelegenheiten wie Vertreter anderer Religionen auch dann helfen, wenn man nicht Muslim ist. Grundsätzlich unterliegen sie ebenfalls der Schweigepflicht, aber es schadet nicht, dies am Anfang des Gesprächs noch einmal anzusprechen, um deutlich zu machen, dass einem die Schweigepflicht wichtig ist. Orthodoxe christliche Seelsorge, Rabbiner und Vertreter anderer Konfessionen sind unterschiedlich vertreten und treten meistens in Form von ehrenamtlich geleiteten Kreisen oder Gruppen im Gefängnis auf.

Der Gottesdienst ist für die meisten Inhaftierten im geschlossenen Vollzug die Gelegenheit, sich einmal pro Woche zu sehen, Neuigkeiten auszutauschen oder einfach nur Zeit außerhalb der Zelle zu verbringen. Manche Inhaftierte möchten einen „ordentlichen" Gottesdienst haben, möglichst feierlich, mit Blumen, Gesang und Orgelmusik.

Das Geld spielt – wie überall, auch im Gefängnis – eine wichtige Rolle. Anhand der Art und Weise, wie mit Geld umgegangen wird, kann man den inneren Zustand einer Gefängnisgemeinschaft erkennen. Es ist auf jeden Fall ein Gradmesser für den Zusammenhalt der Gefangenen. Wenn man kein Geld hat, muss man entweder darüber nachdenken, wie man welches bekommt, oder wie man ohne Geld auskommt. Es ist möglich, im Gefängnis ohne Geld auszukommen, es sei denn, man ist Raucher.

Es ist möglich, mit wenig Geld auszukommen, und es ist auch möglich, mit wenig Geld viel zu bekommen, wenn man das Geld gemeinsam mit anderen verwendet und vermeidet, bestimmte Dinge doppelt zu kaufen, wie Bücher, Zeitschriften und ähnliches.

Im geschlossenen Vollzug ist kein Bargeld zugelassen. Im offenen Vollzug, den ich in Ulm erlebt habe, verfügt man über Bargeld auf dem Haftraum. Die „Knastwährung" besteht unabhängig vom Bargeld aus Kaffee und Tabak.

Von den monatlichen Bezügen aus Arbeitsentgelt oder Ausbildungsbeihilfe kann man 3/7 für den Einkauf oder andere Zwecke verwenden – dieses Geld wird als „Hausgeld" bezeichnet. Wenn man sein Einkommen aus einer freien Beschäftigung oder als Freigänger bezieht, legt die Anstalt ein „angemessenes Hausgeld" fest. In der Regel wird man weniger als 3/7 des Einkommens als Hausgeld erhalten. Die restlichen 4/7 des Lohnes werden als Überbrückungsgeld für die Zeit nach der Entlassung angespart, sofern dies in den jeweiligen Bundesländern vorgesehen ist. Es soll den Inhaftierten und ihren Familien vier Wochen lang nach der Entlassung als Unterstützung dienen. Es sollte insgesamt das Vierfache der monatlichen Mindestbeträge der Sozialhilfe nicht unterschreiten. In Einzelfällen kann jedoch von der Anstaltsleitung ein höherer Betrag festgesetzt werden, wenn sie der Meinung ist, dass die Situation dies erfordert. Das bedeutet, dass man so lange 4/7 des Arbeitsentgelts auf das Überbrückungsgeldkonto einzahlt, bis der festgesetzte Betrag erreicht ist. Danach kann man über die 4/7 des Lohnes als „freies Eigengeld" verfügen.

Solange man inhaftiert ist, kann man diese „Rücklage" nicht antasten. Es gibt jedoch Ausnahmen für die Eingliederung und Resozialisierung des Gefangenen, die mit wohlwollender Genehmigung der Anstaltsleitung gewährt werden können. Etwa drei Monate vor der Entlassung kann man sich einen Teil des Überbrückungsgeldes auszahlen lassen, z. B. für die Beschaffung von Dingen zur Unterstützung der Entlassung. Das Überbrückungsgeld ist unpfändbar! Es gibt jedoch Ausnahmen für Unterhaltspfändungen.

Man kann auch ein Sparbuch bei der Justizvollzugsanstalt eröffnen lassen, auf dem sich das Überbrückungsgeld befindet. Das Sparbuch wird auf den Namen der Justizvollzugsanstalt angelegt. Das Überbrückungsgeld wird verzinst angelegt. Die damit verbundenen zwei Buchungen pro Monat auf das externe Konto sind für die Justizvollzugsanstalt zumutbar. Etwaige Zinsen gehören zum freien Eigengeld.

Die verbleibenden 3/7 des Einkommens werden als Hausgeld bezeichnet. Dieses Geld steht in der Regel zur freien Verfügung für Einkäufe usw. Hausgeld ist unpfändbar.

Eigengeld umfasst das Geld, das man mitgebracht hat oder das für einen eingezahlt oder überwiesen wurde. Sobald man das Überbrückungsgeld vollständig angespart hat, werden die Einkünfte aus Arbeit oder Ausbildung als freies Eigengeld gutgeschrieben. Mit diesem Geld kann man sich zum Beispiel beim Einkauf mehr leisten als mit dem Hausgeld. Taschengeld wird gewährt, wenn man keine Arbeit hat und auf Antrag gestellt wird. Taschengeld ist unpfändbar. Wenn man Eigengeld hat oder Geld von Dritten eingezahlt wurde, hat man keinen Anspruch auf Taschengeld, da man ja über Eigengeld verfügt und damit einkaufen kann.

Das Taschengeld wird bei der Bemessung des Überbrückungsgeldes berücksichtigt. Wenn man Eigengeld hat oder Geld von Dritten eingezahlt wurde, hat man keinen Anspruch auf Taschengeld, da man ja über Eigengeld verfügt und damit einkaufen kann.

Wenn ein Gefangener durch vorsätzliches oder grob fahrlässiges Verhalten sich selbst oder einen Mitgefangenen verletzt und dadurch Kosten für die medizinische Versorgung entstehen, können diese Kosten von Hausgeld abgezogen werden. Es müssen jedoch mindestens ca. 24 Euro übrigbleiben. Das bedeutet, dass ein Gefangener, der in seiner Verzweiflung einen Selbstmordversuch unternimmt, dafür bestraft wird, indem ihm faktisch der Einkauf eingeschränkt wird.

Es sollte jedoch beachtet werden, dass es Unterschiede in den Regelungen zwischen den Bundesländern geben kann. Daher können die genannten Informationen je nach Justizvollzugsanstalt variieren. Es ist wichtig, sich vor Ort über die genauen Regelungen zu informieren.

Wucher und minderwertige Ware

In der Freiheit hat man die Wahl, in den Supermarkt zu gehen und Obst nach dem Härtegrad auszuwählen. Hat die Banane schon braune Stellen? Dieser oder jener Joghurt, Müsli, Käse, Wurst und so weiter. Shampoo beim Drogeriemarkt um die Ecke, aktuelle Angebote beim Discounter. In Großstädten gibt es mittlerweile eine Vielzahl von Lieferdiensten. Wer möchte, kann sich seinen Einkauf nach Hause bestellen. Beim Bauern kann man sich im Internet eine Gemüsekiste zusammenklicken, kurze Zeit später steht sie vor der Tür. Die Lieferkosten belaufen sich hierbei auf null bis drei Euro. Oder man sitzt wie ich im Knast. Dann isst man, was auf den Tisch kommt. Die „Knast Cuisine" bietet beispielsweise Spiralnudeln mit Spinatsoße oder zwei Brötchen, eine Banane und eine Packung Putensalami, die sich kurz vor dem Mindesthaltbarkeitsdatum befindet. Es gibt auch Reis mit ein paar Maiskörnern und dazwischen gemischten Erbsen, außerdem Putenschnitzel „Natur" und eine undefinierbare helle Tütensoße. Dazu einen kleinen Becher Joghurt mit 0,1 Prozent Fett. Das Land Baden-Württemberg gibt im Schnitt 2,47 Euro pro Tag und Inhaftierten für Lebensmittel aus. Das geht aus einer Anfrage der Landtags-FDP hervor. Laut einer Stellungnahme des Ministeriums der Justiz und Migration Baden-Württemberg ist das Essen in den Gefängnissen zwar regel- und vorschriftskonform und muss, was die Qualität und Bestandteile angeht, den Vorgaben der „Deutschen Gesellschaft für Ernährung (DGE)" folgen, aber das Essen ist in erster Linie billig. Die FDP-Abgeordneten hatten Klagen von Inhaftierten und Beschäftigten registriert und deshalb nachgefragt. Täglich müssen 6.500 Inhaftierte mit Essen versorgt werden. Ein weitgehender zentralisierter Einkauf und Kooperationen halten die Preise niedrig. Bei den Ausgaben gibt es jedoch lokale Unterschiede. So werden beispielsweise in der Justizvollzugsanstalt Bruchsal durchschnittlich 2,14 Euro pro Tag ausgegeben, in Freiburg sind es 2,57 Euro, in Ulm 2,17 Euro und in Stuttgart 2,72 Euro. Begründet wird dies im Wesentlichen mit der Unmenschlichkeit der Haftanstalten und ihren Strukturen – vom Großgefängnis bis zur kleinen Außenstelle. Die Justizvollzugsanstalt Stuttgart ist beispielsweise eine sehr große Anstalt mit vielen ausländischen Inhaftierten unterschiedlicher Herkunft, was eine Rolle bei der Essensversorgung spielt. In anderen Justizvollzugsanstalten gibt es zudem besondere Bedürfnisse jugendlicher, kranker oder älterer Inhaftierter. Dass es Verbesserungsbedarf gibt, hat das Ministerium bereits im Jahr 2016 erkannt. Es wurde eine Studie durch einen Ernährungswissenschaftler beauftragt, daraus resultierte 2018 eine weitere Studie der DGE. Die Erkenntnisse: Die Inhaftierten seien zwar „ordentlich versorgt", aber „energetisch überversorgt", es gebe „zu viel Fleisch und Wurst sowie zu wenig Obst, Gemüse und Salat." Über die praktische Umsetzung der Empfehlungen der DGE sinniert eine Arbeitsgruppe („AG Speiseplanung"). Sie besteht aus sechs Küchenleitern sowie Vertretern des Versorgungsmanagements. Sie erarbeiten nun, mit Blick auf das Haushaltsrecht und mit Umfragen bei den Betroffenen vor Ort, Vorschläge für die künftige Gestaltung von Rahmen-Speiseplänen für die Justizvollzugsanstalten. Die AG hat die Speisepläne sämtlicher Justizvollzugsanstalten für einen Zeitraum von zwölf Wochen gesichtet und laut Ministerium keine Qualitätsmängel festgestellt. Derzeit erarbeitet die AG auf Basis der Empfehlungen der DGE optimierte Rahmen-Speisepläne für einen Zeitraum von zwölf Wochen, an denen sich die Justizvollzugsanstalten zukünftig orientieren sollen. Eine Empfehlung der DGE, nämlich die Abschaffung des sogenannten „Arbeiterfrühstücks", hat das Ministerium jedoch nicht umgesetzt – aus gutem Grund: Nach der bereits erfolgten Reduzierung des Energiegehalts der täglichen Normalkost 2018 wäre dies „den Inhaftierten nicht vermittelbar gewesen", man habe Störungen der Sicherheit und Ordnung befürchtet. Eine stufenweise Reduzierung hat man jedoch noch im Blick, so das Ministerium in einer Presseerklärung. „Wenn man mal nicht weiterweiß, bildet man einen Arbeitskreis..." Im Knast kann man aber auch Lebensmittel einkaufen, um sich selbst Essen zuzubereiten. Der 14-tägige, sich wiederholende Gefangeneneinkauf ist für die Mehrzahl der Gefangenen die spannendste Unterbrechung im Knastalltag. Es gibt sogar Strafgefangene, die sich an diesem Tag auf der Arbeit krankschreiben lassen, um als erste „Kunden" in der Warteschlange zu stehen. Die Justizvollzugsanstalt ist gesetzlich dazu verpflichtet, den Gefangenen den Einkauf von Nahrungs- und Genussmitteln sowie Körperpflegeprodukten zu ermöglichen. Sie müssen den Einkauf entweder selbst organisieren oder einen sogenannten Anstaltskaufmann damit beauftragen. Lange Zeit waren dies in Ulm auch lokale Händler, wie auch die Firma Massak anfangs einer war, ein kleines Familienunternehmen mit Vater, Sohn und ein paar Angestellten. Familie Massak führte zunächst nur einen Edeka in der Nähe von Bamberg. Dann belieferte die Firma den örtlichen Knast und wuchs. Und wuchs. Heute ist Massak der Platzhirsch im Knast. Massak beliefert rund 140 Justizvollzugsanstalten – etwa 2/3 aller Knäste in Deutschland. Konkurrenz hat er kaum noch. Er gilt als zuverlässig und gewinnt die Ausschreibungen. In den wenigsten Knästen gibt es noch kleine Läden. Sein Ziel ist es, künftig alle Knäste der Republik zu beliefern. In Ulm reicht Massak etwa alle 2 Wochen mehrere DIN-A3-Seiten Bestelllisten ein. Als Gefangener kann man dann auswählen, was man einkaufen möchte. Die Bestellung trägt man in einen separaten Bestellschein ein, und die Ware wird dann zu einem bestimmten Einkaufstermin zusammengepackt in den Knast geliefert. Ich selbst habe bei Massak fast keine Markenprodukte bestellt, da sie mir einfach zu teuer waren. Auch die Billigprodukte, in den meisten Fällen „Gut und Günstig", kosten hinter den Mauern wesentlich mehr als im Supermarkt. Während meiner Haftzeit sind die Preise stark gestiegen. Man kann hier von „Wucher" sprechen. Der Knastleitung werfe ich vor, ihre Sorgfaltspflicht gegenüber den Inhaftierten vernachlässigt zu haben, indem sie die kontinuierlichen Preiserhöhungen von Massak nicht unterbindet. Das OLG Hamm urteilte bereits zur Preisgestaltung beim Gefangeneneinkauf. Demnach dürfen die Preise bis zu 20 Prozent über denen außerhalb des Knastes liegen. Vergleicht man die Preise von Edeka-Geschäften – da Massak ja Filialen dieser Supermarktkette führt -, stellt man fest, dass viele Produkte der Bestelllisten genauso viel kosten wie im Supermarkt. Einige Preise sind jedoch wesentlich höher. So ist beispielsweise Limonade um 89 Prozent teurer, Honig um 130 Prozent, Gewürze um bis zu 300 Prozent und ein Stück Käse um 70 Prozent teurer. Das ist schon signifikant! Massak selbst sagt auf Anfrage der ARD-Sendung Plusminus, dass er die Produkte zu diesen Preisen verkaufen müsse. Es werde viel Tabak bestellt, womit er kaum Gewinn mache. „Ich liefere ja nicht in einen Streichelzoo." „Im Knast haben Tabak, Zigarren und Zigaretten einen Umsatzanteil zwischen 32 und 50 Prozent, in stationären Supermärkten sind es nur 3 Prozent." Ich habe oft beobachtet, dass Gefangene Mineralwasser bestellen, welches bei Massak einen Preisaufschlag von 70 Prozent hat. Aber sind die Preise noch angemessen? Die Argumente, die Massak vorbringt, überzeugen mich nicht. Auch Supermärkte müssen beliefert werden, auch dort gibt es nicht überall dasselbe Angebot. In die Regale kommt, was bei den Kunden gut läuft – ähnlich wie in den Knästen. Zudem muss Massak in den Knästen keinerlei Miete bezahlen, was einige Ausgaben einspart. Außerdem hat er in sämtlichen Knästen ein Monopol und regelmäßige „Kunden", die nicht zur Konkurrenz gehen können. Praktisch himmlische Zustände für Massak! Als Gefangener kann man den Einkauf mit dem verdienten Monatslohn bezahlen. In den meisten Bundesländern herrscht in den Knästen eine Arbeitspflicht, und pro Arbeitstag gibt es beispielsweise in Baden-Württemberg je nach Vergütungsstufe nur 11,48 Euro bis 19,40 Euro. Selbst bei einer 40-Stunden-Woche erhält man am Ende des Monats also nur eine mickrige Summe zwischen 200 und 400 Euro, von denen 4/7 auf das Überbrückungsgeldkonto eingezahlt werden. Wer nicht arbeiten kann, erhält auf Antrag ein Taschengeld. Neben den Wucherpreisen gibt es leider noch andere Probleme mit Massak. Es wird regelmäßig minderwertige Ware geliefert, das Obst und Gemüse hält nicht lange, Brot kommt teils verschimmelt an, immer wieder wird der falsche Joghurt, das falsche Haarwaschmittel geliefert. Oft liegt in den gepackten Lieferkörben Weichspüler oder Waschmittel neben Obst oder den Molkereiprodukten. Es gibt bereits einige deutschlandweite Gerichtsverfahren von

Inhaftierten gegen Massak aufgrund der hohen Preise. Ein bereits rechtskräftiges Urteil ist mir zum Zeitpunkt des Buchverfassens nicht bekannt.

Papa im Knast – Verlorene Jahre!

Meine Inhaftierung ist für meine Ehefrau und Tochter eine große emotionale Belastung. Der Verlust ihres Vaters kann Ängste, Enttäuschungen und Scham auslösen. Aus Angst, meine Tochter könnte den Knastaufenthalt weitererzählen und dann Stigmatisierungen und Diskriminierungen ausgesetzt sein, ist der tatsächliche Aufenthaltsort von mir verschwiegen geblieben – Papa ist bei der Feuerwehrschule. Meine Tochter wird nicht verstehen, was der Knast für ein Ort ist, an dem der Papa gerade lebt, und warum ich sie nicht besuchen komme. Durch den Wegfall meines Einkommens hat sich leider auch die finanzielle Situation verschlechtert, sodass es oft nicht möglich ist, an vielen Aktivitäten mehr teilnehmen zu können. 100.000 Kinder in Deutschland haben Schätzungen zufolge ein Elternteil im Knast. Man geht davon aus, dass auf sechs Inhaftierte zehn Kinder im Alter bis zu 18 Jahren kommen. Nach Ministeriumsangaben gerät rund ein Viertel dieser Kinder später selbst mit dem Gesetz in Konflikt oder wird inhaftiert. Das Schicksal dieser Kinder spielt im Justizvollzug bislang höchstens am Rande eine Rolle. Es gibt im deutschen Justizvollzug dringenden Nachholbedarf. Das beginnt bereits bei kleinen Dingen wie einem Wickeltisch, welcher in einer Justizvollzugsanstalt keine Selbstverständlichkeit ist. Oft sind die Besuchszeiten in manchen Bundesländern teilweise sehr kurz, manchmal nur zwei Stunden im Monat. Die Zeiträume liegen zudem oft am Vormittag, wenn die Kinder in der Schule sind. Die Entfernung zur Justizvollzugsanstalt kann oft mehrere Stunden betragen, in manchen Einrichtungen darf der Inhaftierte zudem nicht berührt werden. In einigen Justizvollzugsanstalten werden viermal im Jahr Eltern-Kind-Tage mit Sport und Spiel z. B. in der Anstaltsturnhalle mit gemeinsamem Mittagessen veranstaltet. In der Europäischen Union sind Schätzungen zufolge fast eine Million Kinder von der Inhaftierung eines Elternteils betroffen. Das sind mehr Kinder als Gefangene. Kinder inhaftierter Eltern stellen eine Hochrisikogruppe dar: Sie wachsen häufig in problematischen Umfeldern auf und sind oft vielfältigen Risikofaktoren ausgesetzt. Kinder inhaftierter Eltern haben eine erhöhte Lebenszeitprävalenz für die Entwicklung psychischer Erkrankungen, insbesondere Persönlichkeitsstörungen. Auch internalisierende Verhaltensstörungen und die Wahrscheinlichkeit einer Suchtmittelabhängigkeit stehen in direktem Zusammenhang mit der Inhaftierung eines Elternteils. Der Alltag meiner Tochter ist durch die veränderte Erziehungs- und Lebenssituation belastet. Diese Belastungen zu bewältigen und gleichzeitig die Bedürfnisse meiner Tochter im Auge zu behalten, ist eine große Herausforderung für meine Frau. Während meines ersten Haftjahres, als ich noch keine vollzugsöffnenden Maßnahmen hatte, besuchten mich meine Frau und Tochter zusammen mit meinem Schwiegervater in Ulm. Zusammen mit mir saßen Scham und Schuldgefühle im Besucherraum. Einen Umgang mit meiner Tochter zu finden, der in dieser Situation und Umgebung kindgerecht und beziehungserhaltend ist, forderte viel. Bereits das Übereinkommen der Vereinten Nationen über die Rechte des Kindes aus dem Jahr 1989, von der Bundesrepublik Deutschland 1992 unterschrieben, verpflichtet die Vertragsstaaten, die in der Konvention genannten Kinderrechte zu achten und zu verwirklichen, Kinder vor Diskriminierung aufgrund der Handlungen und Einstellungen ihrer Eltern zu schützen und bei allen Entscheidungen das Kindeswohl zu berücksichtigen. Die Kinderrechtskonvention nennt das Recht des Kindes auf Kontakt zu seinen von ihm getrennten Eltern oder einem getrennten Elternteil. Die staatlichen Verantwortungsträger sind in der Pflicht, die Eltern bei der Erfüllung ihrer Aufgabe, ihr Kind zu erziehen, angemessen zu unterstützen. Der Ministerrat des Europarats hat im April 2018 die Empfehlung CM/Rec (2018)5 zu Kindern von Inhaftierten verabschiedet und damit die Rechte von Kindern inhaftierter Eltern gestärkt. Die Mitgliedsstaaten sollen sich bei ihrer Gesetzgebung, Politik und Praxis von den Grundsätzen der Empfehlung leiten lassen. Nach der Satzung des Europarates können die Mitgliedsstaaten aufgefordert werden, zu berichten, was aufgrund der Empfehlung unternommen wurde. Der Ministerrat hat klargestellt, dass Kinder inhaftierter Eltern die gleichen Rechte haben wie andere Kinder. Er erinnert zudem daran, dass „Kinder mit inhaftierten Eltern keine Straftat begangen haben und nicht behandelt werden sollten, als ob sie infolge der Handlung oder mutmaßlichen Handlung ihrer Eltern im Konflikt mit dem Gesetz stünden." Der Begriff „Kind" wird national und international unterschiedlich definiert. Generell genießen Kinder eine besondere rechtliche Stellung, die sich aus zahlreichen Bundesgesetzen und internationalen Abkommen wie der VN-Kinderrechtskonvention ergibt. Laut dieser Konvention und im Sinne der Empfehlung gilt als Kind, wer das 18. Lebensjahr noch nicht vollendet hat. Abgesehen von der rechtlichen Definition werden verschiedene Entwicklungsphasen unterschieden, die sich nach dem biologischen, psychischen und sozialen Entwicklungsstand richten: neugeboren (bis 28. Lebenstag), Säuglingsalter (1. Lebensjahr), Kleinkindalter

(2.-3. Lebensjahr), frühe Kindheit (4.-6. Lebensjahr). Darauf folgt die Phase der Adoleszenz (Jugendalter). Das frühkindliche Gehirn wird durch Umwelteinflüsse, insbesondere durch Erfahrungen mit den primären Bezugspersonen, beeinflusst. Erfahrungen, die meine Tochter vor und in den ersten fünf Lebensjahren mit ihrer unmittelbaren sozialen Umwelt – ihren wichtigsten Bezugspersonen – macht, beeinflussen die spätere Leistungsfähigkeit des Gehirns. Für die Entstehung einer sicheren Bindung eines Kindes an eine Bezugsperson sind die ersten 18 Monate besonders bedeutsam. Hirnorganisch und neurologisch ist diese Zeit relevant, da beispielsweise die Fähigkeit zur Emotionsregulation entwickelt wird. Meine Inhaftierung erfolgte, als meine Tochter gerade drei Jahre alt geworden ist. Um eine Bindung zwischen mir und meiner Tochter aufzubauen oder zu stärken, ist eine häufigere, dafür jedoch kürzer gestaltete Kontaktaufnahme förderlich und angezeigt. Zum einen lassen sich Bindungen aus entwicklungspsychologischer Sicht nur durch sehr regelmäßige Kontakte stärken oder aufbauen. Zum anderen muss die in diesem Lebensalter deutlich verkürzte Aufmerksamkeitsspanne meiner Tochter berücksichtigt werden. Im Justizvollzug gilt der Grundsatz, dass das Wohl, die Rechte und die Bedürfnisse der Kinder mit einem inhaftierten Elternteil bei allen Maßnahmen, Regelungen und der Organisation des Justizvollzuges in angemessener Weise berücksichtigt werden müssen. Kind- und familiengerecht gestaltete Besuchsräume, altersgerechte Informationen über bestehende Kontaktmöglichkeiten und die Durchführung von Besuchen sowie angemessene Sicherheitskontrollen spielen dabei eine maßgebliche Rolle. Bei der Inhaftierung eines Elternteils sollte darauf hingewirkt werden, dass eine Unterbringung in räumlicher Nähe zu den Kindern erfolgt. Kinder mit einem inhaftierten Elternteil stellen sich die Haftbedingungen oft schlimmer vor, als sie tatsächlich sind. Die Justizvollzugsanstalten sollten auf kindgerechte Art und Weise und in verschiedenen Sprachen und Formaten über die Kontakt- und Besuchsmodalitäten informieren. Vor Ort und im Internet sollte kindgerechtes Anschauungsmaterial zur Verfügung gestellt werden, damit Kinder einen zutreffenden Eindruck vom Alltag in der Haft gewinnen können. Wie allerdings die tatsächlichen Abläufe und Gegebenheiten innerhalb der Anstalten sind, steht auf einem anderen Blatt. Für die Beziehungsgestaltung zwischen Kindern und ihren inhaftierten Eltern ist der persönliche Kontakt vorrangig zu fördern. Kinder haben ein Recht auf regelmäßigen, direkten und persönlichen Kontakt mit ihrem inhaftierten Elternteil. Die Justizvollzugsanstalten sollten sie bei der Ausübung dieses Rechts unterstützen, indem sie flexible wöchentliche Besuchszeiten an verschiedenen Wochentagen und Feiertagen ermöglichen und dabei insbesondere Kleinkinder berücksichtigen. Besuche sollten grundsätzlich einmal pro Woche gestattet sein, bei sehr kleinen Kindern sollten gegebenenfalls kürzere und häufigere Besuche erlaubt sein. Die Besuchs- und Wartebereiche der Anstalten müssen kindgerecht und familienfreundlich gestaltet werden. Zur Ergänzung der Besuchskontakte sollten die Anstalten weitere Kontaktmöglichkeiten wie Telefonie und andere technische Informations- und Kommunikationsmittel bereithalten. Eine zeitlich flexible Handhabung sowie die Entgegennahme von Telefonanrufen durch Kinder sollten angestrebt werden. Um den Kontakt zu den Kindern aufrechtzuerhalten und zu stärken sowie den Übergang von der Haft in die Freiheit zu erleichtern, sollten alle gesetzlichen Regelungen zu vollzugsöffnenden Maßnahmen ausgeschöpft werden. Wichtige Ereignisse im Leben eines Kindes (Geburtstag, erster Schultag, Krankenhausaufenthalte) sollten bei der Gewährung von Lockerungen wie Hafturlaub oder Ausgang berücksichtigt werden. Im ersten Teil meines Buches beschreibe ich, wie mir durch die Anstalt ein Besuch am Krankenbett meiner Tochter verwehrt wurde und wie diese Entscheidung später dann durch die Strafvollstreckungskammer am Landgericht Ulm zu meinen Gunsten verworfen wurde ... Kinder inhaftierter Eltern sollten unter Wahrung ihrer Menschenrechte und unter gebührender Berücksichtigung ihrer besonderen Situation und Bedürfnisse behandelt werden. Ihnen sollte Gelegenheit gegeben werden, ihre Meinung in Bezug auf Entscheidungen, die sie betreffen können, unmittelbar oder mittelbar zu äußern. Maßnahmen zum Schutz der Kinder, einschließlich des Schutzes des Wohls, des Familienlebens und der Privatsphäre, sollten fester Bestandteil sein, ebenso wie Maßnahmen zur Unterstützung der Rolle des inhaftierten Elternteils von Beginn der Haft bis zur Entlassung. In Fällen, in denen eine Haftstrafe in Betracht gezogen wird, sollten die Rechte und das Wohl der betroffenen Kinder berücksichtigt werden und so weit wie möglich und angemessen Alternativen zur Haft angewendet werden, insbesondere wenn es sich bei dem betreffenden Elternteil um die Hauptbetreuungsperson handelt. Bei der Entscheidung über die Überstellung verurteilter Personen in einen Staat oder aus einem Staat, in dem ihre Kinder leben, sollte das Kindeswohl angemessen berücksichtigt werden, wenn der Resozialisierungszweck der Überstellung geprüft wird. Für die Beziehungsgestaltung zwischen Kindern und ihren inhaftierten Eltern ist der persönliche Kontakt vorrangig zu fördern. Zur Ergänzung der Besuchskontakte sollten die Anstalten Angebote aus dem Bereich der Informations- und Kommunikationstechnologie bereithalten. Die Notwendigkeit der Kommunikation zwischen Eltern und Kindern rechtfertigt in der Regel die Übernahme der Kosten bei Bedürftigkeit. Mein Vorschlag hierzu: Kostenfreie Videotelefonie auch außerhalb der Coronamaßnahmen als Alternative oder Ergänzung zu persönlichen Besuchen und Ausgängen. Nutzung von Telefonie und E-Mail durch Gefangene und Sicherungsverwahrte. Haftraummediensysteme in Hafträumen, einschließlich eines zensierten Internetnutzungsangebots für Gefangene. Die Bundesregierung, aber auch die Landespolitik sprechen immer häufiger davon, dass Deutschland bei der Digitalisierung weit hinten dran ist und an Fortschritt gearbeitet wird – liebe Regierung, vergessen Sie bitte nicht die Gefängnisse und orientieren Sie sich doch einfach an Gefängnissen in Österreich oder der Schweiz.

Der Konflikt zwischen Haftvollzug und dem Recht einer inhaftierten Mutter

Wir leben in einer Republik, in der wir, so habe ich es jedenfalls bisher gedacht, die gesellschaftliche Moderne erleben und beleben. Der bürgerliche Gedanke von Freiheit, Menschenwürde und auch dem Schutz der Familie steht in unserem Grundgesetz an höchster Stelle. Diese grundsätzlichen Normen sind ein fester Bestandteil unserer Rechtsprechung und des gesellschaftlichen Miteinanders. Insbesondere das Grundrecht aus Art. 6 Abs. 1 GG hat sich auch innerhalb der zu vollziehenden Haft und Strafe etabliert und darf nicht ohne weiteres aberkannt werden. In der Justizvollzugsanstalt Schwäbisch Gmünd ist man anderer Meinung und diese Vollzugsbehörde hat wenig im Sinn mit Moral und Gesetz, wenn die Rechte von inhaftierten Frauen umgesetzt oder befolgt werden sollen. Wie geht man mit einem neugeborenen Kind um, dessen Mutter in Haft sitzt? Darf ein Kind nach der Geburt bei seiner Mutter bleiben oder muss es in Obhut genommen und von der Mutter getrennt werden? Mit diesen Fragen haben sich die Gerichte in Ellwangen und Stuttgart beschäftigt. Auch ein Familiengericht war in dem Fall involviert. Die Justizvollzugsanstalt Schwäbisch Gmünd spielt in diesem mir vorliegendem konkreten Fall eine sehr gewichtige Hauptrolle. Anlass ist ein Fall einer 19-jährigen Frau, die seit März 2021 eine Strafe zu verbüßen hat. Das Vollstreckungsende ist im Oktober 2022 geplant. Bei der Inhaftierung war die Frau im fünften Monat schwanger und hatte bereits zum damaligen Zeitpunkt beschlossen, dass sie ihr geborenes Kind auch während der Haft nicht abgeben möchte. Schließlich gäbe es eine Mutter Kind Station, in der die Möglichkeit bestehe, sich um das geborene Kind zu kümmern. Im August 2021 hat die inhaftierte Frau ein gesundes Kind zur Welt gebracht, doch bereits vor der Geburt haben ihr die Strapazen erheblich zugesetzt. Während der Geburt sollen dann mehrere Bedienstete, inmitten des intimsten Moments ihres Lebens, dabeigestanden und ihr bei der Geburt zugesehen haben. Auch wenn es sich um eine Inhaftierte handelte, so war es nicht angebracht, dass sich mehrere Bedienstete mit im Kreissaal befanden. Eine Schwester des Krankenhauses konnte sich dahingehend äußern, dass es nicht nur der Mutter, sondern auch dem Personal unangenehm war, nachdem die junge Frau ihr Kind zur Welt gebracht hatte und ihre Mutterinstinkte richtig in Wallung gekommen waren, hatte sie weder die Möglichkeit, ihr Neugeborenes in den Armen zu halten, noch war es ihr gestattet, das Kind mit in die Justizvollzugsanstalt zu nehmen. Dass einer Frau nach der Geburt ihres ersten Kindes nicht die Möglichkeit gegeben wird, dieses in den Armen zu halten, ist fatal. Die Folgen für die Psyche einer Mutter sind in solchen Fällen als schädigendes Ereignis zu sehen. Die Mutter leidet bereits an einer solchen posttraumatischen Belastungsstörung, die anstaltsseitig aber vor der Geburt und auch danach keiner effektiven Behandlung unterzogen war. Dass nun womöglich durch die Wegnahme des geborenen Kindes ein weiteres psychisches Problem aufkommen könnte, scheint die Justizvollzugsanstalt Schwäbisch Gmünd und ihre psychologischen „Fachkräfte“ wenig zu interessieren. Die erste direkte Kontaktaufnahme zwischen Mama und Baby sehen Psychologen als eine sehr wichtige Phase für die lebenslange Bindung zwischen Mutter und Kind. In diesen Momenten geschieht etwas Einzigartiges, das weit über die

Freude über das eigene Kind und über die Erleichterung, dass es gesund, und die Geburt geschafft ist, hinaus geht. Dieses „Bonding“ – englischer Ausdruck für die Prägung einer Bindung – gilt in der Psychologie zudem als eine Voraussetzung, dass der Mensch körperlich und seelisch gut aufwachsen kann. Heute weiß die Wissenschaft, dass sowohl die Mutter als auch das Baby nach der Entbindung für eine bestimmte Zeit von körpereigenen Hormonen, beispielsweise Oxytocin und Beta-Endorphine, die bindungsfördernd wirken, geradezu überschwemmt sind – Mutter und Kind sind ganz voneinander bezaubert; in einem emotionalen Zustand, in dem das Außen kein Platz hat. Durch die vertrauten Wahrnehmungen im Körper der Mutter wird das Neugeborene meist ruhig und such ihre Brust. Der Saugreflex ist in den ersten beiden Stunden nach der Geburt am größten. Diese Tatsache sollte man nutzen, und das Baby erstmals anlegen. Das Bonding findet nicht nur unmittelbar nach der Entbindung statt, sondern wird auch in den weiteren Stunden und Tagen nach der Geburt durch das ständige Beisammensein von Mutter und Kind gefördert. Wenn Frauen ihrem neugeborenen Kind in den ersten Tagen und Wochen nach der Entbindung viel Zärtlichkeit geben, auf die kindliche Kommunikation eingehen und die Bedürfnisse des Babys erfüllen, steht dem Bonding nichts im Wege – selbst wenn der Haut-zu-Haut-Kontakt nicht als Erstes stattfinden konnte. Mutter, Vater und Kind können das dann nachholen: Sie profitieren auch Tage, nach der Entbindung noch vom intensiven Haut-zu-Haut-Kontakt. Oft wird in diesem Fall die Technik des sogenannten Re-Bonding eingesetzt, die Stunden, Tage, aber Wochen oder Monate nach der Geburt angewendet werden kann. Dabei wird das Baby neben dem Bett der Mutter gebadet und danach nackt und nass auf den nackten Oberkörper der Mutter gelegt. Dann wird ausgiebig gekuschelt. Es wird die Situation nach der Geburt nachgespielt, und das fördert die Bindung, vor allem bei Kindern, die dieses erste Kuscheln mit ihrer Mutter nicht hatten. Ein neugeborenes Kind zum Zeitpunkt der Geburt in Obhut zu nehmen, ist aber eine außerordentlich harte Maßnahme. Es muss ungewöhnlich zwingende Gründe dafür geben, eine Mutter unmittelbar nach der Geburt physisch daran zu hindern, sich um ihr Kind zu kümmern, und dass gegen ihren Willen aufgrund eines Verfahrens, an dem weder sie noch ihr Partner beteiligt worden sind. Der Schmerz und die Verzweiflung, die selbst eine gesunde Mutter fühlen würde, sind leicht nachzuvollziehen (vgl. EGMR, große Kammer, 12.07.2001 – 25702/94 K. u. T. / Finnland). In einer Veröffentlichung zu „Schwangerschaft und Geburt im Strafvollzug unter Berücksichtigung Baden-Württembergs“ hatte die Leiterin der Justizvollzugsanstalt Schwäbisch Gmünd, am 01.08.2018 solche Bindungen auf einer Mutter-Kind-Station hervorgehoben und betont, wie wichtig diese Zeit für die Mutter-Kind-Phase sei. Ihr selbst in der Öffentlichkeit gemaltes Bild einer heilen Welt hinter den hohen Mauern der Frauenanstalt Schwäbisch Gmünd habe nun einen konkreten Riss erhalten. Die von der Anstaltsleiterin dargelegten Erwähnungen haben bei der hier in Rede stehenden jungen Frau wenig Berücksichtigung gefunden. Zudem berichten Frauen aus der Justizvollzugsanstalt, dass die psychologische Betreuung nicht gerade mit einem guten Prädikat versehen ist. Auch die soziale Hilfe sei wenig hilfreich. Vielmehr arbeite man hier steig mit negativen Argumenten, um die inhaftierten Frauen zu schikanieren. Ob dies den Tatsachen entspricht, konnte ich allerdings nicht konkret eruieren, oder ob es sich hierbei lediglich um Momentaufnahmen einzelner Personen handelt. Im Zusammenhang mit dem geschilderten Fall kann jedoch davon ausgegangen werden, dass sich einzelne Frauen in dieser Justizvollzugsanstalt zu Recht über die desolaten und abstrakten Verhältnisse beschweren. Eine bereits entlassene Frau berichtet zudem, dass die Justizvollzugsanstalt Schwäbisch Gmünd taktlos handelt und sie als Mutter wegen eines Betrugsdeliktes immer wieder erfahren musste, wie ihr das eigene Kind „abgesprochen" werden sollte, „... Sie sollten sich erst einmal auf Ihr Leben konzentrieren und Ihre Schulden in den Griff bekommen", wurde ihr gesagt, und man hatte auch gleich eine Lösung seitens der Justizvollzugsanstalt in der Tasche. Sie solle doch ihre Tochter in eine Pflegefamilie geben. Was ihr an dieser Stelle nicht so recht schlüssig war, denn sie selbst hatte nur eine kurze Haftstrafe zu verbüßen, und ihre Tochter lebte bei der Großmutter für die Zeit der Inhaftierung. Ihr hatte man zum damaligen Zeitpunkt die Erziehungsfähigkeit seitens der Justizvollzugsanstalt ebenfalls abgesprochen, und die Fallkonstellationen ähneln sich zum hier vorgetragenen Fall der jungen Mutter. Einen faden Beigeschmack hat es ohnehin, denn immer wieder stellen die inhaftierten Frauen fest, dass sehr schnell das Jugendamt eingespannt wird, ohne die Familiengerichte einzuschalten. Nachdem die junge Frau im vorliegenden Fall nun ihr Kind geboren hatte, ist bereits im Vorfeld durch die Justizvollzugsanstalt Schwäbisch Gmünd eine fehlende Erziehungsfähigkeit behauptet worden, sodass das Jugendamt die Inobhutnahme des neugeborenen Kindes veranlasst hat. Statt jedoch das zuständige Familiengericht von der Maßnahme zu unterrichten, hat die Justizvollzugsanstalt Schwäbisch

Gmünd anstelle des Gerichts gehandelt. Nach bisherigen Erkenntnissen ist man sogar so weit gegangen, dass sich die Bediensteten über ihre Kompetenzen hinweggesetzt haben sollen. Dass dies durch eine Anstaltsleiterin geschehen sein soll, begründet § 235 StGB (Entziehung Minderjähriger). Für die Subsumtion auch dieses Falles unter § 235 StGB spricht vielmehr, dass nach allgemeinen Regeln eine Entziehung Minderjähriger auch in mittelbarer Täterschaft möglich ist. Dies gilt auch für die Einschaltung hoheitlicher Gewalt, d. h., wenn Gerichtsvollzieher, Jugendamt oder Polizei aufgrund eines gefälschten Herausgabetitels tätig werden. Für den Fall, dass ein Gericht getäuscht wurde oder aufgrund angewandter List einen Titel erlässt, aufgrund dessen das Kind herausgegeben wird, kann nichts anderes gelten. Zwischenzeitlich haben einige Vertreter der Literatur ihre Auffassung dahingehend geändert, dass solche Fälle nunmehr dem Anwendungsbereich des § 235 StGB zuzurechnen sind (vgl. Fischer Rn.9; LK-StGB / Krehl Rn.58; Münchener Kommentar Rn. 1-9 zum StGB 4, Aufl. 2021). Nach Auskunft lag ein entsprechender Herausgabetitel des Familiengerichts nicht vor, sodass durch die Anstaltsleiterin und das Jugendamt kein Vollzug der Inobhutnahme durchgeführt werden durfte. Letztendlich hatte die Justizvollzugsanstalt und das Jugendamt den Richtervorbehalt des Familiengerichts zu beachten, was jedoch keineswegs beachtet worden ist. Eine Missachtung des Richtervorbehalts kann gemäß § 235 Abs. 1 StGB als Entziehung Minderjähriger strafbar sein (vgl. BeckOKG / C. Schmidt SGB VIII § 42 Rn. 33-36). Tatsache ist aber, dass eine Inobhutnahme § 1666 BGB nur durch ein Familiengericht angeordnet werden kann. Die Justizvollzugsanstalt hätte somit nicht anstelle des Familiengerichts handeln dürfen, um das Jugendamt über eine Rechtsmäßigkeit zu täuschen, auch ist ein solches Handeln nicht mit dem StVollzG Baden-Württemberg vereinbar, denn nur das Familiengericht kann die Inobhutnahme selbst veranlassen. Im Falle eines schnellen Vollzugs darf das Jugendamt handeln, wenn die Gefahr für das Kind größer ist als das Abwarten der richterlichen Entscheidung nach § 1666 BGB. Es muss daher eine grundlegende Gefahr für Leib und Leben des Kindes bestehen. Der Richtervorbehalt des Familiengerichts besteht indes fort und die fehlende richterliche Entscheidung muss nachgeholt werden. Eine solche Gefahr habe den Fakten nach nicht bestanden, denn die junge Frau habe weder Aggressionen in der Haft gezeigt, noch wäre sie in der Haft unbeaufsichtigt gewesen, wenn das Kind mit der Mutter nach der Geburt in die Justizvollzugsanstalt zurückgekehrt wäre. Welche Gefahr bestanden haben soll, ist unklar. Vielmehr wird eine abstrakte Gefahr in den Raum gestellt, die durch die Justizvollzugsanstalt Schwäbisch Gmünd grundlos behauptet wird. Dass der jungen Frau das Kind förmlich entrissen wurde, ist unter diesen Umständen ziemlich bizarr, denn auch in den gerichtlichen Beschlüssen des Landgerichts Ellwangen vom 08.09.2021 Az.: P-5 StVK 374/21 sowie dem Beschluss des Oberlandesgerichts Stuttgart Az.: V 4 Ws 336/21 vom 01.02.2022, war eine solche dringende Gefahr nicht erkennbar, die dazu hätte führen müssen, das Kind in sofortige Obhut zu nehmen, statt es bei der Mutter zu belassen. Die Justizvollzugsanstalt Schwäbisch Gmünd habe eine Unterbringung auf einer Mutter-Kind-Station alleine aus einer „Ermessensentscheidung“ heraus nicht zugestimmt, denn aus der vollzugsfreundlichen Entscheidung des Landgerichts Ellwangen geht folgendes hervor: „Da die Antragsgegnerin ermessenfehlerfrei im Rahmen der von ihr zu treffenden Entscheidung festgestellt habe, dass die Antragstellerin für die Unterbringung in der Mutter-Kind-Abteilung nicht geeignet sei und eine Unterbringung ihres Kindes dort nicht dessen Wohl entspräche." Die Gründe waren sehr oberflächlich und eine unmittelbare Gefahr für das Kind war nicht ersichtlich. Doch eine solche Gefahr ist zwingend erforderlich, sodass das Jugendamt den sofortigen Entzug des Kindes anordnen kann. Nur weil eine Anstaltsleiterin behauptet, dass die Unterbringung des Kindes nicht dessen Wohle entspricht, ist dies noch lange kein Grund einer zwingend erforderlichen Vollzugsregelung für das Jugendamt. Die Leiterin der Justizvollzugsanstalt Schwäbisch Gmünd hätte unmittelbar darlegen müssen, wie das Wohl des Kindes gefährdet sei. Eine bloße Behauptung und abstrakte Gefahr reichen hierzu nicht aus. Das Jugendamt hätte sich aber unmittelbar wegen des Richtervorbehalts an das Familiengericht wenden müssen. Dies ist nicht geschehen und es ist fraglich, ob tatsächlich eine Gefahr bestanden hat, sonst wäre das zuständige Familiengericht informiert worden. Dass sich hier das Jugendamt zum qualifizierten Werkzeug der Anstaltsleiterin machen lässt, ist umso schlimmer. Somit kann in diesem Fall auch eine mittelbare Täterschaft (§ 25 StGB) im Zusammenhang mit § 235 StGB (Entziehung von Minderjährigen) in Betracht kommen. Oder ist der Entzug des Kindes eine gemeinschaftliche Tathandlung gewesen? Fragen über Fragen, die sicherlich auch eine Staatsanwaltschaft haben sollte. Zumindest stellt sich die Frage, weshalb das Jugendamt die Inobhutnahme nicht dem zuständigen Familiengericht gemeldet hat, und warum die Justizvollzugsanstalt ihrer rechtsstaatlichen Verpflichtung nicht nachgekommen ist, sich ebenfalls mit einer Meldeniederschrift an das Familiengericht zu wenden. Schließlich hatte die Anstaltsleiterin selbst die Behauptungen aufgestellt, das Kind sei in „Gefahr". Nachdem die junge Frau ohne ihr Kind in die Justizvollzugsanstalt zurückgekehrt ist, hat sie weder psychologische noch ärztliche Hilfe erhalten. Vielmehr hatte man ihr sofort „Abstilltabletten" gegeben, sodass die Produktion von Muttermilch nicht mehr möglich war. Auch wenn es schwer zu verstehen ist, was hier passiert ist, so kann ein erneuter körperlicher Eingriff durch die Justizvollzugsanstalt festgestellt werden. Der zuständigen Vollzugsbehörde wäre es auch möglich gewesen, eine Milchpumpe zu besorgen, sodass dem Neugeborenen wenigstens die Muttermilch hätte zugetragen werden können. Dies ist schon rein aus menschlicher und ethischer Sicht ein Ansatz, dessen Überlegung die Justizvollzugsanstalt nicht einbezogen hat. Vielmehr muss an dieser Stelle den Vorsatz einer Körperverletzung im Amt in den Raum gestellt werden, wenn einer jungen Frau, nach solchen psychischen Strapazen, auch noch Abstilltabletten „für das Vergessen" verabreicht werden. Es sei unzutreffend, dass die Antragstellerin vor der Geburt nicht direkt und unmissverständlich darauf hingewiesen worden sei, dass sie nicht in die Mutter-Kind-Abteilung übernommen werde. Der Antragstellerin sei ausweislich eines vorgelegten schriftlichen Vermerks bereits bei einem ihrer ersten Gespräche mit dem Sozialdienst der Justizvollzugsanstalt mitgeteilt worden, dass sie durch ihr Verhalten beweisen müsse, dass sie die Voraussetzungen für eine Aufnahme in die Mutter-Kind-Abteilung erfülle, auch im Hinblick auf ein anhängiges Ausweisungsverfahren sei sie darauf hingewiesen worden, dass Veränderungsbereitschaft und Anstrengungsbereitschaft erwartet werden, dies sei ihr in vielen Gesprächen mitgeteilt worden. Am 27.05.2021 sei im Erziehungsplan festgehalten worden, dass eine Aufnahme in die Mutter-Kind-Abteilung nicht erfolgen werde, der Erziehungsplan sei der Antragstellerin am 11.06.2021eröffnet worden. Mit Rapportzettel vom 13.06.2021 habe sich die Antragstellerin an den Sozialdienst und den psychologischen Dienst der Justizvollzugsanstalt gewandt, mit dem Anliegen, dass ihr Kind weggenommen werden solle. Ausweislich eines Aktenvermerks des Sozialdienstes vom 01.07.2021 sei die Antragstellerin an einer Zusammenarbeit mit dem Sozialdienst und dem Jugendamt, und damit mit einer einvernehmlichen Unterbringung des Kindes nach einem Gespräch mit ihrem Anwalt nicht mehr interessiert gewesen. Ihr sei schon Wochen vor der Geburt bekannt gewesen, dass eine unmittelbare Aufnahme in die Mutter-Kind-Abteilung nicht stattfinden werde. Mangels Mitarbeit der Antragstellerin an der Vorbereitung einer anderweitigen Unterbringung habe das Jugendamt nur die Möglichkeit einer Inobhutnahme gehabt. „Der Mutter wird das Kind wegen eines Ausweisungsverfahrens weggenommen und verbleibt in Deutschland, denn ein Verbleib bei der Mutter – auch wenn sie abgeschoben wird – kann nicht zugestimmt werden“ (vgl. LG Ellwangen, Beschluss). Mutmaßlich war geplant, das Kind nicht mehr auszuhändigen und die Mutter, ohne ihr Kind abzuschieben, anders kann man den Inhalt nicht interpretieren. Das wäre ein sehr perfider Rechtsbruch einer Behörde, zumal man doch das Kind bereits kurz nach der Geburt in eine Pflegefamilie integriert hatte, obwohl die Mutter dies nicht gewollt hatte. Auch war bekannt, dass ein gerichtliches Verfahren eingeleitet worden ist. Weshalb dann das Kind immer noch bei der Pflegefamilie war, ist mir nicht bekannt. Das Landgericht Ellwangen lässt jedoch in den letzten Worten bereits erkennen, dass die Inobhutnahme des Kindes auch geplant war, damit schließt sich der Kreis, und das Jugendamt Schwäbisch Gmünd sowie die Leiterin der Justizvollzugsanstalt waren verpflichtet, das Familiengericht zu informieren. Da dieses nicht erfolgt ist, kann grundlegend von einer Vorsatzhandlung im Sinne der §§ 25 und 235 StGB ausgegangen werden. Einer schwangeren Frau dann auch noch Wochen vor der Geburt zu erzählen, dass sie ihr Kind nicht behalten werde, ist ein zusätzlicher Stressfaktor, der sich auf das ungeborene Kind überträgt. Stresshormone und der psychische Druck hätten auch eine Fehl- oder Frühgeburt einleiten können. Doch anscheinend ist man in der Justizvollzugsanstalt Schwäbisch Gmünd bereit, jedes Risiko einzugehen, um Repressionen auszuüben. Im Beschluss des Oberlandesgerichts Stuttgart (vgl. OLG Stuttgart vom 01.02.2022, Az.: V 4 Ws 336/21), was den Beschluss des Landgerichts Ellwangen letztendlich aufgehoben und der Mutter das Kind zugesprochen hatte, heißt es u. a.: Die Sachentscheidung der Strafvollstreckungskammer ist Rechtsfehlerhaft, da sie die Frage der Vollständigkeit der Tatsachenermittlung und Grundlagen der angegriffenen Ermessensentscheidung durch die Antragsgegnerin im Hinblick auf die durch Art. 6 GG gebotene Anforderungen nicht ausreichend in den Blick genommen hat. Trotz der Aufhebung des Landgerichtlichen Beschlusses sind einige Fragen und Gesichtspunkte weiterhin offengeblieben und die Gerichte positionieren sich wenig dazu, was für eine Rolle das Familiengericht, als entscheidende Behörde, zu spielen hat. Keine Strafvollstreckungskammer, keine Justizvollzugsanstalt und auch kein Jugendamt dürfen den

Richtervorbehalt eines Familiengerichts ohne weiteres aushebeln. Dann könnte man weiterhin so verfahren und „willkürlich“ Kinder von inhaftierten Müttern verwalten, wie man lustig ist. Die Justizvollzugsanstalt Schwäbisch Gmünd und das Jugendamt hatten vielleicht im Sinn, dass hier ein rechtsfreier Raum besteht, in dem Sie walten und schalten können, wie es ihnen beliebt. Doch Tatsache ist: Wir leben in einem Rechtsstaat, in dem sich auch die beiden Behörden und Personen an die Gesetze zu halten haben. Wer dies nicht will oder kann, sollte seine Tätigkeit beenden. In der Gesamtschau der Sache kann auch nicht einfach von Versäumnissen gesprochen werden, sondern einem strukturierten Planen durch Umgehen des Rechts und der Gesetze. Sollte es dem so sein, dass sich die Staatsanwaltschaft mit der Sache näher befasst, und es zu einer Anklage kommen, so könnte der Strafrahmen bei einer Verurteilung einem Jahr bis zu zehn Jahren Freiheitsstrafe liegen. Darüber hinaus kann ein solches Handeln auch als Verbrechen nach § 12 Abs. 1 StGB bewertet werden, das im Mindestmaß mit einer Freiheitsstrafe von einem Jahr oder darüber bedroht ist. Eine Strafbarkeit der Anstaltsleiterin und der handelnden Jugendamt-Mitarbeiter könnte im Raum stehen, da ein Verstoß gegen den Richtervorbehalt strafbar nach § 235 StGB im Raum steht. Dieser Straftatbestand kann auch durch das Jugendamt bzw. dessen Mitarbeiter verwirklicht werden, wenn diese ohne Herausgabebeschluss handeln und kein Akutfall „Gefahr im Verzug“ vorliegt. Eine mittelbare Täterschaft ist möglich, insbesondere wenn das Krankenhauspersonal vorsatzlos handelt und ihnen vermittelt wurde, dass die Justizvollzugsanstalt und das Jugendamt dazu berechtigt sind. Die junge Mutter hat durch das Vorgehen der Justizvollzugsanstalt und des Jugendamts die Hölle erlebt, und den innerlichen Schmerz über den Kindesverlust nach der Geburt kann jede Frau sicherlich nachvollziehen. Dass eine Justizvollzugsanstalt die Schädigung einer Inhaftierten und auch eines Kindes billigend in Kauf nimmt, ist nicht nachvollziehbar. Der jungen Mutter kann nur geraten werden, dass diese das erlebte Leid in einem Amtshaftungsprozess (Schmerzensgeld) geltend macht. Ob das Land Baden-Württemberg die dann zu zahlenden Gelder wieder bei den Verantwortlichen einklagt, kann nicht gesagt werden. Empfehlenswert wäre es. Den nur der Griff in die Lohntüte kann vermitteln, was das Handeln der Verantwortlichen tatsächlich angerichtet hat. Der hier den Tatsachen entsprechende Fall hat mal wieder gezeigt, wie gnadenlos der Vollzug ist, und dass einige Amtspersonen denken, dass hinter den hohen Mauern einer Justizvollzugsanstalt ein rechtsfreier Raum besteht. Dieses Denken mit dem Wort Ermessen zu erklären, kann schlimmer nicht sein, denn dieses Wort ist nur ein stiller Gebrauch für so manch rechtswidriges Verhalten.

Die Berufungsverhandlung vor der 35. Kleinen Strafkammer am Landgericht Stuttgart

Aufgrund des von meiner Strafverteidigerin, Lisanne Bühler (Kanzlei Stirnweiss/Brenner, Stuttgart), eingelegten Rechtsmittels der Berufung, aufgrund der vorangegangenen Verurteilung durch das Schöffengericht am Amtsgericht Ludwigsburg, fand im August 2021 die Berufungsverhandlung vor der 35. Kleinen Strafkammer am Landgericht Stuttgart statt. Schon früh am Morgen machte ich mich mit einem Bediensteten der Justizvollzugsanstalt Ulm im GTW (Gefangenentransportwagen) auf den Weg in Richtung Stuttgart. Ich war gespannt, was mich an diesem Tag erwarten würde. Insbesondere hatte ich die Hoffnung, dass die bereits verhängte Strafe des Schöffengerichts am Amtsgericht Ludwigsburg von 2 Jahren und 6 Monaten durch die 35. Kleine Strafkammer am Landgericht Stuttgart reduziert werden würde. Im Hinterkopf hatte ich aber auch schon denselben Abend, da ab diesem Tag aufgrund rückläufiger Corona-Zahlen wieder Freistellungen aus der Haft möglich waren und ich ein erstes komplettes Wochenende zu Hause verbringen durfte.

Am Landgericht Stuttgart angekommen, parkten wir direkt vor dem großen Gebäudekomplex. Ein Vater fuhr mit seinem Sohn im Kinderfahrradsitz an uns vorbei. Der etwa fünfjährige Junge zeigte mit erhobenem Finger auf den Gefangenentransportwagen und sagte zu seinem Vater: „Papa, schau, da sitzt der Verbrecher drin!" Zusammen mit meinem Justizbeamten begann ich, nach dem für uns zuständigen Verhandlungssaal zu suchen. Nachdem wir einmal um das Gerichtsgebäude herumgelaufen waren, fiel mir eine Frau auf, die uns ebenfalls orientierungslos folgte. Der

Bedienstete, der mich begleitete und gerade frisch seine Berufsausbildung zum Justizvollzugsbeamten abgeschlossen hatte, fragte die Frau: „Kann ich Ihnen helfen?" Sie antwortete: „Ich suche einen Gerichtssaal." Mein Begleiter stellte ihr die Frage: „Sind Sie Anwältin?" „Nein, Schöffin!" antwortete die Dame und verschwand im Gerichtsgebäude.

Nachdem mein Begleiter und ich den passenden Gerichtssaal im Untergeschoss erreicht hatten, saß bereits ein mir unbekannter Mann im Wartebereich vor dem geschlossenen Saal. Ab und zu blickte er zu mir herüber. Ich machte mir Gedanken, ob es eventuell ein Vertreter der Medien sein könnte. Kurz bevor der Gerichtssaal durch die Urkundenbeamtin aufgeschlossen wurde, fertigte der Unbekannte mittels Smartphones ein Foto von den im Schaukasten aushängenden geplanten Verhandlungsterminen für diesen Tag. Auf solch einem Aushang stehen der Verhandlungsbeginn, das Aktenzeichen, der Tatvorwurf, der vorsitzende Richter, der Vertreter der Staatsanwaltschaft, der Rechtsbeistand des vermeintlichen Täters, eventuell geladene Zeugen und gegebenenfalls einbestellte Sachverständige. Zwischenzeitlich kam auch meine Strafverteidigerin, Lisanne Bühler, in Begleitung eines Referendars zu uns gestoßen. Im Gerichtssaal nahmen wir diesmal auf der rechten Seite Platz. Der mir bisher unbekannte Mann nahm auf der linken Seite als Vertreter der Staatsanwaltschaft Platz.

Im Vorfeld der Berufungsverhandlung beantragte meine Strafverteidigerin die Beschränkung auf den Rechtsfolgenausspruch. Das bedeutet, dass in der Berufungsverhandlung nur noch über das Strafmaß verhandelt wird, da ich mich in der erstinstanzlichen Verhandlung vor dem Schöffengericht am Amtsgericht Ludwigsburg bereits vollumfänglich geständig gezeigt hatte, aber nun dennoch eine mildere Strafe erwirken wollte.

Abbildung 1 RABE KARIKATUR, Cartoons und Grafik

Die Staatsanwaltschaft Stuttgart hatte ebenfalls Berufung eingelegt, beschränkt auf die Rechtsfolge, mit dem Ziel einer höheren Freiheitsstrafe. Die Vorsitzende Richterin betrat mit einer Schöffin, die zuvor gesehen orientierungslos war, und einem Schöffen den Gerichtssaal. Auch der Gutachter Dr. med. Stephan Bork von der Universitätsklinik Tübingen, der mich bereits vor dem erstinstanzlichen Verfahren begutachtet hatte, wurde auf Antrag meiner Strafverteidigerin erneut als Sachverständiger geladen und nahm Platz. Nachdem ich vollständige Angaben zu meinem Lebenslauf gemacht hatte, ließ die Vorsitzende Richterin meine Voreintragungen aus dem Bundeszentralregister aus, aus dem auch das polizeiliche Führungszeugnis angefertigt wird.

Als Nächstes wurde der Sachverständige Dr. med. Stephan Bork, Arzt für Neurologie, Psychiatrie und Psychotherapie, der an der Universitätsklinik für Psychiatrie und Psychotherapie in Tübingen tätig ist, angehört. Wie bereits vor dem Schöffengericht am Amtsgericht Ludwigsburg, teilte Dr. med. Bork mit, dass er bei mir eine pathologische Spielsucht (ICD-10: F63.0) diagnostiziert habe. Nach meinen Angaben zum Spielverhalten lägen sowohl nach den Kriterien der Weltgesundheitsorganisation (WHO) als auch nach den Kriterien der amerikanischen Psychiater-Vereinigung eine Verhaltenssucht im Sinne des pathologischen Spielens/Wettens vor. Dr. med. Bork erläuterte hierzu, dass nach den Kriterien der Weltgesundheitsorganisation (WHO) für das Vorliegen eines pathologischen Spielens im Sinne einer Verhaltenssucht die folgenden Punkte vorliegen müssen:

A. Wiederholte (2 oder mehr) Episoden von Glücksspiel über einen Zeitraum von mindestens einem Jahr. B. Die Episoden bringen dem Betroffenen keinen Gewinn, sondern werden trotz subjektivem Leidensdruck und Störung der Funktionsfähigkeit im täglichen Leben fortgesetzt. C. Die Betroffenen beschreiben einen intensiven Drang zu spielen, der nur schwer kontrolliert werden kann. Sie schildern, dass sie nicht in der Lage sind, das Glücksspiel durch Willensanstrengung zu unterbrechen. D. Die Betroffenen sind ständig mit dem Gedanken oder Vorstellungen von Glücksspiel oder mit dem Umfeld des Spiels beschäftigt.

Dr. med. Bork führte zudem aus, dass mein Leidensdruck zwar im Verborgenen lag, aber meine Ausführungen dennoch nachvollziehbar seien. Auch die unter D. erforderliche ständige gedankliche Beschäftigung mit dem Glücksspiel habe vorgelegen. Insgesamt sind die Vorgaben der Weltgesundheitsorganisation (WHO) laut Dr. med. Bork erfüllt. Als zweiter Gradmesser gelten die Diagnosekriterien der amerikanischen Psychiater-Vereinigung (DSM-5), die im Wesentlichen ebenfalls erfüllt seien. Das dauerhaften und häufig auftretenden problematischen Glücksspielen, dass nach meinen Angaben in klinisch bedeutsamer Weise zu Beeinträchtigungen oder Leiden führt, erfüllt mindestens vier der folgenden Kriterien innerhalb eines Zeitraums von zwölf Monaten:

- Notwendigkeit des Glücksspielens mit immer höheren Einsätzen, um eine gewünschte Erregung zu erreichen.
- Unruhe und Reizbarkeit beim Versuch, das Glücksspiel einzuschränken oder aufzugeben.
- Wiederholte oder erfolglose Versuche, das Glücksspiel zu kontrollieren, einzuschränken oder aufzugeben.
- Starke gedankliche Eingenommenheit durch die Glücksspiele.
- Häufiges Glücksspielen in belasteten Gefühlszuständen.
- Rückkehr zu den Glücksspielen am nächsten Tag, um Verluste auszugleichen.
- Belügen anderer, um das Ausmaß der Verstrickung und des Glücksspielens zu vertuschen.
- Gefährdung oder Verlust einer wichtigen Beziehung, eines Arbeitsplatzes, von Ausbildungs- oder Aufstiegschancen aufgrund des Glücksspiels.
- Verlassen auf finanzielle Unterstützung durch Andere, um die durch das Glücksspiel verursachte finanzielle Notlage zu überwinden.

Dr. med. Bork führte zudem an, dass das Glücksspielen nicht besser durch eine manische Episode erklärt werden kann, was in meinem Fall jedoch fernliegt. In seiner Zusammenfassung erläuterte Dr. med. Bork nachvollziehbar, dass die Diagnosekriterien 1, 4, 5, 7, 8 und 9 erfüllt werden müssen. Zum Kriterium 8 gab er zusätzlich an, dass nach meiner Ausführung zwar mein Arbeitsplatz nicht gefährdet war, jedoch zumindest Auswirkungen auf meine Ehe zu befürchten waren. Zu den Diagnosekriterien 2 und 3 führte Dr. med. Bork an, dass Anhaltspunkte dafür, dass ich versucht habe, das Glücksspiel zu beenden oder Entzugserscheinungen bzw. vergleichbare Symptome bemerkt zu haben, nicht verifiziert seien. Ziffer 6 hält Dr. med. Bork ebenfalls nicht für gegeben, da ich kontinuierlich gespielt habe. Unabhängig hiervon ändere dies jedoch nichts daran, dass entsprechend der Vorgaben der amerikanischen Psychiater-Vereinigung der Schweregrad des Glücksspielens bei Vorliegen der genannten sechs (bzw. sieben) Symptomkriterien als „mittelschwer" bezeichnet werde, so Dr. med. Bork. Nach den umfangreichen Ausführungen von Dr. med. Bork lässt sich daher sowohl nach den Kriterien der Weltgesundheitsorganisation (WHO) als auch nach den Kriterien der amerikanischen Psychiater-Vereinigung eine Verhaltenssucht (pathologisches Spielen/Wetten) diagnostizieren.

Hiervon abgesehen handle es sich bei mir aber um eine psychisch gesunde Primärpersönlichkeit ohne störende Persönlichkeitseigenschaften und ohne Hinweis auf sonstige Störungen im psychiatrischen Fachgebiet. Insbesondere ergaben sich keine Hinweise für eine schizophrene oder affektive Psychose, keine hirnorganischen Beeinträchtigungen, keine Suchtmittelproblematik und kein Hinweis auf eine Persönlichkeitsstörung im klinisch-psychiatrischen Sinne. Über das Wettverhalten hinaus ergaben sich keine Störungen im psychiatrischen Bereich. Meine beschriebene depressive Störung entspricht nach Einschätzung von Dr. med. Bork am ehesten einer depressiven Begleitreaktion bei exzessivem Wettverhalten und ist daher nicht als eigenständige Erkrankung einzustufen.

Die Vorsitzende Richterin erläuterte weiter, dass der Angeklagte und auch die Staatsanwaltschaft Stuttgart ihre Berufung jeweils auf den Rechtsfolgenausspruch beschränkt haben. Nachdem die tatsächlichen Feststellungen des Amtsgerichts Ludwigsburg den angewendeten gesetzlichen Tatbestand tragen und den Unrechts- und Schuldgehalt der Tat, insbesondere den Schuldumfang, hinreichend darstellen und ausfüllen, ist die Berufungsbeschränkung wirksam. Das Gericht ist aufgrund eigener Erkenntnisse unter Würdigung sämtlicher Umstände in ihrer Gesamtheit nach dem Ergebnis der Beweisaufnahme und nach erfolgter eigenständiger Prüfung von der Richtigkeit des gewissenhaft erstellten, in sich widerspruchsfreien, im Einzelnen nachvollziehbaren und von großer Sachkunde getragenen Gutachtens des Dr. med. Bork überzeugt, weshalb es sich die Ausführungen des Dr. med. Bork zu eigen macht. Insoweit überzeugt insbesondere, dass ich in der Lage war, die wesentlichen Dinge meines Lebens sachgerecht zu regeln. Aufgrund der Angaben von Dr. med. Bork sowie auch nach meinen Angaben ist die Kammer davon überzeugt, dass die geschilderte und diagnostizierte Depression keine Auswirkung auf meine Schuldfähigkeit hatte. Ich habe die verfahrensgegenständlichen Taten mit der gleichen Vorgehensweise wie auch in früheren Jahren begangen, um an Geld zu gelangen.

Eine für die Tatausführung relevante Niedergeschlagenheit oder andere Symptome einer depressiven Episode kamen dabei nicht zum Ausdruck. Ich habe die Taten eingeräumt, und dieses Geständnis habe ich durch die Beschränkung auf den Rechtsfolgenausspruch zusätzlich untermauert. Mir ist daher Einsicht und Reue in mein Fehlverhalten zu attestieren, so die Vorsitzende Richterin. Speziell dies hat die Kammer zu meinen Gunsten gesehen. Die Kammer hat weiter in ihre Erwägungen zu meinen Gunsten einbezogen, dass ich mich entschuldigt und trotz angespannter wirtschaftlicher Verhältnisse während der Haftzeit teilweise, wenn auch in geringfügigem Umfang, Schadenswiedergutmachung geleistet habe. Weiterhin hat die Kammer berücksichtigt, dass der Schaden bei den meisten Taten eher im unteren Bereich liegt und dass die Hintergründe der Taten auf meine pathologische Spielsucht und die hierdurch ausgelöste Geldnot zurückzuführen sind. Ich habe Krankheitseinsicht sowie Therapiebereitschaft signalisiert und auch bereits Beratungstermine in dieser Hinsicht wahrgenommen. Die Kammer hat auch festgestellt, dass ich mich präventiv bei möglichen Spielanbietern habe sperren lassen. Ebenfalls hat die Kammer erkannt, dass mir die Neuen Medien besonders leicht gemacht haben, über das Internet Gegenstände zu verkaufen. Sie hat auch gesehen, dass ich mich zum ersten Mal in Haft befand und dass die bereits verbüßten bzw. noch zu verbüßenden Freiheitsstrafen einer gemeinsamen Motivation entsprungen sind. Die Kammer hat erkannt, dass ich nun insgesamt erhebliche Zeit in Haft verbringen muss, mit allen Folgen, die dies für meine Arbeitsstelle und die ebenfalls unter der Situation leidende Familie hat. Deshalb und im Hinblick auf meine Vorerkrankungen bin ich besonders haftempfindlich. Zu meinen Lasten wurden jedoch die zahlreichen einschlägigen Voreintragungen berücksichtigt. Die Rückfallgeschwindigkeit ist sehr hoch. So ließ ich mich durch die Rechtskraft der Verurteilung, welche am 23.01.2020 zu meiner Inhaftierung führte, noch durch die Ladung zum Haftantritt von der Begehung weiterer Straftaten abhalten. Der Vertreter der Staatsanwaltschaft Stuttgart forderte in seinem Plädoyer eine Freiheitsstrafe von 2 Jahren und 9 Monaten, meine Strafverteidigerin eine Freiheitsstrafe von nicht mehr als zwei Jahren. Mit Blick auf die überwiegenden unrechtserhöhenden Umstände in der Tat und meiner Persönlichkeit wurden die zu verhängenden Strafen zur Überzeugung der Kammer daher dem erhöhten Regelstrafrahmen des § 263 Abs. 3 StGB entnommen.

Bei der Gesamtstrafenbildung hat die Kammer unter Berücksichtigung aller genannten Kriterien zu meinen Gunsten darauf abgestellt, dass die Taten in einem engen motivationalen Zusammenhang stehen und in einem überschaubaren Zeitraum begangen wurden. Dies führt trotz der unterschiedlichen Geschädigten zu einer strafferen Zusammenfassung der Einzelstrafen. Insgesamt hat die Kammer daher die schuld- und tatangemessene Gesamtfreiheitsstrafe von 2 Jahren und 6 Monaten verhängt. Meine Berufung wurde als unbegründet verworfen. Auch die Berufung der Staatsanwaltschaft Stuttgart wurde verworfen.

Meine Gesamthaftzeit beläuft sich bei einer möglichen Entlassung zur gemeinsamen 1/2 Strafe auf 1260 Hafttage (3 Jahre, 5 Monate, 13 Tage) 2/3 Strafe auf 1413 Hafttage (3 Jahre, 10 Monate, 13 Tage).

Die Vollstreckungsreihenfolge bei Freiheits- und Ersatzfreiheitsstrafen ist in § 454b der Strafprozessordnung (StPO) geregelt. In meinem Fall sollten die Freiheitsstrafen unmittelbar nacheinander vollstreckt werden. Wenn mehrere Freiheitsstrafen nacheinander zu vollstrecken sind, unterbricht die Vollstreckungsbehörde die Vollstreckung der zuerst zu vollstreckenden Freiheitsstrafe, wenn gemäß § 57 Abs. 2 Nr. 1 des Strafgesetzbuches die Hälfte, mindestens jedoch sechs Monate (bei zeitiger Freiheitsstrafe zwei Drittel, mindestens jedoch zwei Monate) oder bei lebenslanger Freiheitsstrafe fünfzehn Jahre der Strafe verbüßt sind.

Theoretisch-juristisch hat jeder Bundesbürger zu jeder Zeit das Recht, sich im Strafverfahren eines Anwalts zu bedienen (§ 137 Strafprozessordnung). Man sollte sich im Klaren sein, dass die meisten Anwälte sehr selten aus ihrer Rolle, die sie zu einem Teil der Justiz machen, herauskommen. Ein solcher Anwalt ist dann oft am Mitwirken bei der Verurteilung beteiligt. Sein Interesse beschränkt sich auf sein Geschäft und seine Karriere. Er vertritt einen, um an das Geld oder an die gerichtlichen Bezüge heranzukommen oder um den „Fall“ für Werbezwecke zu nutzen, wenn es sich um einen „spektakulären Fall“ handelt. Er wird auf seine Kosten alles unterlassen, was ihn bei der Justiz unbeliebt machen könnte. Dennoch sollte jeder einen Anwalt ausgewählt haben und seine Kontaktdaten für den Notfall griffbereit haben.

Man sollte einen Anwalt kennen, dem man vertraut und von dem man sich verteidigen lassen möchte, falls man in die Hände der Justiz gerät. Dass dies schließlich jedem Menschen passieren kann, sollte mittlerweile allgemein bekannt sein. Man könnte es fast mit einer Krankheit vergleichen: Bei der Wahl eines Arztes verhält man sich genauso. Man lässt sich schon vorher jemanden von Freunden empfehlen oder recherchiert im Internet.

Wenn man keinen Anwalt kennt, dem man vertraut, wird man sich auf Tipps verlassen müssen, die man von anderen Inhaftierten in der Justizvollzugsanstalt bekommen kann. Diese Tipps im Knast sind jedoch mit Vorsicht zu genießen, denn es kommt häufig vor, dass bestimmte Anwälte völlig unberechtigt in Mode sind. Bestimmte Anwälte lassen sich über Knastbeamte oder auch über Polizeibeamte weiterempfehlen. Mit solchen Anwälten wurden bereits häufig schlechte Erfahrungen gemacht. Informationen über das Branchenverzeichnis des Telefonbuchs und Tipps von anderen Inhaftierten hinaus sind im Knast sehr schwer zu bekommen. Oft ist es auch so, dass man im Knast einen Prozessbericht aus einer Zeitung in die Hand bekommt, wo der Name eines Verteidigers erwähnt ist, an den man sich dann wenden kann. Auch das ist mit Sicherheit kein unfehlbarer Tipp, aber man kann einen solchen Anwalt, der im Knast einen gewissen Ruf hat, anschreiben und um eine Besprechung bitten. Man muss jedoch damit rechnen, dass es eine Woche oder länger dauert, bis der Anwalt bei einem auftaucht. Das kann so sein, es kann aber auch deutlich schneller gehen. Gute Anwälte sind normalerweise sehr darauf bedacht, sich so schnell wie möglich vorzustellen. Mit dem ersten Besuch hat der Anwalt noch kein automatisches Mandat übernommen. Das „Anbahnungsgespräch" wird somit von dem „Verbot der Mehrfachverteidigung" nicht berührt. Das heißt, der Anwalt kann nach dem Besuch auch einen anderen Beschuldigten in demselben Verfahren vertreten, solange er von einem noch keine Vollmacht erhalten hat. Wenn er einem nicht passt, dann kann man ihn auch wieder wegschicken. Wenn man merkt, dass er kein Interesse oder keine Zeit hat, bittet man ihn, einem einen oder mehrere andere Kollegen zu empfehlen.

Der gewählte Anwalt sollte einen umfassend beraten und verteidigen und sein Möglichstes tun. Er sollte einen in die Prozessvorbereitung miteinbeziehen und nichts unternehmen, was nicht abgesprochen ist. Daneben sollte er sich auch um die Haftbedingungen kümmern. Es sollte ein reger Kontakt gepflegt werden – nicht erst drei Tage vor Prozessbeginn. Die Grenzen der Hilfe, die man von einem Anwalt erwarten kann, sind unterschiedlich. Ein Anwalt hat berufsrechtliche Verpflichtungen und unterliegt natürlich auch dem Strafrecht. Diese juristischen Bestimmungen sind enorm auslegbar und werden von der Justiz unterschiedlich gehandhabt. Ist ein Anwalt unangenehm, wird viel strenger auf alle Bestimmungen geachtet als bei einem Anwalt, der bereitwillig mit der Justiz zusammenarbeitet. Jedenfalls kann man verlangen, dass er alles tut, was er darf – das sei nicht selbstverständlich, wie man hört. Ein Problem ist, dass viele Anwälte nicht wissen, was sie dürfen oder nicht dürfen, und häufig weder das eine noch das andere genugtun. Wenn man den Eindruck hat, dass etwas nicht richtig läuft, dann sollte man dies dem Anwalt in irgendeiner Form mitteilen. Entweder ihm kurz schreiben oder um eine Besprechung bitten. Die meisten Anwälte werden das dann mit einem diskutieren. Aber es wird sicherlich auch vorkommen, dass sie ungehalten reagieren. Wenn er den Eindruck vermittelt, man hätte mit der Kritik eine Majestätsbeleidigung begangen, dann sollte man sich wirklich überlegen, ob das der richtige Verteidiger ist. Hat man den Eindruck, dass der Anwalt seinen Job darin sieht, der Staatsanwaltschaft in die Hände zu spielen, um selbst einen Vorteil für seine eigene Karriere und sein Ansehen bei Gericht zu erlangen, und betrachtet er einen nur als Aktenzeichen, das ihm auch noch dankbar sein soll, dann schickt man ihn lieber zum Teufel. Man sollte ständig mit seinem Anwalt diskutieren, ob er etwas tut und was er tut – solidarisch diskutieren. Dabei wird man von selbst ein Gefühl dafür entwickeln, ob er ausweicht oder ob er ehrlich ist. Am schlimmsten sind diejenigen, die ständig erzählen, sie tun etwas, und dann in Wirklichkeit nichts tun. Aus Selbstschutz sollte man den Anwalt wechseln, wenn man ihn nicht mehr aushält. In jedem Fall sollte man versuchen, sich vom Anwalt nicht abhängig zu machen – und sich bewusst sein, dass man nicht der Einzige ist, um den sich dieser Anwalt kümmern muss. Das setzt voraus, dass man ihm von Anfang an nicht blind alles überlässt, sondern alle Schritte gemeinsam überlegt und selbst entscheidet.

Die Kosten für einen Anwalt bezahlt man in der Regel selbst. Nur nach einem Freispruch und in manchen Fällen nach einer Einstellung des Verfahrens werden die Anwaltskosten erstattet. Die Bezahlung ist ein Problem, das man von vornherein mit seinem Anwalt klären muss. Leider ist es oft so, dass die Anwälte, denen man vertrauen kann, nicht unbedingt zu der Sorte gehören, die in ihrem Beruf sehr reich werden. Nur in den wenigsten Fällen wird ein Anwalt bereit sein, ohne irgendeine Aussicht auf eine Honorierung oder einen Vorschuss irgendetwas zu unternehmen. Wenn man kein Geld hat oder auftreiben kann, ist man auf einen Pflichtverteidiger angewiesen. Wenn es einem nicht gelungen ist, rechtzeitig einen Verteidiger zu benennen, wählt das Gericht selbst einen Pflichtverteidiger aus – im ersten

Buch habe ich diesen Vorgang bereits ausführlich beschrieben.

Bei einigen Verfahren entstehen Kosten, die durch einen Gerichtsbeschluss festgesetzt werden. Es ist wichtig zu wissen, dass man nie den Streitwert, der in dem Beschluss angegeben ist, bezahlen muss. Daraus errechnet sich nur die Gebühr, die anfällt. Das wissen viele Inhaftierte und auch sonstige Bürger nicht. Die Kosten richten sich nur nach dem Streitwert, den die Gerichte nach ihrem Ermessen festsetzen. Sie sind deswegen nicht genau anzugeben. Man kann aber davon ausgehen, dass in den seltensten Fällen ein Streitwert von über 1.000 Euro angesetzt wird. Bei einem Streitwert von 501–1.000 Euro beträgt die Gebühr 53 Euro. Bei einem Streitwert von 0–500 Euro beträgt die Gebühr 35 Euro. Wenn sich keine wertmäßigen Kriterien finden lassen, kann das Gericht auch einen Streitwert von 5.000 Euro ansetzen, was eine Gebühr von 146 Euro bedeuten würde. Für einen Antrag auf gerichtliche Entscheidung musste ich ebenfalls Gebühren bezahlen. In der Regel lag der Streitwert zwischen 0 und 500 Euro. Nimmt man einen Antrag oder eine Beschwerde zurück, bevor das Gericht eine Entscheidung fällt, kostet es nur die Hälfte. Wenn man ein Verfahren gewonnen hat, kann man zusätzlich einen Antrag auf Erstattung der eigenen Auslagen stellen. Ersetzbar sind notwendige Auslagen gemäß § 121 BStVollzG, z. B. Portokosten in voller Höhe, für jede Seite 0,50 Euro Kopierkosten. Auch die Anwaltskosten werden erstattet.

Sollte man nicht genügend Geld haben, um die anfallenden Kosten zu bezahlen, kann man für Rechtsmittel in Strafhaft einen Antrag auf Prozesskostenhilfe stellen. Dieses Recht steht auch Menschen ohne deutschen Pass uneingeschränkt zu. Die Prozesskostenhilfe wird einem gewährt, wenn die Rechtsverfolgung hinreichende Aussicht auf Erfolg hat, sie nicht „mutwillig" erscheint und man „nach seinen persönlichen und wirtschaftlichen Verhältnissen die Kosten der Prozessführung nicht aufbringen kann" gemäß § 120 Abs. 2 StVollzG i. v. m. § 114 ZPO. Wenn die Prozesskostenhilfe gewährt wird, kann man mit hoher Wahrscheinlichkeit auch im Verfahren gewinnen, denn dann werden Erfolgsaussichten bejaht.

Unter bestimmten Bedingungen kann man auch Beratungshilfe beantragen. Dann zahlt der Staat einem eine Beratung durch einen Anwalt. Dies richtet sich nach dem Beratungshilfegesetz. Anders als bei der Prozesskostenhilfe wird hier die Erfolgsaussicht der Rechtsverfolgung nicht geprüft. Nur „mutwillig" darf die Wahrnehmung der Rechte nicht sein. Anspruch hat man immer dann, wenn die Prozesskostenhilfe in vollem Umfang, das heißt ohne Selbstbeteiligung, gewährt würde. Dies wird bei einem Inhaftierten praktisch immer der Fall sein. Den Antrag muss man beim für den Knast örtlich zuständigen Amtsgericht stellen. Auch in diesem Antrag muss man, wie auch bei der Prozesskostenhilfe, Angaben über seine „Lebensumstände" und das „Einkommen" machen. Es ist wichtig, entsprechende Belege der Justizvollzugsanstalt vorzulegen. Wurde bereits zuvor Prozesskostenhilfe ohne Selbstbeteiligung zugesprochen, so schreibt man dies in den Antrag und gibt das damalige Aktenzeichen mit an. Weiterhin muss man schildern, warum man einen Anwalt konsultieren möchte. Das muss nicht unbedingt etwas Vollzugsrechtliches sein. Wird dem Antrag stattgegeben, bekommt man einen Berechtigungsschein, mit dem man sich an einen Anwalt seiner Wahl wenden kann, wenn die Rechtsfrage nicht so einfach ist, dass das Amtsgericht diese sofort selbst beantworten kann. Es empfiehlt sich deshalb, die Sache etwas aufzubauschen. Zu beachten ist noch Folgendes: Der Anwalt kann auch nach eigenem Ermessen eine Eigenbeteiligung verlangen. Im Antrag sollte man deshalb darum bitten, diese zu erlassen. Über den Antrag entscheidet der Rechtspfleger. Wird er abgelehnt, so steht einem als Rechtsmittel nur die sogenannte „Erinnerung" zu. Sie ist an den Rechtspfleger zu richten, der die Entscheidung getroffen hat, und zwar innerhalb von zwei Wochen nach Zugang der Ablehnung.

Ich kann nur Positives über die Zusammenarbeit mit meiner Strafverteidigerin Lisanne Bühler berichten. Hätte ich Frau Bühler auch schon in meinen anderen Verfahren als Rechtsbeistand gehabt, so wären diese Verfahren mit großer Wahrscheinlichkeit positiv anders ausgegangen. Leider ist man danach immer schlauer. Ich habe gelernt, dass man einen Pflichtverteidiger, der durch die Justiz bestimmt wird, nicht zwangsläufig annehmen muss und sich eigenständig nach einem Verteidiger umsehen sollte, der zum Vorwurf einer Straftat, Ordnungswidrigkeit oder zivilrechtlichen Angelegenheit passt.

Herausforderungen und Zielsetzungen im Strafvollzug

Nicht die Besserung oder Erziehung des erwachsenen, zu Freiheitsstrafe verurteilten Gefangenen stehen heute im Vordergrund, sondern die „(Re-)Sozialisierung" des Straftäters. Die Strafvollzugsgesetze der Länder verwenden diesen Begriff jedoch kaum, er wird generell sehr zurückhaltend verwendet. Verschiedene Ansätze aus den Bezugswissenschaften erschweren eine Definition dessen, was unter (Re-)Sozialisierung zu verstehen ist. Am besten lässt sich dies noch unter Berücksichtigung des Vollzugsziels erfassen: (Re-)Sozialisierung steht für alle Bemühungen im Strafvollzug, um den Gefangenen befähigen zu können, künftig in sozialer Verantwortung ein Leben ohne Straftaten zu führen. Es stellt sich jedoch die Frage, inwieweit die Annahmen, die mit der Aufgabe der sozialen Integration verbunden sind, überhaupt noch mit der Realität übereinstimmen. Ein Schlüsselbegriff dabei ist die Sozialisation. Darunter versteht man das Erlernen eines sozialen Verhaltens, das bereits in der Kindheit beginnt und sich an der Umwelt und den Mitmenschen orientiert. Es beinhaltet die eigenverantwortliche Entwicklung der Persönlichkeit und die Aneignung der Werte der umgebenden Kultur. Wenn die Strafvollzugsgesetze dem Grundgedanken einer (Re-)Sozialisierung folgen, bedeutet dies, dass Kriminalität als Mangel an Sozialisation interpretiert wird. Um dieses Defizit durch (Re-)Sozialisierung im Vollzug zu beheben, setzt voraus, dass der Gefangene bereits in seinem bisherigen Leben einen Sozialisationsprozess im Sinne der gültigen Sozial- und Rechtsordnung durchlaufen hat, was bei vielen der von mir begegneten Verurteilten jedoch nicht oder nur unvollständig der Fall ist. Das Ziel der Freiheitsstrafe besteht daher oft darin, die Sozialisation nachzuholen. Die Justizvollzugsanstalten müssen daher individuell auf die Bedürfnisse jedes Inhaftierten eingehen und ein umfassendes und differenziertes Sozialisationsangebot machen, um die im Freiheitsentzug unterbliebenen oder gescheiterten Lernprozesse zu ersetzen. Es wäre daher unzureichend, den Gedanken der (Re-)Sozialisierung durch ein allgemeines Konzept der sozialen Wiedereingliederung zu modifizieren. Ein beträchtlicher Teil derjenigen, die derzeit ihre Freiheitsstrafen verbüßen, bedarf vielmehr einer Ersatz-Sozialisation. Dabei sollen Personalisierung und Enkulturation innerhalb einer von der Gesellschaft weitgehend abgesonderten, künstlich geschaffenen Gemeinschaft stattfinden, in der das gemeinsame Merkmal das Begehen von Straftaten und deren Verurteilung ist. Dies stellt nicht nur die faktische Realisierbarkeit des Ziels der sozialen (Re-)Integration infrage, sondern führt auch zu einem negativen Sozialisationsprozess im Anstaltsmilieu: die Anpassung an das Leben in der Anstalt, verbunden mit einer Anpassung an die abweichenden Normen der Alternativszene. Die Aufgabe der Sozialisierung folgt zwei grundlegenden Verfassungsgrundsätzen: dem Gebot der Achtung der Menschenwürde und dem Sozialstaatsprinzip. Gemäß Artikel 1 in Verbindung mit Artikel 2 Absatz 1 des Grundgesetzes ergibt sich die Verpflichtung, den Strafvollzug auf die (Re-)Sozialisierung der Gefangenen auszurichten. Artikel 20 Absatz 1 und Artikel 28 Absatz 1 des Grundgesetzes verpflichten den Staat, die erforderlichen Ressourcen für die Realisierung von Sozialisierungsbemühungen bereitzustellen. Das Bundesverfassungsgericht in Karlsruhe hat bereits in seinem sogenannten

Lebach-Urteil die (Re-)Sozialisierung oder Sozialisierung des Verurteilten – den positiven Teil der Spezialprävention – als das herausragende Ziel des Strafvollzugs einer Freiheitsstrafe bezeichnet. Die Aufgabe eines solchen Vollzugs besteht gemäß der Rechtsprechung des Verfassungsgerichts darin, die Grundlagen für die Sozialisation zu schaffen, wobei dies dem „Selbstverständnis einer Gemeinschaft“ entsprechen muss, die „die Menschenwürde in den Mittelpunkt ihrer Wertordnung stellt und dem Sozialstaatsprinzip verpflichtet ist“.

Der prominente Fußballmanager und der kontroverse Verlauf seiner Haftstrafe

Im März 2014 wurde der weltweit bekannte Fußballmanager Uli Hoeneß vom Landgericht München wegen Steuerhinterziehung zu einer Freiheitsstrafe von dreieinhalb Jahren verurteilt und trat die Haftstrafe im Juni 2014 in der Justizvollzugsanstalt Landsberg an. Der Strafprozess sowie der anschließende Verlauf seiner Haft fanden in den Medien höchste Aufmerksamkeit.

Noch auf der Fahrt zum Haftantritt gab Uli Hoeneß der BILD-Zeitung ein Interview. Die BILD berichtete zu Beginn der Inhaftierung Hoeneß mehrseitig und später nahezu täglich im Sportteil über seinen Alltag im Knast. Dabei achtete die Öffentlichkeit sorgfältig darauf, ob er etwa Privilegien genoss und eine Sonderbehandlung bekam.

Bei der Höhe der hinterzogenen Steuer – es ging um fast dreißig Millionen Euro – war das Landgericht München aufgrund der Rechtsprechung des Bundesgerichtshofs gebunden, Uli Hoeneß zu einer mehrjährigen Haftstrafe zu verurteilen. Er hatte zwar inzwischen seine Schulden an den Fiskus beglichen, dennoch musste aus Gründen der Spezial- und Generalprävention eine langjährige Freiheitsstrafe verhängt werden. Etwas anderes hätte die Öffentlichkeit als „Prominenten-Bonus“ und ungerechte Besserstellung eines anwaltlich bestens vertretenen vielfachen Millionärs empört.

In der Justizvollzugsanstalt Landsberg kam Uli Hoeneß nach anfänglichen Gesundheitsproblemen in der Kammer mit der Wäscheausgabe für die Mithäftlinge seiner Arbeitspflicht nach. Die Weihnachtsfeiertage und den Jahreswechsel 2014/2015 durfte er im Rahmen eines Hafturlaubs im Kreis seiner Familie zu Hause verbringen. Mittlerweile befand sich Uli Hoeneß als Freigänger im offenen Vollzug der Justizvollzugsanstalt Rothenfeld. Seinen 63. Geburtstag feierte er Anfang Januar 2015 im Rahmen eines weiteren Hafturlaubs demonstrativ mit medialer Begleitung in einem renommierten Restaurant in München. Anwesend war auch der frühere bayerische Ministerpräsident Edmund Stoiber, der Hoeneß in den zurückliegenden Monaten mehrfach außerhalb der üblichen Besuchszeiten im geschlossenen Vollzug besucht hatte.

Als Freigänger hatte Hoeneß einen Arbeitsplatz bei seinem Verein FC Bayern München. Er hatte sein früheres Büro in der Chefetage wieder bezogen und bekam, wie die Zeitschrift SPORT BILD unwidersprochen vermeldete, ein monatliches Gehalt von geschätzten 20.000 Euro. Damit bewegte sich Hoeneß in der Gehaltsklasse des bayerischen Ministerpräsidenten und dürfte der am besten bezahlte Freigänger Deutschlands gewesen sein. An den Freistaat Bayern zahlte er monatlich rund 350 Euro Haftkostenbeitrag.

Unter dem Kriterium der (Re-)Sozialisierung zeigt sich deutlich, dass für diesen 63-jährigen Erfolgsmanager der Strafvollzug keine sinnvollen Beiträge leisten kann. An ihm wird der allgemeine Gleichheitsgrundsatz des Art. 3 GG demonstriert: „Alle Menschen sind vor dem Gesetz gleich." Gleiches ist gleich zu behandeln – dies bedeutet auch im Strafvollzug keine Vorzugsbehandlung. Dabei fällt Teil zwei des Gleichheitssatzes komplett unter den Tisch, der da lautet: „Ungleiches ist ungleich zu behandeln." Und natürlich müsste ein (Re-)Sozialisierungsprogramm für jemanden wie Uli Hoeneß völlig ungleich zur üblichen Vollzugsplanung sein, denn alle üblichen Qualifizierungs- und sozialen Unterstützungsprogramme des Vollzugs liefen bei ihm ins Leere. Auch seine „Spielsucht", über die er selbst im Vorfeld des Prozesses öffentlich gesprochen hatte, musste offenbar nicht mehr therapiert werden.

Nach seiner Entlassung hat Uli Hoeneß weiterhin auf höchstem Niveau seinen bisherigen Lebensstandard fortgesetzt. Bei seinem Verein konnte er sich die Position, die er nach seiner Rückkehr eingenommen hatte, nach Belieben aussuchen. Schon als Freigänger war er von seinem Fahrer mit dem Dienstwagen in die Geschäftsstelle des Vereins und zurück in die Anstalt gefahren worden. Bleibt für einen wie Uli Hoeneß also nur für einige Monate Wäschekammer und dann Luxusfreigang als „Edelknacki" bis zur vorzeitigen Entlassung?

Im Gegensatz zum Jugendstrafrecht, in dem es eine Vielzahl von Erziehungsmaßregeln gibt, kennt das Erwachsenenstrafrecht lediglich die Geldstrafe und die Freiheitsstrafe. Deshalb konnte die 5. Strafkammer am Landgericht München Uli Hoeneß nur zu einer Freiheitsstrafe verurteilen. Es war zu berücksichtigen, dass er seine Steuerschuld beglichen hatte, dass seine Lebensverhältnisse bestens geregelt sind, dass er bereits 63 Jahre alt war, dass aber auch eine demonstrative Strafe angezeigt war, die sich allerdings nicht mit belanglosen Tätigkeiten in der Anstalt erschöpfen, sondern die Chance zur Sinngebung nutzen sollte. Sinnvoll wäre also ein Mix aus Sanktionsstrafe und (Re-)Sozialisierungsmaßnahmen. Das könnte z. B. sein: eine hohe Geldbuße an eine gemeinnützige Organisation, gemeinnützige Arbeit im Vollzug als Teil eines richtig verstandenen Täter-Opfer-Ausgleichs. Freigang zu ehrenamtlicher Arbeit, beispielsweise in einem Seniorenheim oder im Sport mit Menschen mit Behinderungen, und in der letzten Phase möglicherweise vorzeitige Entlassung mit Auflagen und Weisungen zu weiteren sozialverantwortlichen Tätigkeiten, die durch einen Bewährungshelfer zu überwachen und begleiten sind. All dies wäre nach geltendem Recht im Fall Hoeneß möglich gewesen. Auch mit einer freiwilligen Geldzahlung oder Spende an eine gemeinnützige Organisation hätte er versuchen können, einen Beitrag zur Sinngebung seiner Freiheitsentziehung und zur Versöhnung zu leisten.

Warum dies nicht stattgefunden hat? Unsere Gesellschaft und die Politik in Deutschland sind nicht reif, Teil zwei des Gleichheitssatzes in einem öffentlichen Diskurs rational zu diskutieren. Noch dominieren irrationale Strafbedürfnisse und die Angst der Mächtigen vor dem Vorwurf einer Klassenjustiz, die einseitig die Interessen der Amigos vertritt. Eine solche Differenzierung und Individualisierung müsste allerdings für alle Täter und auch Opfer gelten, also auch für die Intensiv- und Wiederholungstäter, die die große Mehrheit in den Knästen ausmachen. Viele wissenschaftliche Untersuchungen haben nachgewiesen, dass eine wirkungsvolle (Re-)Sozialisierung ein Höchstmaß an Individualisierung aller stationären und ambulanten Maßnahmen erfordert und keinen Reso-Automaten, der alles gleich macht. Wenn es eine öffentliche Diskussion darüber geben würde, ob jemand wie Uli Hoeneß aufgrund seines Vergehens einfach „weggesperrt“ werden sollte oder ob er ein individuelles (Re-)Sozialisierungs- und Wiedergutmachungsprogramm durchlaufen soll, das sinnvolle und produktive

Kräfte freisetzt – die Mehrheit würde der zweiten Variante den Vorzug geben. Aber wer hat den Mut beziehungsweise Einfluss genug, einen öffentlichen Diskurs zu diesem Thema zu initiieren?

Uli Hoeneß wurde, wie bekannt ist, nach der Hälfte seiner verbüßten Freiheitsstrafe entlassen. Der frühere Arcandor-Chef Middelhoff, der einen wesentlich geringeren Schaden verursacht hatte, bekam diese Vorzüge nicht, obwohl Middelhoff, wie Hoeneß selbst, als Ersttäter einzustufen war. Was hat also Hoeneß anders gemacht als ein anderer Straftäter? Welche „besonderen Umstände" waren es, die Hoeneß eine Halbstrafe begünstigten? Schaut man auf die Vorgänge im Prozess des Uli Hoeneß, so erlaube ich mir zu resümieren, dass die bayerische Vereinigung nicht nur im Fußball recht gut zu funktionieren scheint. Der Fall Hoeneß könnte also über die Skandal-Berichterstattung hinaus eine wertvolle rechtspolitische Bedeutung gewinnen. Es gilt jedoch weiterhin die Erkenntnis von Anatole France: Die großartige „Gleichheit vor dem Gesetz" verbietet den Reichen wie den Armen, unter Brücken zu schlafen, auf den Straßen zu betteln oder Brot zu stehlen. Die Politik wird von der Justiz kontrolliert, die Bevölkerung wird ebenfalls von der Justiz kontrolliert, doch wer kontrolliert eigentlich die Justiz? Die Gesellschaft hat die Pflicht, der Justiz und deren teils sehr fragwürdigem Tun mehr kritische Aufmerksamkeit zu schenken. Mit diesem Tun wird die unantastbare Würde des Menschen gewahrt und kundgegeben.

Achtung! Das folgende Kapitel enthält verstörende und nicht jugendfreie Inhalte. Sollte der Leser damit nicht zurechtkommen, wird empfohlen, dieses Kapitel nicht zu lesen. Der Autor übernimmt keine Verantwortung für mögliche psychische oder physische Beeinträchtigungen, die beim Lesen oder nach dem Lesen dieses Kapitels auftreten können.

Konkret handelt es sich um Straftaten gemäß § 176 StGB, nämlich sexuellen Missbrauch von Kindern. Die Tatbestände sind wie folgt definiert: Mit Freiheitsstrafe von mindestens einem Jahr wird bestraft, wer sexuelle Handlungen an einer Person unter vierzehn Jahren (Kind) vornimmt oder sich von dem Kind vornehmen lässt, ein Kind dazu bestimmt, sexuelle Handlungen an einer dritten Person vorzunehmen oder von einer dritten Person an sich vornehmen zu lassen, oder ein Kind für eine der zuvor genannten Taten anbietet oder verspricht. Das Gericht kann von einer Strafe nach dieser Vorschrift absehen, wenn die sexuelle Handlung zwischen Täter und Kind einvernehmlich erfolgt und der Unterschied in Alter und Reifegrad gering ist, es sei denn, der Täter nutzt die fehlende Fähigkeit des Kindes zur sexuellen Selbstbestimmung aus.

Bei Cem angewandte Paragrafen:

§ 176a StGB behandelt den sexuellen Missbrauch von Kindern ohne Körperkontakt mit dem Kind. Mit einer Freiheitsstrafe von sechs Monaten bis zu zehn Jahren wird bestraft, wer sexuelle Handlungen an einem Kind vornimmt oder vor einem Kind von einer dritten Person an sich vornehmen lässt. Ebenfalls strafbar ist es, ein Kind dazu zu bestimmen, sexuelle Handlungen vorzunehmen, soweit die Tat nicht nach § 176 mit Strafe bedroht ist, oder auf ein Kind durch pornografischen Inhalt oder entsprechende Reden einzuwirken. Auch das Angebot oder das Versprechen einer solchen Tat an ein Kind, sowie die Verabredung zu einer solchen Tat mit einer anderen Person, werden bestraft. Der Versuch einer solchen Tat ist ebenfalls strafbar. Bei der zuletzt genannten Tat ist der Versuch in den Fällen strafbar, in denen die Vollendung der Tat allein daran scheitert, dass der Täter fälschlicherweise annimmt, sein Einwirken beziehe sich auf ein Kind.

Gemäß § 22 StGB handelt es sich um einen Versuch einer Straftat, wenn der Täter nach seiner Vorstellung unmittelbar zur Verwirklichung des Tatbestands ansetzt.

Gemäß § 23 StGB ist der Versuch eines Verbrechens immer strafbar, während der Versuch eines Vergehens nur dann strafbar ist, wenn das Gesetz es ausdrücklich bestimmt. Der Versuch kann milder bestraft werden als die vollendete Tat (gemäß § 49 Abs. 1). Hat der Täter aus grobem Unverstand verkannt, dass der Versuch aufgrund der Art des Gegenstandes oder des Mittels, mit dem die Tat begangen werden sollte, überhaupt nicht zur Vollendung führen konnte, so kann das Gericht von einer Strafe absehen oder die Strafe nach eigenem Ermessen mildern (gemäß § 49 Abs. 2).

Gemäß § 52 StGB wird, wenn dieselbe Handlung mehrere Strafgesetze verletzt oder dasselbe Strafgesetz mehrmals verletzt wird, nur eine Strafe verhängt. Wenn mehrere

Strafgesetze verletzt sind, wird die Strafe gemäß dem Gesetz bestimmt, das die schwerste Strafe androht. Die Strafe darf nicht milder sein, als es die anderen anwendbaren Gesetze zulassen. Das Gericht kann neben einer Freiheitsstrafe unter bestimmten Voraussetzungen auch eine Geldstrafe verhängen. Nebenstrafen, Nebenfolgen und Maßnahmen (gemäß § 11 Abs. 1 Nr. 8) können vom Gericht verhängt werden, wenn dies durch eines der anwendbaren Gesetze vorgeschrieben oder zugelassen ist.

Gemäß § 53 StGB wird, wenn jemand mehrere Straftaten begangen hat, die gleichzeitig abgeurteilt werden, eine Gesamtstrafe verhängt, wenn dadurch mehrere Freiheitsstrafen oder Geldstrafen entstanden sind. Wenn eine Freiheitsstrafe mit einer Geldstrafe zusammenfällt, wird ebenfalls eine Gesamtstrafe verhängt. Das Gericht kann jedoch auch eine separate Geldstrafe verhängen. Wenn in diesen Fällen Geldstrafen für mehrere Straftaten verhängt, werden sollen, wird eine Gesamtgeldstrafe verhängt. § 52 Abs. 3 und 4 StGB gelten sinngemäß.

Lange habe ich darüber nachgedacht, ob ich ein solches Gespräch überhaupt führen möchte, da mich die von Cem begangenen Straftaten zutiefst erschüttern und regelrecht Wut in mir aufsteigt, sobald ich darüber nur nachdenke. Insbesondere auch deshalb, da ich selbst Vater einer Tochter bin. Das nun folgende basiert auf zahlreichen mit Cem geführten Gesprächen sowie auf Auszügen seines Gerichtsurteils. Ich weise nochmals ausdrücklich darauf hin, dass ich mich von solchen Taten ausdrücklich distanziere und das beschriebene Gespräch zu keinerlei Verharmlosung solcher, widerlichen Straftaten wiedergeben soll. Gleich zu Beginn unseres Gesprächs wies mich Cem auf seine Unschuld hin:

„Ich habe diese Taten, nicht begangen!" ... Cem ist zum Zeitpunkt seiner Verurteilung ledig und kinderlos. Zum Zeitpunkt unseres Gesprächs ist er 41 Jahre alt. In seinen ersten Lebensmonaten kam es aufgrund einer unerkannten Diabeteserkrankung zu erheblichen Blutzuckerentgleisungen, weshalb er drei Monate lang im Koma lag und sich frühkindliche Hirnschädigungen entwickelten. Nach seiner Entlassung aus dem Krankenhaus wuchs Cem zunächst bei seinen Eltern auf, wurde im Kleinkindalter jedoch zu seiner Großmutter und Tante in die Türkei geschickt. Seine Eltern blieben in Deutschland, um dort zu arbeiten. In der Türkei wurde er schließlich auch eingeschult. Der Beschulungsversuch musste allerdings abgebrochen werden, nachdem es aufgrund seiner Diabeteserkrankung zu Schwierigkeiten gekommen war. Im Alter von etwa sieben Jahren kehrte Cem nach Deutschland zurück und lebte mit seinen Eltern in einer Stadt in Baden-Württemberg. Er besuchte die Sonderschule, die er mit einem Sonderschulabschluss beendete. Im Anschluss begann er eine Ausbildung als Schreiner, brach diese jedoch im zweiten Lehrjahr ab. Es folgten Zeiten der Arbeitslosigkeit, unterbrochen durch wechselnde Anstellungen als Paketfahrer oder in der Gastronomie. Während seine Mutter mittlerweile verstorben ist, lebt sein Vater, zu dem er keinen Kontakt hat, in der Türkei. Cems Bezugspunkte sind seine Tante, seine jüngere Schwester sowie ein guter Freund. Sexuelle Erfahrungen mit Frauen konnte er bislang lediglich durch Besuche bei Prostituierten sammeln. Auch der Aufbau einer stabilen Partnerschaft zu einer Frau ist ihm bislang nicht gelungen. Seine Freizeit verbringt er mit seinem Kumpel oder beschäftigt sich mit Konsolenspielen. Strafrechtlich war Cem bis zur Verurteilung noch nicht in Erscheinung getreten. Bei Cem besteht laut Sachverständigengutachten eine pädophile Nebenstörung; er ist dabei von Mädchen im pubertären Alter sexuell ansprechbar. Seine Versuche, sich erwachsenen Frauen sexuell anzunähern, verliefen für ihn frustrierend. Er wich deshalb auf monatliche Besuche bei Prostituierten und dem Konsum pornografischer Videos aus. Zu seinen sexuellen Präferenzen und Fantasien hat er angegeben beim Onanieren an schwarze oder asiatische Frauen gedacht zu haben. Es sei seine Fantasie, „richtig zu fingern" oder „Hardcore-Sex zu machen", bzw. „ganz reinzustoßen". Zudem habe er über Missbrauchserfahrungen in der eigenen Biografie berichtet. Er sei mit 14 Jahren von einem älteren Bekannten mit Computerspielen gelockt und gefügig gemacht worden. Der andere habe ihn „angefingert" und versucht, ihm „einen zu blasen". Er nehme keine Drogen und keinen Alkohol zu sich. Cem raucht seit seinem 18. Lebensjahr etwa vier Zigaretten pro Tag. Aufgrund der von der Ermittlungsbehörde ausgewerteten Suchverläufe in seinem Internetbrowsers gibt es Indizien dafür, dass neben der pädophilen Nebenstörung ein weiteres sexuelles abweichendes Verhalten mit (pädo-) sadistischen (quälerischen) Anteilen und somit eine multiple Störung Cems Sexualpräferenz vorliege. Die Schlagwörter in den Suchverläufen wurden folgendermaßen rekonstruiert „tote Kinder", „ohnmächtig gewordene Kinder", „bewusstlose Kinder", „zu Tode gefickt". Über eine Bekannte lernte Cem eine Familie kennen, in welcher es zwei Kinder gab. Es entwickelte sich ein vertrauensvoller Umgang, bei dem Cem erkannte, dass die Eltern mit der Erziehung der beiden Kinder überfordert waren, diesbezüglich bereits in Kontakt mit dem Jugendamt standen und gerne mehr freie Zeit ohne Kinder verbringen würden. Es kam schließlich dazu, dass Cem darauf angesprochen wurde, ob die beiden Kinder das Wochenende bei ihm verbringen könnten. Cem willigte ein, und beide Kinder verbrachten zunächst in Begleitung ihrer Tante und später ohne Begleitung eines Erwachsenen regelmäßig Wochenenden in der Wohnung von Cem. Da Cem jedoch keine erwachsene Sexualpartnerin zur Verfügung stand, fasste er den Entschluss, mit der sechsjährigen seine sexuellen Fantasien aus pornografischen Videos auszuleben. Ihr Alter war ihm ebenso bewusst, wie die Tatsache, dass sexuelle Handlungen mit oder an Kindern verboten sind. In Umsetzung seines Vorhabens testete Cem zunächst aus, ob sich die Sechsjährige gegen seine Übergriffe zu Wehr setzte, indem er dazu überging, das Mädchen nach dem Duschen im Bereich der Vagina und des Gesäßes mit Öl zu massieren. Als er erkannte, dass sie ihn gewähren ließ, kam es folglich an unterschiedlichen Wochenenden zu mindestens sechs sexuellen Übergriffen. Cem ging hierbei stets so vor, dass er das Mädchen erst duschte und das nackte Kind im Anschluss daran wie beschrieben mit Öl im Bereich der Vagina und des Gesäßes massierte. Im Einzelnen kam es durch Cem zu folgenden nachgewiesenen Handlungen:

Taten 1 und 2:

In einem Fall brachte Cem das Mädchen zunächst dazu, sein Glied in den Mund zu nehmen. Anschließend forderte er sie auf, ihren Kopf vor- und zurückzubewegen. Es kam ihm darauf an, mit dem Mädchen eine Szene aus einem pornografischen Film nachzuspielen, in der die Darsteller beim Oralverkehr zu sehen waren. Als Cem allein hierdurch nicht zum Samenerguss kam, forderte er das Mädchen auf, sich auf das Bett zu legen. Dort rieb er sein Glied bis zum Orgasmus zwischen den Oberschenkeln bzw. im Intimbereich des Kindes und ejakulierte auf dessen Körper.

Tat 3:

Bei einer anderen Gelegenheit führte Cem seinen Finger in die Vagina des Mädchens ein und bewegte diesen hin und her. Auch hier wollte Cem eine Szene aus einem pornografischen Film nachstellen. Als die Sechsjährige über Schmerzen klagte, brach Cem sein Tun ab.

Tat 4:

Cem wollte mit dem Mädchen zudem vaginalen Geschlechtsverkehr vollziehen. Hierzu forderte er sie auf, sich mit dem Rücken auf das Bett zu legen. Cem drang sodann mit seinem erigierten Glied zumindest in den Scheidenvorhof ein. Als das Mädchen äußerte, dass ihr dies wehtue, ließ Cem von ihr ab.

Tat 5:

Cem forderte das Mädchen auch auf, sich auf Händen und Knien auf seinem Bett aufzustellen. Er näherte sich ihr sodann von hinten mit seinem erigierten Glied, um den analen Geschlechtsverkehr mit ihr auszuüben. Aufgrund ihres kindlichen Körperbaus gelang es Cem jedoch nicht, mit seinem Glied in den Anus einzudringen, weshalb er weitere

Versuche unterließ. Der Druck, den Cem beim Versuch einzudringen, mit seinem Glied von außen auf den Anus des Mädchens ausübte, führte dazu, dass sie über Schmerzen klagte.

Tat 6:

In einem weiteren Fall rieb Cem sein Glied zwischen den Oberschenkeln bzw. im Intimbereich des Kindes, um sich sexuell zu erregen.

Während der Übernachtungswochenenden wirkte Cem auf das Mädchen ein, dass diese die Vorkommnisse für sich behielt. Als Belohnung für die Geheimhaltung versprach er ihr, Süßigkeiten. Hieran hielt sich das Mädchen. Ihre Mutter erlangte erst Kenntnis von den Vorfällen, als ihr der jüngere Bruder davon erzählte, dass seine Schwester das Glied von Cem im Mund gehabt habe. Der Sachverständige berichtete während der Gerichtsverhandlung über die Glaubhaftigkeit der Aussagen der Geschädigten in ihrer polizeilichen bzw. richterlichen Vernehmung. Die Taten 1, 2, 3 und 4 sind rechtlich zu würdigen als schwerer sexueller Missbrauch eines Kindes, Tat 5 als versuchter schwerer sexueller Missbrauch eines Kindes, jeweils in Tateinheit mit sexuellem Missbrauch eines Kindes, und Tat 6 als sexueller Missbrauch eines Kindes gemäß §§ 176 Abs. 1, 176a Abs. 2 Nr.1, 22, 23 Abs. 1, 52, 53 StGB so das Gericht in seiner Urteilsverkündung. Das Gericht sah in der jeweiligen Tat und Schuld Cems nachfolgende Einzelstrafen angemessen, aber auch erforderlich.

Tat	Strafe
1	zwei Jahre und neun Monate Freiheitsstrafe
2	zwei Jahre und drei Monate Freiheitsstrafe

3	zwei Jahre und drei Monate Freiheitsstrafe
4	ein Jahr und neun Monate Freiheitsstrafe
5	ein Jahr und sechs Monate Freiheitsstrafe
6	ein Jahr und drei Monate Freiheitsstrafe

Sämtliche Einzelstrafen wurden unter Berücksichtigung aller für und gegen Cem sprechenden Umstände zu einer angemessenen Gesamtfreiheitsstrafe zusammengefasst. Das Gericht hielt eine Gesamtfreiheitsstrafe von **vier Jahren** für angemessen und erforderlich. Cem befand sich nie in Untersuchungshaft und trat den Strafantritt eigenständig in der Justizvollzugsanstalt Ulm an. Er genoss von Beginn an die Vorzüge des offenen Vollzugs. Anfangs erhielt er jedoch keine vollzugsöffnenden Maßnahmen, da er bei Gesprächen mit dem Sozialdienst und dem psychologischen Dienst der Justizvollzugsanstalt immer wieder seine Unschuld betonte. Nachdem Cem einen Antrag auf vorzeitige Entlassung nach Verbüßung von 2/3 seiner Freiheitsstrafe gestellt hatte, wurde ein forensisch-psychiatrisches Prognosegutachten erstellt, um zu beurteilen, ob die Voraussetzungen für eine bedingte vorzeitige Entlassung gemäß § 57 Abs. 1 Nr. 1 StGB erfüllt sind.

Das Gutachten kam zu dem Ergebnis, dass bei Cem im Falle einer bedingten Entlassung innerhalb weniger Jahre mit hoher Wahrscheinlichkeit erneute Sexualdelikte gegen Kinder zu erwarten wären. Das bestehende Risiko weiterer Straftaten liegt hauptsächlich in seiner Weigerung, sich einer Therapie zu unterziehen, und im Fehlen von Maßnahmen zur Risikominimierung. Das individuelle Rückfallrisiko bei Cem ist höher als die statistische Rückfallwahrscheinlichkeit.

Nachdem ich über die Gespräche mit Cem nachgedacht habe, komme ich leider zu einer schrecklichen Vorstellung: Wenn Cem nach Verbüßung seiner Haftstrafe entlassen wird und rückfällig wird, könnten die inhaftierten Erfahrungen als verurteilter und die Leugnung der Tat in seinem Kopf zu erneuten grausamen Taten führen. Cem könnte sich dann bewusstwerden, dass er für die erneute Straftat wieder ins Gefängnis gehen wird und höchstwahrscheinlich eine anschließende Sicherungsverwahrung verhängt bekommt. Um den Prozess zu verzögern, könnte Cem das Opfer verschwinden lassen. Später könnte möglicherweise eine Leiche gefunden werden, doch Cem wäre dann egal, was mit seinem Opfer passiert, da er unzweifelhaft ins Gefängnis zurückkehren müsste und nichts mehr zu verlieren hätte.

Wenn man Cems Urteil von vier Jahren Freiheitsstrafe mit meinen vorherigen Urteilen vergleicht, stellt sich immer wieder die Frage: „Was ist mit unserem Rechtssystem passiert?" Es muss dringend reformiert werden! Angesichts der Tatsache, dass das geschädigte Mädchen ihr ganzes Leben lang mit den schrecklichen Taten zu kämpfen haben wird und der Schaden nicht allein durch eine Rückzahlung behoben ist, kann ich das Urteil gegen Cem nicht akzeptieren. Es kam zu einem massiven Eingriff in das Leben eines jungen Menschen, der Schutz und Fürsorge von einem Erwachsenen erfahren sollte. Wenn man Jahre vorausdenkt, wird das Mädchen irgendwann möglicherweise einen Freund haben, der mit der Geschichte konfrontiert wird und lernen muss, damit umzugehen. Dies ist ein steiniger, schwieriger und kräftezehrender, aber realisierbarer Weg für alle Beteiligten.

Abschließend möchte ich betonen, dass das geltende Strafrecht in Deutschland dringend grundlegend überarbeitet und reformiert werden muss. Es sollte auch darüber nachgedacht werden, wie man Personen wie Cem nach Verbüßung ihrer Haftstrafe unterbringen kann, und dieses Vorgehen sollte ebenfalls in einem Bundesgesetz festgelegt werden.

Zwischen Verrat und Überlebensstrategie der „31er“

Der Begriff „31er“ stammt ursprünglich aus dem Betäubungsmittelgesetz, da es dort den § 31 BtMG gibt, der einem Drogendealer eine mildere Strafe ermöglicht, wenn er Informationen über Mittäter preisgibt, um diese ebenfalls strafrechtlich zu verfolgen. Ein „31er“ ist ein Häftling, der die Karten heimlich manipuliert und dadurch beim Pokerspiel betrügt. Er wird oft als Mann mit Hut und dunkler Sonnenbrille dargestellt, der seine eigenen Interessen, über die seiner Gefährten stellt. Obwohl in jeder Justizvollzugsanstalt das Prinzip gilt, dass man nicht mit den Behörden zusammenarbeitet oder Informationen preisgibt, gerät ein „31er“ aufgrund seines Verrats schnell in Missgunst. Andere Strafgefangene reagieren oft mit Hass, wenn sie erfahren, dass ein „31er“ den Beamten Informationen zukommen lässt, beispielsweise über den Schmuggel von Drogen oder Mobiltelefonen ins Gefängnis.

Insbesondere im geschlossenen Vollzug sollte ein „31er“ vorsichtig sein, wenn er die Duschen oder Gemeinschaftsräume betritt. Wenn mehr als zwei Häftlinge in den Duschraum kommen, sollte er sofort das Weite suchen, um nicht verprügelt zu werden. Für die Bediensteten ist ein „31er“ eine nützliche Informationsquelle im täglichen Strafvollzug. Potenziellen „31ern“ werden Vorteile und Avancen angeboten, da man sie als Informanten braucht. Ähnlich wie ein Kronzeuge im Strafprozess kann ein „31er“ die internen Ermittlungen beeinflussen. Justizvollzugsanstalten versuchen oft, ein Gemisch von Häftlingen zu schaffen, um davon zu profitieren. Zum Beispiel werden Gefangene mit unterschiedlichen Hintergründen und Strafen in einer Zelle untergebracht. Im Gefängnis wird Optimismus benötigt, um Resozialisierung zu ermöglichen. In einer Umgebung, in der viele in einer Zwangsgemeinschaft zusammenleben und nichts mehr zu verlieren haben, kann ein Hoffnungsschimmer auf baldige Freilassung neuen Lebensmut geben.

„31er" spielen weltweit eine wichtige Rolle für die tägliche Sicherheit in Justizvollzugsanstalten. Viele Straftaten, insbesondere in geschlossenen Anstalten, wie Drogengeschäfte, der Schmuggel von Mobiltelefonen oder der Handel mit Pornografie, werden von diesen Informanten und nicht von den Bediensteten aufgedeckt. Es ist sogar möglich, dass die Justizvollzugsanstalten den späteren „31er" gezielt eingesetzt haben. Man könnte ihm beispielsweise sagen, dass sich in seiner neuen Zelle ein Sexualstraftäter befindet, der etwas Verdächtiges plant. Oder man informiert ihn darüber, dass sein neuer Zellengenosse ein millionenschwerer Steuerbetrüger ist, der nicht verraten will, wo er sein Geld versteckt hat. Der „31er" wird also in die Zelle gesetzt, um Informationen weiterzugeben. Sein Zellengenosse hat keine Ahnung, dass er im Auftrag der Justiz handelt und später eine Belohnung erhält, falls er nützliche Informationen liefert. Wenn er dies jedoch nicht schafft, muss er die Konsequenzen selbst tragen. Es ist sehr wahrscheinlich, dass er heftig verprügelt wird, wenn seine Mitgefangenen bemerken, dass er ausgehorcht werden soll.

Was lässt Menschen zu Verbrechern werden?

Während meiner langen Zeit im Gefängnis habe ich einige Häftlinge kennengelernt und schnell erkannt, welche Straftaten sie begangen haben. Ihr Verhalten, ihre Art zu sprechen und die Rolle, die sie unter den Mitgefangenen einnehmen, lassen Rückschlüsse auf ihre begangenen Straftaten zu. Der Zuhälter genießt erstaunlicherweise ein gewisses Ansehen im Gefängnis, nicht nur bei den Gefangenen. Im Gefängnis gibt er gerne den überheblichen, freundlichen und mitteilsamen „Talent Manager". Er tritt auf wie ein Boss, der in einem anerkannten Geschäft tätig war, prahlt gerne mit Kontakten zu Prominenten und Politikern. Im Umgang kann er distanzlos, aufgeblasen und kumpelhaft wirken. Zuhälter verdrängen oft, dass schwere Straftaten wie Menschenhandel, Vergewaltigung, Nötigung und Körperverletzung in ihrem Arbeitsbereich an der Tagesordnung stehen und dass sie aktiv an diesem System beteiligt waren.

Einbrecher und Diebe sind eher vorsichtige, ängstliche und ausweichende Typen. Sie sind wenig risiko- und gewaltbereit und oft selbst Opfer von Nötigung oder Gruppenzwang. Ihr Aufwand ist groß im Vergleich zu dem erzielten Geld. Der Schaden, den sie anrichten, ist jedoch enorm. Viele müssen fast täglich Diebstähle begehen und werden dafür mit langen Freiheitsstrafen belegt. Mitglieder organisierter Banden begehen geplante Einbrüche, verschieben gestohlene Autos und verkaufen große Mengen an Edelmetall an Schrotthändler. Viele dieser Banden rekrutieren ihre Mitglieder aus Osteuropa, von denen die meisten bereits in ihren Heimatländern Erfahrungen mit der Justiz gemacht haben und wenig beeindruckt vom deutschen Strafvollzug sind. Einige von ihnen sehen den Freiheitsentzug sogar als Verbesserung an, da es ihnen im deutschen Gefängnis deutlich besser geht als zu Hause. Eine (Re-)Sozialisation ist in solchen Fällen kaum möglich, da die meisten Täter nach Verbüßung der Hälfte ihrer Strafe in ihr Heimatland abgeschoben werden. Viele treten bereits Wochen oder Monate später mit neuen Straftaten in Erscheinung.

Totschläger und Häftlinge, die wegen schwerer Körperverletzung inhaftiert sind, erfüllen oft das Klischee des kleinwüchsigen, hinterlistigen Mannes. Im Umgang zeigen sie sich sensibel und haben Schwierigkeiten, ihre Emotionen zu kontrollieren. Bei vielen spürt man von Anfang an, wie schwer es ihnen fällt, sich zu beherrschen. Sie sind ständig gereizt, und es ist nur eine Frage der Zeit, bis sie explodieren. Mörder haben genauso wie ihre Motive eine große Bandbreite an Persönlichkeiten. Manche begehen Morde, um andere Straftaten zu vertuschen, wie zum Beispiel eine Vergewaltigung, schweren Missbrauch oder Raub. Andere wollen Zeugen, Mitwisser oder Mittäter aus dem Weg räumen. Wieder andere sind Psychopathen, die nehmen, was sie wollen, ohne Rücksicht oder Mitgefühl. Es gibt zwanghafte Mörder, bei denen eine Tat weitere nach sich zieht, wie im Rausch. Es gibt „Ehrenmörder", die ihre Frau, Tochter oder Schwester umbringen, weil deren Lebensentwurf mit den traditionellen Werten kollidiert. Diese Frauen stellen oft traditionelle Normen infrage, bringen „Schande" über die Familie und werden dafür mit dem Leben bestraft. Diese Tätergruppen bezeichnen sich oft selbst als „Ehrenmörder". Persönlich habe ich keinerlei Verständnis für Mord. Ein Mord führt nicht zu Anerkennung oder ähnlichem. Im Gegenteil, man verliert jeglichen Respekt durch einen Mord.

Ein pädophiler Straftäter fällt im Gefängnis dadurch auf, dass er um jeden Preis versucht, nicht aufzufallen. Er steht auf der untersten Stufe der Hackordnung und wird von seinen Mitgefangenen abgelehnt. Es scheint fast so, als ob alle Väter in der Justizvollzugsanstalt (zu Recht!) gegen solche Täter solidarisieren. Fast jeder Inhaftierte sieht es als sein Recht an, einen pädophilen Straftäter zu demaskieren. Der Umgang mit anderen Strafgefangenen zeigt, dass ein pädophiler Täter angepasst und ergeben ist, manchmal kindlich-naiv, was seinem Alter unangemessen ist. Der „Pädo" läuft Gefahr, auch bei den Bediensteten des Gefängnisses auf Ablehnung zu stoßen. Die Bediensteten wissen aufgrund der Akten, warum der betreffende Häftling inhaftiert ist. In der Regel behandeln sie ihn korrekt, aber ohne Sympathie. Besonders zu Beginn der Haft, wenn die Berichterstattung über den Täter noch frisch ist, muss ein „Pädo" mit Schikanen von anderen Strafgefangenen rechnen. Dies kann von sexueller Nötigung bis zur Erpressung von „Dienstleistungen" reichen. Strafgefangene können sehr einfallsreich sein, wenn es darum geht, andere zu demütigen. Die Anstaltsleitung erfährt jedoch nicht alles, was in den Hafträumen geschieht. Ein „Pädo" wird während seiner gesamten Haftzeit ein einsamer Mensch bleiben und es schwer haben, mit anderen über seine Tat und Neigungen zu sprechen. Dabei hätte er so viel zu berichten, über die Existenz von Pädophilie und wie sie über ihn gekommen ist. Er könnte über seinen Leidensdruck sprechen, da er doch „unschuldig" ist und sein gesamtes Leben gescheitert ist.

Vergewaltiger fallen meist dadurch auf, dass sie nur ein geringes oder kein Unrechtsbewusstsein zeigen können. Schuldig ist immer die Frau, denn sie habe es so gewollt, darauf abgezielt. Viele von ihnen empfinden auch lange nach der Tat Abneigung gegenüber ihrem Opfer. Da sie vor sich selbst und anderen Strafgefangenen nicht zugeben können, dass sie ein solches Verhalten nötig hatten, haben sie Schwierigkeiten, Reue zu empfinden. Macht über andere auszuüben, ist oft ihr Hauptmotiv. Einige von ihnen weisen narzisstische Störungen auf und können Ablehnung oder Kritik nicht ertragen. Der Umgang mit Vergewaltigern im Gefängnisalltag gestaltet sich oft schwierig. Sie sind oft arrogant, nur auf sich selbst bedacht, und ihre souveräne Fassade bröckelt schnell, wenn ihren Wünschen nicht entsprochen wird. Diese Täter haben eine geringe Empathie für ihre Mitgefangenen und neigen dazu, andere herabzusetzen.

Nun möchte ich mich selbst beschreiben. Es ist sicherlich schwierig, meine Darstellung mit meiner pathologischen Spielsucht in Einklang zu bringen. Dennoch möchte ich aus meiner Sicht zeigen, was einen Betrüger ausmacht. Ein Betrüger wirkt wie ein Junkie, der nach dem nächsten Kick sucht. Er tritt oft freundlich, nett, manchmal sogar witzig auf, gibt Komplimente, hat gute Manieren, kann sich gut ausdrücken, sucht den Dialog, hört aufmerksam zu und ist immer wachsam. Er beobachtet genau und registriert jedes kleinste Anzeichen von Missstimmungen oder Feindseligkeiten unter den Bediensteten. Betrüger nutzen das Gefängnis als Bühne, um sich in Szene zu setzen. Nicht nur viele Strafgefangene, sondern auch Bedienstete sind frustriert, fühlen sich erniedrigt, unterschätzt oder nicht ausreichend respektiert. In dieser Situation ist der Betrüger jemand, der gerne Vertrauenspositionen einnimmt, beispielsweise als Mitglied des Gefangenenrats oder als Hausarbeiter. Er agiert taktisch und versteht es, mit Antipathien und Einschränkungen umzugehen, die ihm entgegengebracht werden.

Nach einiger Zeit im Knast beschäftigte mich zudem die Frage, was einen Menschen überhaupt zum Verbrecher werden lässt. Warum wird aus einem Menschen plötzlich ein Gewalttätiger, ein Totschläger, Vergewaltiger oder Mörder? Weshalb wird aus einem Familienvater ein Pädophiler? Was lässt Menschen böse werden? Was veranlasst sie zu ungeheuerlichen Taten? Wie kommt das Böse in die Welt? In der Literatur gibt es dazu zahlreiche Publikationen, aber liefern diese auch schlüssige Erklärungen?

Mord, Totschlag und Pädophile sind die großen Themen. Diese Täter benehmen sich genauso wie der freundliche Nachbar von nebenan, Menschen, denen die Brutalität ihrer Taten nicht anzumerken ist. In deren Köpfe kann man nun einmal nicht hineinschauen. Einige wenige von ihnen hatten ein liebevolles Umfeld, kamen aus ausgeglichenen Verhältnissen und lebten im Wohlstand. Bei denjenigen aus schwierigen Verhältnissen, die vernachlässigt, misshandelt oder missbraucht worden sind, gelangt man schon eher zu dem Schluss, dass ihr Weg vorgezeichnet war. Auch wenn es nicht immer die Lebensumstände sind, die einen Menschen zum Verbrecher werden lassen, ist man recht schnell beifolgender Frage: Gibt es überhaupt den geborenen Verbrecher, der das, was er tut, tun muss, weil er gar nicht anders kann?

Jeder von uns kann wütend und herzlos denken, wird aber deshalb noch lange nicht zum Mörder. Der Gedanke, dass in den Gehirnen der Menschen unserer Bevölkerung, die es tatsächlich werden, etwas schiefläuft, etwas anders funktioniert als bei normalen Menschen, beschäftigt die Medizin schon seit langem. Ist es das kranke Gehirn, das aus vermeintlich normalen Mitbürgern ruhelose Serientäter und mörderische Psychopathen werden lässt? Oder gibt es das Gen für das Böse?

Bei einem Großteil der Gesetzesbrecher reicht ein kleiner Schritt, ein kurzer unkontrollierter Moment, eine Banalität, damit sie kriminell werden. Bei einigen wenigen, die zwanghaft den Weg des Grauens fortsetzen, scheint mehr dahinterzustecken. Aber was genau steckt dahinter? Schwere Traumata während der Kindheit? Das Umfeld? Eine Störung im Gehirn? Eine zunächst unbekannte Suchterkrankung, wie es bei mir der Fall ist? Warum werden manche, denen Übles widerfahren ist, zu Tätern, während andere trotz allem ein ganz normales Leben führen?

Schon im 18. Jahrhundert beschäftigte den deutschen Arzt Franz-Josef Gall die Frage, ob es einen „Würge- oder Mord-Sinn" gibt. Wie sein italienischer Arztkollege Cesare Lombroso, der die Lehre des „geborenen Verbrechens" begründete, war er davon überzeugt, dass man Verbrecher an bestimmten äußeren Charakterzügen erkennen kann. Buschige, zusammengewachsene Augenbrauen oder Wülste über den Ohren galten als Beleg für potenzielle Blutrünstigkeit.

Im 19. Jahrhundert haben Forscher toten Verbrechern und Genies die Gehirne entnommen, diese in Scheiben geschnitten und mit dem Mikroskop nach Unterschieden gesucht. Heute macht man solche Untersuchungen beispielsweise per Computertomografie. Neurophysiologen konnten Ende der sechziger, Anfang der siebziger Jahre durch Hirnstrommessungen (EEG) nachweisen, dass etwa die Entscheidung, einen Finger krümmen zu wollen, erst nach dem Moment einsetzt, in dem das Gehirn bereits die Vorbereitungen zu dieser Handlung in Gang gesetzt hat. Und zwar ohne, dass wir davon etwas bemerken würden. Mit anderen Worten: Wir tun nicht wirklich das, was wir wollen, sondern wir wollen, was wir tun.

Seit Anfang der neunziger Jahre können Psychiater und Neurowissenschaftler auch mithilfe der funktionellen Magnetresonanztomografie (fMRT) dem Gehirn beim Arbeiten zusehen. Während man Testpersonen Horrorbilder zeigt, etwas von Messerstechereien, Schießereien und Verstümmelungen, wird die Aktivität in verschiedenen Hirnregionen gemessen. Bei normalen Personen zeigt sich dabei schnell eine starke Aktivitätssteigerung in den Bereichen des Gehirns, die für die Wahrnehmung und Bearbeitung von Gefühlen und die Erzeugung von Mitgefühl zuständig sind. Bei psychopathischen Patienten bleibt der Bereich des Mandelkerns, jenes Hirnareals, das bei der Erzeugung von Mitgefühl eine wichtige Rolle spielt, häufig „dunkel". Die Aktivitäten waren gering oder gar nicht messbar. Das könnte bedeuten, dass einige dieser Menschen grundlegend Emotionen gar nicht erst aufrufen können. Oder im Umkehrschluss, dass primitive Killerinstinkte, die wir alle in uns tragen, von diesen Menschen nicht mehr in Schach gehalten werden können.

Was passiert aber, wenn in unserem Gehirn die „Bremse", die diese Instinkte eindämmen soll, nicht richtig funktioniert? Ist dann der Weg zu einer Gewalttat vorgezeichnet, weil nichts mehr da ist, das hemmt? Organveränderungen und Funktionsstörungen, so die Meinung der Forscher, bedingen, dass der Betroffene unfähig ist zu Empathie. Was bei fast jedem von uns Alarm auslöst, lässt diese Menschen kalt. Sie kennen kein Mitgefühl, kein Mitleid und Erbarmen, kein Gewissen. Sie haben weniger Angst, Furcht und Schuldgefühl. In den Untersuchungen wurde festgestellt, dass es in bestimmten Hirnarealen dieser Personen zu „Fehlzündungen" kommt. Bei verschiedenen Gewalttätern konnten massive Störungen oder Veränderungen im Gehirn, vor allem in Bereichen des Stamm-, Mittel- und Stirnhirns festgestellt werden.

Ein Lehrer tötete anno 1913 seine vier Kinder, Ehefrau und acht weitere Personen, verletzte zwölf Menschen schwer und brannte mehrere Gebäude nieder. Die Obduktion des Täters ergab Veränderungen in der mittelhirnnahen Rinde, die zu einer Störung der Realitätsbewertung und der Kontrolle emotionaler Funktionen führten.

Eindrucksvolle Ergebnisse liefert auch eine Studie der Universität Magdeburg, die von Bernhard Bogerts, Kolja Schlitz und Joachim Witzel sowie dem aus dem ARD-Tatort als Gerichtsmediziner bekannten Joe Bausch veröffentlicht wurde. Die Studie beruht unter anderem auf Untersuchungen von Insassen. Die Auswertung von über 300 Hirnuntersuchungen ergab, dass Gewalttäter im Vergleich zu nicht gewalttätigen Insassen und unbescholtenen Normalbürgern deutlich häufiger Hirnveränderungen aufweisen. Und zwar in den Arealen, die für die Verarbeitung und Weiterleitung von Emotionen, Affekten und Instinkten verantwortlich gemacht werden.

Diese und andere Untersuchungsergebnisse sind jedoch kein Beweis dafür, dass gewalttätigem Verhalten zwangsläufig eine organische oder funktionelle Hirnveränderung zugrunde liegen muss. Ärzten und Psychiatern ist hinreichend bekannt, dass die Neigung zu gewalttätigem Verhalten oft aus der Kindheit der Täter hergeleitet werden kann. Auch ich lernte während meiner Haftzeit einen solchen Gewaltverbrecher kennen. Der 58-jährige Jens wurde früher von seinem Vater als Kind regelmäßig geschlagen, durfte keine Berufsausbildung machen und musste deshalb direkt Geld für die Familie auf Baustellen als Helfer verdienen. Auch wenn sein älterer Bruder Blödsinn machte, bekam Jens die Prügel dafür ab.

Natürlich wird nicht jeder kriminell, der in einem problematischen Umfeld aufwächst. Aber es ist Fakt, dass viele Weichen für eine günstige oder ungünstige Entwicklung früh gestellt werden. Menschen mit massiven Persönlichkeitsstörungen machen zwar nur weniger als fünf Prozent der Gesamtbevölkerung aus, begehen aber mehr als siebzig Prozent der schweren Verbrechen. Das Gehirn ist nicht nur der Ausgangspunkt von Verbrechen, sondern auch der Ort, wo Verbrechen die schlimmsten Spuren hinterlassen. Es müssen noch nicht einmal spektakuläre Taten sein, auch die vielen alltäglichen Unterlassungen richten großen Schaden an. Das beginnt bereits vor der Geburt. Mütter, die während der Schwangerschaft nicht auf Nikotin, Alkohol und Drogen verzichten können, gefährden die gesunde Hirnentwicklung des Ungeborenen. In frühkindlichen Lebensphasen haben fehlende emotionale Zuwendung und Reizarmut nachhaltigen Einfluss auf die Entwicklung des Gehirns.

Der beste Weg, die Allgemeinheit vor Verbrechern zu schützen, ist es, dafür zu sorgen, dass es weniger Verbrecher gibt. Und das gelingt nicht nur mit dem Wegsperren. Die Antwort lautet schlicht: Vorbeugung und Aufklärung schon beim Heranwachsen unserer Kinder.

Ehrlich gesagt sehe ich mich in den Augen der Justiz als Querulant. Dies liegt aber auch daran, dass ich mir die Machenschaften, insbesondere diejenigen, die ich in der Ulmer Justizwelt erlebt habe, nicht gefallen lassen muss. Ich beschäftigte mich mit meinen Eingaben, Beschwerden und Widersprüchen über die schlechte medizinische Versorgung, abgelehnte Anträge, Gerichtsentscheidungen und selbst über justizpolitische Entwicklungen und beanspruchte damit ganze Abteilungen von Behörden. Ich schrieb allen möglichen Institutionen: dem Anstaltsleiter, dem Chef der Aufsichtsbehörde, dem Justizminister, den Vorsitzenden der einschlägigen Ausschüsse und Verbände, die in irgendeiner Weise mit dem Strafvollzug in Baden-Württemberg zu tun haben, an Abgeordnete im Landtag und später sogar an das Büro des Ministerpräsidenten in der Staatskanzlei. Ich bekam zwar ausnahmslos genauso freundliche wie abschlägige Antworten auf meine Eingaben, aber genau darum ging es mir. Der ganze Firlefanz, mit allem protokollarischen Trara, und genau das wollte ich erreichen. Meine Schreiben, insbesondere an die Anstaltsleitung, waren immer mit zusätzlicher Arbeit verbunden. Unnötige Arbeit möchte man im Beamtentum bekanntermaßen grundsätzlich vermeiden. Es gibt einen zynischen, aber treffenden Merksatz für Juristen, der bereits alles enthält, was man über so manche Beschwerden, insbesondere zur Dienstaufsichtsbeschwerde, wissen muss: „Sie ist formlos, fristlos und fruchtlos.“ Alles in allem war es für mich ein perfekter Zeitvertreib, insbesondere während der mehrfachen Corona-Lockdowns innerhalb der Justizvollzugsanstalt Ulm.

Ein Blick in die Welt des Drogenhandels

Nun möchte ich die Geschehnisse meines Haftraumnachbarn Dieter Fuchs wiedergeben. Dieter war bis zu seiner Inhaftierung als selbstständiger Handwerker im Baugewerbe tätig. Er stammt aus der Region Oberschwaben und ist 30 Jahre alt. Seiner Inhaftierung ging eine Verurteilung wegen bewaffneten Drogenhandels voraus. Dieter bestellte bereits vier Jahre vor seiner Verurteilung im Darknet ca. 1,8 Kilogramm Amphetamin im Wert von ca. 3.000 Euro. Bei dem Händler, von dem Dieter die Lieferung erhalten hatte, wurde nach intensiven Ermittlungen der Strafverfolgungsbehörden eine Durchsuchung durchgeführt. Der Händler hatte seine „Kundendaten" auf einer verschlüsselten Festplatte gespeichert, die zum Zeitpunkt der Durchsuchung entschlüsselt war. Dadurch konnten die Ermittler zahlreiche weitere Kunden der illegalen Geschäfte ausfindig machen und ein Ermittlungsverfahren auch gegen Dieter einleiten. Der vermeintliche Händler stellte den Ermittlern laut den vorliegenden Akten ca. 50 Adressen zur Verfügung. Ich verweise hierzu auf das Kapitel „Der 31er". Bei Dieter wurden folgende Substanzen sichergestellt: 21 Gramm Kokain, 40 Gramm Marihuana sowie 1,5 Gramm Amphetamin, die Dieter zu seinem Eigengebrauch zu Hause gelagert hatte. Ich möchte einige Informationen zu den Substanzen, die Dieter in Haft brachten, erläutern. Dies soll jedoch keine Aufforderung sein, diese illegalen Substanzen zu konsumieren!

Amphetamin: Die synthetische Droge Amphetamin gehört zur Gruppe der Stimulanzien, zu denen unter anderem auch Methamphetamin oder Kokain zählen. Illegal gehandeltes Amphetamin wird auch als „Speed" oder „Pep" bezeichnet.

Das weiße bis gelbliche Pulver ist in der Regel eine Mixtur aus verschiedenen psychoaktiven Wirkstoffen. Oft werden noch psychoaktive, nicht wirksame Verschnittstoffe beigemengt. Der Anteil an Amphetamin kann schwanken. Der Reinheitsgehalt liegt zwischen 10 und 80 Prozent, kann aber auch darunter oder darüber liegen. In beschlagnahmten Proben von Speed wurden neben Amphetamin unter anderem auch Anteile von Methamphetamin, Ephedrin, Koffein und Schmerzmitteln wie Paracetamol oder Acetylsalicylsäure (Aspirin®) festgestellt. Als Verschnittstoffe finden sich häufig Laktose (Milchzucker) und Glucose. Aufgrund der Illegalität ist die Zusammensetzung von auf dem „Schwarzmarkt" gehandeltem „Speed" jedoch immer ungewiss. Amphetamin wurde 1887 erstmals von dem Chemiker Edeleano synthetisiert. Man suchte damals nach einem Mittel gegen Asthma. Amphetamin wurde schließlich unter dem Markennamen „Benzedrin" auf den Markt gebracht und war so leicht zugänglich wie zum Beispiel Aspirin®. Auch das später synthetisierte, noch stärker wirkende Methamphetamin war als „Pervitin" frei erhältlich. Im Zweiten Weltkrieg wurden große Mengen von Amphetamin hergestellt und vorwiegend von Soldaten konsumiert, um länger wach zu bleiben. Erst als offensichtlich wurde, dass Amphetamine ein hohes Abhängigkeitspotential besitzen, wurden Verkauf und Verordnung von Amphetamin weltweit eingeschränkt. Heutzutage werden noch verschiedene chemische Abwandlungen (Derivate) von Amphetamin als Medikamente verschrieben, wie zum Beispiel Ritalin mit dem Wirkstoff Methylphenidat. Dieses Medikament wird zur Behandlung des Aufmerksamkeitsdefizit-Hyperaktivitätssyndroms (ADHS) und bei Narkolepsie eingesetzt. Der Konsum von Amphetaminen ohne medizinische Indikation ist jedoch illegal. Der Körper wird durch Amphetamin kurzfristig auf eine erhöhte Leistungsfähigkeit eingestellt. Diese Eigenschaft macht Amphetamine als Dopingmittel im Leistungssport so interessant. Konsumenten erleben oft ein gesteigertes Selbstvertrauen, überschätzen jedoch meist ihre Leistungsfähigkeit. Körperliche Wirkungen machen sich vor allem durch eine Erweiterung der Bronchien, den Anstieg der Pulsfrequenz, des Blutdrucks sowie der Körpertemperatur bemerkbar. Hunger- und Durstgefühle sowie Müdigkeit werden hingegen unterdrückt. Eine tragische Berühmtheit in diesem Zusammenhang erlangte der Radrennfahrer Tom Simpson, der während der Tour de France 1967 gestorben ist, nachdem er während des Anstiegs zum Mount Ventoux vor Erschöpfung zusammengebrochen war. Bei einer Obduktion nach seinem Tod fand man Amphetamine in seinem Blut. Aufgrund der hohen Belastung für das Herz-Kreislauf-System ist auch die Gefahr von Schlaganfällen und Herzinfarkten hoch. Amphetamine führen dem Körper jedoch keine Energie zu, sondern nutzen die Energiereserven des Körpers wie eine Peitsche auf ein müdes Pferd. Besonders riskant ist es, wenn Konsumenten „nachlegen", also die Dosis erhöhen. Dabei kann es zu Erregungszuständen kommen, angefangen von Zittern und extremer Nervosität bis hin zu Krampfanfällen. Amphetamine haben ein hohes Abhängigkeitspotential. Allerdings reagiert nicht jede Person gleich auf ihre Wirkung. Vor allem Personen, die das Gefühl haben, dass es ihnen an gesteigertem Selbstwertgefühl, erhöhter Leistungsfähigkeit und geistiger Klarheit mangelt, sprechen oft auf die Wirkung von Amphetaminen an. Hinzu kommt der Effekt der Toleranz, bei dem Konsumenten bei wiederholtem Konsum immer mehr Amphetamine zu sich nehmen müssen, da sie für die psychoaktiven Wirkungen zunehmend unempfindlicher werden. Besonders bei intravenösem Spritzen von Amphetaminen kann es zu extremen Dosissteigerungen kommen. Dabei kann sich eine psychische und körperliche Abhängigkeit entwickeln.

Kokain: Kokain wird aus den Blättern des Coca-Strauchs gewonnen. Die Blätter enthalten etwa 1 Prozent Kokain. Durch ein chemisches Verfahren wird daraus Kokainhydrochlorid gewonnen, das als weißes, kristallines Pulver bekannt ist. Die Bezeichnung „Kokain“ gibt es erst seit der chemischen Isolierung der Wirksubstanz in den 1950er Jahren. Der Konsum von Kokain reicht jedoch bis zur Zeit der Inkas zurück, wahrscheinlich sogar noch weiter. Die Inkas haben Coca-Blätter aus rituellen Gründen gekaut oder wie Weihrauch verbrannt. Beim Kauen der Blätter wird jedoch wesentlich weniger Kokain aufgenommen als beim Schnupfen des extrahierten Kokainhydrochlorids. Das Gehirn wird beim Spritzen und Rauchen von Kokain sehr schnell und stark mit stimulierenden Substanzen überflutet, weshalb Begriffe wie „Rush“, „Flash“ oder „Kick“ verwendet werden. Die Rauschwirkung setzt schnell ein und verschwindet bereits nach ungefähr zehn Minuten, da die euphorischen Effekte nur von kurzer Dauer sind. Beim Rauchen von Kokain in Form von z.B. Crack ist der Rausch ebenfalls kurz. Das Spritzen und Rauchen von Kokain gelten als besonders riskant, da die Gefahr eines erneuten Konsums und damit auch der Abhängigkeit relativ hoch ist. Eine der häufigsten Konsumformen ist das Schnupfen des pulverförmigen Kokainhydrochlorids. Die Wirkung setzt nach einigen Minuten ein und dauert ca. 20 bis 60 Minuten an.

Die aufputschende Wirkung des Kokains beruht auf der vermehrten Ausschüttung körpereigener Neurotransmitter wie Dopamin, Noradrenalin und Serotonin. Dadurch kommt es zu einer massiven Stimulation des zentralen Nervensystems. Die als positiv empfundenen Wirkungen sind gesteigerte Wachheit und eine euphorische, gehobene Stimmung. Die allgemeine Aktivierung steigert meist auch das Selbstwertgefühl und senkt – je nach Kontext – soziale und sexuelle Hemmungen. Auf der körperlichen Seite macht sich die Stimulation durch motorische Hyperaktivität sowie den Anstieg von Pulsfrequenz, Blutdruck, Körpertemperatur und Atemfrequenz bemerkbar. Der Körper wird insgesamt auf eine höhere Leistungsfähigkeit eingestellt, jedoch wird ihm keine zusätzliche Energie durch das Kokain zugeführt, sondern seine Kraftreserven werden genutzt. Die körperliche Belastung kann zu Übererregung führen, aus der sich zerebrale Krampfanfälle entwickeln können. Weitere mögliche Folgen sind Verwirrtheit, Bewusstseinsstörungen bis hin zum Koma, gesteigerte Aggressivität, paranoide Wahnvorstellungen und Halluzinationen, erhöhte Körpertemperatur, Herzklopfen, Bluthochdruck, Atem-Kreislauf-Versagen (Lähmung des Atemzentrums). Charakteristisch ist auch der phasenweise Verlauf des Rausches, bei dem nach dem Abklingen der Euphorie negative Effekte in den Vordergrund treten können. Diese können Ängstlichkeit, paranoide Stimmungen mit akustischen oder optischen Halluzinationen, Niedergeschlagenheit, Müdigkeit und Erschöpfung umfassen. Auch Angstzustände, Schuldgefühle, Selbstvorwürfe und Suizidgedanken sind möglich. Der Nachhall des Rausches kann die unangenehmen oder gefährlichen Effekte verstärken, und häufiger Konsum birgt die größte Gefahr der Entwicklung einer Abhängigkeit. Kokain hat ein hohes Abhängigkeitspotential, allerdings erzeugt es „nur" eine psychische Abhängigkeit, da es keine körperlichen Entzugssymptome verursacht. Es ist jedoch wichtig zu beachten, dass psychische Abhängigkeit keineswegs harmloser ist als körperliche Abhängigkeit. Jede Form der Abhängigkeit hat eine dominante psychische Komponente, die schwieriger zu behandeln ist als eine körperliche Abhängigkeit und oft Jahre dauert, um sie zu überwinden.

Cannabis: Die Cannabispflanze gehört zur botanischen Gattung der Hanfgewächse und enthält psychoaktive Wirkstoffe. Die stärkste Wirkungssubstanz ist Tetrahydrocannabinol (THC). Die Pflanze beherbergt mindestens 60 verschiedene Cannabinoide, von denen einige psychoaktive Eigenschaften haben. Es gibt eine weibliche und eine männliche Form der Pflanze, selten auch zwittrige Varianten. Nur die weibliche Form der Gattung „Cannabis Sativa" enthält genügend THC, um einen Rausch hervorzurufen. Cannabis ist eine der ältesten bekannten Nutz- und Heilpflanzen. In China wurde Hanf bereits im frühen 3. Jahrtausend v. Chr. angebaut und für die Herstellung von Kleidung und Seilen verwendet. Etwa seit 2000 v. Chr. wird es auch als Heilmittel genutzt. Als Rauschmittel etablierte sich Cannabis zunächst in Indien im Rahmen kultischer Handlungen. In Europa wurde die berauschende Wirkung von Cannabis erst im 19. Jahrhundert bekannt. Seit den 1970er Jahren hat sich Cannabis in Deutschland und vielen anderen westlichen Industrienationen zur am häufigsten konsumierten Rauschdroge entwickelt. Landwirte schätzen die Cannabispflanze aufgrund ihrer genügsamen Natur. Sie wächst auf unterschiedlichsten Böden in fast allen Regionen der Welt. Diese Eigenschaft machen sich auch illegale Drogenproduzenten zunutze. Traditionell sind die bedeutendsten Anbaugebiete in Afrika (Marokko, Südafrika, Nigeria, Ghana und Senegal), Amerika (USA, Kolumbien, Brasilien, Mexiko und Jamaika), im Mittleren und Nahen Osten (Türkei, Libanon, Afghanistan und Pakistan) sowie in Süd- und Südostasien (Thailand, Nepal, Indien und Kambodscha) zu finden. In Deutschland wird der Anbau von Cannabis in den letzten Jahren vermehrt in sogenannten Indoor-Anlagen betrieben. Dabei werden durch die Optimierung der Wachstumsbedingungen Cannabispflanzen herangezogen, die einen höheren Ernteertrag und THC-Gehalt aufweisen als bei traditionellem Freilandanbau.

Cannabis wird meist in Form von Marihuana (getrocknete Blüten und Blätter der Cannabispflanze) oder Haschisch (aus dem Harz der Blütenstände) konsumiert, seltener als Haschisch-Öl. Die gängigste Konsumform ist das Rauchen von Joints (umgangssprachlich „kiffen"). Dabei wird das zerbröselte Haschisch oder Marihuana größtenteils mit Tabak vermischt und zu einer Zigarette gedreht. Darüber hinaus werden Cannabisprodukte mit verschiedenen Arten von Pfeifen geraucht, die mitunter eine verstärkte Rauschwirkung zur Folge haben. Gelegentlich wird Cannabis in Tee aufgelöst und getrunken oder in Keksen („Spacecakes") gebacken und gegessen. Im Gegensatz zu Alkohol dauert der Abbau von THC im Körper deutlich länger als die Wirkung anhält. THC ist fettlöslich und lagert sich daher leicht in fettreichem Gewebe ab. In der Forschungsliteratur werden Halbwertzeiten von bis zu sieben Tagen genannt. Cannabinoide und ihre Stoffwechselprodukte (Metaboliten) können im Urin durchschnittlich etwa 30 Tage nachgewiesen werden, bei chronischen Konsumenten sogar deutlich länger.

Cannabis ist die am häufigsten konsumierte (noch) illegale Droge in Deutschland, insbesondere unter Jugendlichen und jungen Erwachsenen. Die meisten Konsumenten konsumieren es gelegentlich oder beenden den Konsum nach kurzer Zeit. Ein Teil der Konsumenten konsumiert jedoch über mehrere Jahre hinweg regelmäßig. Dabei stellt sich die Frage nach den Langzeitfolgen. Mit zunehmender Dauer und Intensität des Konsums kann die Hirnleistungsfähigkeit beeinträchtigt werden, was sich in schlechteren Lern- und Gedächtnisleistungen äußern kann. Personen, die mit dem Kiffen aufhören, erleben eine schnelle Verbesserung ihrer Hirnleistungen. Bei langfristigem Konsum kann eine psychische Abhängigkeit entstehen, bei der die Betroffenen das Gefühl haben, ohne Cannabis nicht mehr „funktionieren" zu können. Bei Personen, die langanhaltend Cannabis konsumiert haben, können auch Entzugserscheinungen auftreten, wenn der Konsum zeitweise eingestellt oder reduziert wird. Dies legt nahe, dass auch eine körperliche Komponente der Abhängigkeit entwickelt werden kann. Obwohl diese bei weitem nicht so stark ausgeprägt ist wie bei einer Alkohol- oder Heroinabhängigkeit, kann sie dennoch sehr unangenehm sein und dazu führen, dass der Konsum wieder aufgenommen wird. Studien zeigen, dass Personen, die Cannabis konsumieren, ein etwa doppelt so hohes Risiko haben, in Verkehrsunfälle verwickelt zu werden, verglichen mit nüchternen Fahrern. Insbesondere bei Unfällen mit Todesfolge war der THC-Gehalt im Blut der Betroffenen in der Regel höher als bei Unfällen mit nicht tödlichem Ausgang. Anders als beim Alkohol wurden für Cannabis im Straßenverkehrsgesetz noch keine Grenzwerte festgelegt. Grundsätzlich reicht jedoch jeder Nachweis von Cannabis oder anderen illegalen Drogen aus, um eine Ordnungswidrigkeit zu begründen (gemäß § 24a StVG). Das Problem besteht darin, dass THC noch Tage bis Wochen nach dem letzten Konsum im Blut und Urin nachweisbar ist. Ungeachtet dessen verfolgen die Führerscheinstellen alle gemeldeten Verdachtsfälle und ziehen den Führerschein in der Regel sofort ein. Die Rechtsprechung kann jedoch je nach Einzelfall unterschiedlich ausfallen, weshalb keine allgemeingültigen Aussagen zu den Folgen für Führerscheinbesitzer gemacht werden können. In diesem Zusammenhang hat das Bundesverfassungsgericht am 21.12.2004 ein wichtiges Urteil gefällt, wonach nicht jeder Nachweis ausreicht, um die Fahrtüchtigkeit anzuzweifeln.

So wie überall gibt es auch im Knast Drogen. Daran angeknüpft sind Abhängigkeitsverhältnisse, Schulden und Leute, die Schulden eintreiben. Was jedoch im Knast deutlich schwieriger zu organisieren ist als in Freiheit, ist sauberes Spritzbesteck. Deswegen stecken sich auch immer noch viele Menschen im Knast mit vermeidbaren Infektionskrankheiten wie HIV und Hepatitis C an. Hepatitis C ist eine Viruserkrankung, die vom Hepatitis-C-Virus erzeugt wird. Das Virus ist bei infizierten Menschen im Blut vorhanden und kann über direkten Blut-zu-Blut-Kontakt übertragen werden. Da das Hepatitis-C-Virus sehr infektiös und gleichzeitig sehr stabil ist, ist gerade beim Spritzen von Drogen eine Übertragung sehr leicht möglich. An der Luft kann das Virus bis zu vier Wochen überleben, bereits kleinste Virusmengen reichen für eine Ansteckung aus! Beim Geschlechtsverkehr wird Hepatitis C sehr selten übertragen. Eine Ausnahme ist, wenn

Menschen sowohl Hepatitis C als auch HIV haben. Hier wird das Virus häufiger übertragen. Umso häufiger ist jedoch eine Übertragung durch das Spritzen von Drogen. Die Hepatitis-B-Infektion wird durch das Hepatitis-B-Virus übertragen. Dieses Virus ist leicht übertragbar und hochinfektiös. Das Virus findet sich etwa im Blut, in Körperflüssigkeiten wie Sperma und Vaginalsekret, aber auch im Speichel. Das Virus wird leicht übertragen, etwa beim ungeschützten Geschlechtsverkehr oder wenn man Spritzbesteck benutzt, das schon von anderen benutzt wurde. Etwa 90 Prozent der Hepatitis-B-Infektionen heilen von selbst aus. Wenn die Infektion allerdings nicht von selbst ausheilt, ist sie sehr schwer zu behandeln, bleibt oft lebenslang im Körper und verursacht nach Jahren schwere Schäden an der Leber. Bei allen Menschen, bei denen eine Hepatitis-B-Infektion ausgeheilt ist, besteht lebenslange Immunität. Gegen Hepatitis B gibt es eine sehr wirksame Impfung. Spätestens nach zehn Jahren sollte der Impfstatus kontrolliert werden, um festzustellen, ob eine Auffrischung notwendig ist. HIV ist ebenfalls eine Viruserkrankung. Eine unbehandelte Infektion mit dem HI-Virus kann zur tödlichen Krankheit AIDS führen. Bei infizierten Menschen können HI-Viren im Blut, im Sperma sowie im Vaginalsekret vorhanden sein. Die Übertragung ist sowohl beim ungeschützten Geschlechtsverkehr als auch durch das Benutzen von gebrauchten Nadeln und Spritzen beim Konsumieren von Drogen möglich. Alle Maßnahmen, die gegen eine Infektion mit Hepatitis C schützen, helfen auch gegen eine Ansteckung mit HIV beim Drogenkonsum zu vermeiden! Um eine Übertragung beim Geschlechtsverkehr zu verhindern, schützen Kondome sehr zuverlässig. Auch eine konsequente Behandlung der HIV-Infektion ist wichtig, da bei Menschen mit HIV, die sich in Behandlung befinden, die sogenannte „Viruslast“ stark reduziert ist. Zwar gelingt es bis heute noch nicht, das Virus ganz aus dem Körper zu verdrängen, die Medikamente sind aber so wirksam, dass unter Behandlung das Virus häufig nicht mehr im Blut nachgewiesen werden kann. Auch in Deutschland sind sehr viele Menschen mit HIV infiziert, wissen aber nichts von ihrer Infektion. Dabei ist eine HIV-Infektion heutzutage gut behandelbar, vor allem wenn sie rechtzeitig erkannt wird. Da relativ viele Gefangene mit einer Suchtproblematik in Haft kommen, haben viele Justizvollzugsanstalten gar nicht die Kapazitäten, einem Inhaftierten wegen seiner Drogensucht eine Sonderbehandlung zu verpassen. Sollte es jedoch Kapazitäten geben, wird versucht, durch regelmäßige unangekündigte sogenannte UKs (Urinkontrollen) eine Abstinenz zu überprüfen. Hinzu kommen Auflagen, sich mit der Suchtberatung bzw. dem psychologischen Dienst zu regelmäßigen Gesprächen zu treffen. Wird man jedoch mit Drogen erwischt, wird man selbstverständlich dafür bestraft. Die Bandbreite reicht von Disziplinarmaßnahmen bis zu neuen Strafverfahren, wobei es hier einen großen Unterschied macht, ob die Vollzugsbehörde glaubt, dass man dealt oder ob man „nur“ konsumiert. Zu Disziplinarmaßnahmen im Knast zählen u. a. Zelleneinschluss für ein paar Tage bis hin zu zwei Wochen, Entzug von Fernseher o. Ä. Bei Dealern kann aber auch eine Verlegung in eine andere Anstalt infrage kommen. In Haft gilt keine Eigenbedarfsgrenze – alles, jeder Krümel, wird angezeigt und ein Verfahren eröffnet. Die Verfahren enden oft mit Geldstrafen, die dann, da man sie meist als Inhaftierter nicht bezahlen kann, auf die Haftstrafe raufgepackt werden. Mit Drogen erwischt zu werden, wirkt sich dann auch nach Jahren noch aus, wenn man z. B. Vollzugslockerungen beantragen möchte. Auch der offene Vollzug hat sich dann erledigt, man wird in den geschlossenen Vollzug verlegt. Natürlich gibt es auch im Knast die Substitution. Die Situation für eine Substitution ist jedoch je nach Bundesland unterschiedlich. Im Allgemeinen gilt aber: Wenn man in Freiheit stabil substituiert war und ggf. eine saubere UK hat, hat man gute Chancen, auch im Knast dauerhaft substituiert zu werden. Im baden-württembergischen Justizvollzug ist die Substitution seit 2002 in einer Verwaltungsvorschrift geregelt. Dabei wurden so weit wie möglich die draußen für gesetzlich Krankenversicherte geltenden Regelungen übernommen. Anerkannte Indikationen für eine Substitution sind die Stabilisierung des Gesundheitszustands bei bestehender Drogenabhängigkeit, die Unterstützung der Behandlung einer zusätzlich schweren Erkrankung z. B. HIV, chronische Hepatitis B oder C bei bestehender Drogenabhängigkeit und die Verringerung der Risiken einer Opiatabhängigkeit während der Schwangerschaft und nach der Geburt. In den letzten Jahren ist das Behandlungsangebot erweitert worden; die Substitution wird in allen Haftanstalten des Bundeslandes angeboten. Wer bereits vor Haftantritt substituiert wurde oder erst während der Haft eine Indikation erhält, kann im Justizvollzug Ersatzmittel erhalten. Ihr Einsatz ist ebenso beim medikamentengestützten Entzug möglich, als Maßnahme zur Vorbereitung der Entlassung oder bei substituierten Gefangenen auf Transport. Die Substitution ist zeitlich nicht begrenzt. Eingesetzt werden können Methadon, Polamidon und Buprenorphin. Welches Mittel gewählt wird, entscheidet der Anstaltsarzt. Besonders nachteilig für Gefangene und immer noch vor allem von irrationalen Vorurteilen durch Behörden und Knastpersonal geprägt ist die Substitutionssituation in Bayern. Man steht der Methadonsubstitution sehr kritisch gegenüber. Die Substitution wird in Bayern nicht als „Programm“ oder „Therapie“ angeboten, sondern in Einzelfällen auf Anordnung des Anstaltsarztes durchgeführt. Zur Vorbereitung auf die Entlassung wird nicht substituiert. Ist eine Substitution indiziert, aber vor Ort nicht – oder in einer anderen Justizvollzugsanstalt besser – durchführbar, erfolgt eine Verlegung. Wer nach Haftantritt weiter substituiert wird, erhält das gleiche Medikament wie vor der Haft. Aber nun zurück zu Dieters Fall. Zufälligerweise entdeckte Dieter, der ein leidenschaftlicher Angler ist, vier Tage vor der Durchsuchung sein über zwanzig Jahre altes legal erworbenes Messer im Keller seiner Eltern wieder und nahm dieses mit zu sich nach Hause. – Ein großer Fehler, wie sich im Laufe des Verfahrens noch herausstellt. Laut einem späteren Gutachten ist Dieter ein abenteuerhungriger junger Mann. Er sei nicht abgemagert, nicht eingeschränkt, sodass eine Beeinträchtigung der Gesundheit, Arbeits- und Leistungsfähigkeit zu keinem Zeitpunkt festzustellen sei. Nach der Durchsuchung habe Dieter den Konsum insgesamt – nach seinen Angaben – problemlos eingestellt. All dies zeige, dass es sich bei Dieter um einen sehr kontrollierten Gelegenheits- und Genusskonsumenten handle. Bei der durchgeführten Blutentnahme zum Zeitpunkt der Durchsuchung war der Wert des Kokainabbauprodukts nur noch knapp über dem Ahndungsgrenzwert in Dieters Blut festzustellen. Durch die Ermittlungsbehörde erging ein Hinweis an die Führerscheinstelle im zuständigen Landratsamt, die den Entzug von Dieters Fahrerlaubnis anordnete und umgehend vollstreckte, obwohl

Dieter nie unter Einfluss von Drogen oder Alkohol im Straßenverkehr auffällig geworden war. Dieter ist insbesondere zur Ausübung seiner beruflichen Tätigkeit auf den Führerschein angewiesen. Zeitnah nach Beginn der Ermittlungen und dem Entzug der Fahrerlaubnis begann Dieter damit, Abstinenznachweise auf eigene Kosten über einen Zeitraum von einem Jahr zu erlangen. Nach diesem Jahr wollte sich Dieter zur MPU (Medizinisch-psychologischen Untersuchung) anmelden, dies wurde ihm jedoch untersagt mit der Begründung, dass während eines strafrechtlichen Ermittlungsverfahrens keine MPU möglich ist. Knapp zwei Jahre nach der Durchsuchung und dem existenzbedrohlichen Einzug der Fahrerlaubnis kam es zur Gerichtsverhandlung. An zwei Verhandlungstagen wurde an einem Landgericht vor dem Schöffengericht die Strafsache gegen Dieter verhandelt. Das Gericht kam aufgrund der vorgetragenen Ermittlungsergebnisse zum Entschluss, Dieter wegen bewaffneten gewerbsmäßigen Handels mit Betäubungsmitteln zu einer Gesamtfreiheitsstrafe von drei Jahren und neun Monaten zu verurteilen. Des Weiteren ordnete das Gericht den Einzug von Taterträgen in Höhe von 20.000 Euro an. Die Höhe der Gesamtfreiheitsstrafe war maßgeblich aufgrund des bei der Durchsuchung gefundenen Messers zurückzuführen. Denn die Feststellung, dass das Messer seitens Dieter zur Verletzung von Menschen bestimmt war, lag nach Auffassung des Gerichts auf der Hand. Bei dem Messer handelt es sich um eine sogenannte gekorene Waffe i. S. v. § 1 Abs. 2 Nr. 2b WaffG (BGH, Urteil vom 08.12.2016 – 4 StR 246/16 – m. w. N.; BGH, Beschluss vom 5. April 2016 – Az.: 1 StR 38/16, juris). Dieter habe ich als ruhigen, freundlichen, hilfsbereiten Menschen kennengelernt, der ganz und gar nicht zu Gewalttaten bereit zu sein scheint. Zunächst war Dieter Mitbewohner in Günters Haftraum und bewohnte später dann einen Einzelhaftraum direkt neben mir. Dieter führte ein bisher straffreies Leben. Zum Vergleich liegt mir ein Urteil eines anderen Strafgefangenen vor, der wegen gewerbsmäßigen Handels mit Betäubungsmitteln zu einer Freiheitsstrafe von drei Jahren verurteilt wurde. Bei diesem Strafgefangenen wurde eine Menge von 4,5 Kilogramm Amphetamin und 50 Gramm Kokain sichergestellt, was der fast dreifachen Menge an unerlaubten Substanzen im Vergleich zu Dieter entspricht. Bei seiner ersten Vollzugsplankonferenz nach der üblichen Beobachtungszeit für Selbststeller erhielt Dieter eine weitere Wiedervorlage nach drei Monaten. Als Auflagen wurden ihm Gespräche bei der externen Suchtberatung sowie regelmäßige unangekündigte Urinkontrollen durch Bedienstete des Krankenreviers angeordnet. Bei seiner folgenden Vollzugsplankonferenz wurden Dieter vollzugsöffnende Maßnahmen in Form von Regelausgängen und Freistellung aus der Haft mündlich zugesagt, da Dieter aufgrund der Straftat und Höhe der Freiheitsstrafe noch ein Zuständigkeitsfall des Ministeriums der Justiz und Migration Baden-Württemberg war. Sein Vollzugsplan wurde laut Angaben der Anstaltsleitung zur Vorlage an das Ministerium gesendet, eine endgültige Zustimmung könne, so der Sozialdienst der Justizvollzugsanstalt Ulm, bis zu drei Monaten andauern. Sechs Monate später und nach Ablauf der Zustimmungszeit wartet Dieter noch immer auf seinen Vollzugsplan und die lang ersehnten vollzugsöffnenden Maßnahmen. Ein klassisches Beispiel dafür, dass nun wiederum niemand den Fehler gemacht hat. Die Anstaltsleitung verweist auf das Ministerium der Justiz und Migration Baden-

Württemberg, dieses wiederum gibt keine Stellungnahme ab und ist nicht einmal für Dieters Rechtsanwalt erreichbar. Dieter möchte auch seine Fahrerlaubnis nachdem nun mehr als drei Jahre nachgewiesene Abstinenz vorliegen, zurückerlangen. Beim zuständigen Landratsamt wies man ihn telefonisch darauf hin, dass seine letzten Abstinenznachweise nicht älter als drei Monate sein dürfen. Die Abstinenzzeit, während er sich in Haft befindet, aufgrund eines „sicheren Ortes" wie dem Gefängnis, wird nicht berücksichtigt. Erneut muss Dieter ein weiteres Jahr Abstinenz nachweisen, um an der MPU teilnehmen zu können. Dieser Zeitpunkt ist frühestmöglich nach einem Wechsel in ein Freigängerheim möglich und akzeptabel, so die Führerscheinstelle. Summa summarum ist Dieter dann über vier Jahre abstinent und führerscheinlos. Nach meiner Ansicht ist in diesem Fall erneut ein massiver Fehler in unserem Rechtssystem vorhanden. Sicherlich darf man einen Konsum nicht verharmlosen, dennoch darf man nicht alle Konsumenten über denselben Kamm scheren. Insbesondere lernte ich Dieter als Typ Mensch kennen, der aus seinen Fehlern gelernt hat und umgehend nach der Durchsuchung mit der Abstinenz begonnen hat. Zudem hatte er sich zum Zeitpunkt der Verurteilung eine aussichtsreiche Selbstständigkeit aufgebaut, und dies trotz des Führerscheinentzugs, was das ganze Vorhaben maßgeblich erschwerte. In seiner Verhandlung wies Dieter das Gericht auch auf diese heikle Situation hin, jedoch ohne davon zu profitieren. Bei Dieters Fall wäre es interessant zu wissen, wo denn der Fehler innerhalb der Justizvollzugsanstalt Ulm oder dem Ministerium der Justiz und Migration Baden-Württemberg liegt, der solch ein Durcheinander verursacht hat. Etwa eine Woche nachdem ich zusammen mit Dieter gesprochen hatte, bekam er urplötzlich seinen Vollzugsplan mit genehmigten, lang ersehnten vollzugsöffnenden Maßnahmen ausgehändigt. Ich selbst musste schon in verschiedenen Situationen erfahren, dass sich hierbei jede beteiligte Stelle nur den „Buhmann“ zuspielt und niemand zu einem mutmaßlich begangenen Fehler steht. Ein anderer Mithäftling wurde nach seiner Bewerbung auf einen Arbeitsplatz für die Zeit nach der Entlassung zu einem Vorstellungsgespräch eingeladen. Alles war geplant und auch genehmigt. Als er gerade in den Zug am Ulmer Hauptbahnhof einstieg, klingelte sein Handy. Es war die Torwache der Justizvollzugsanstalt Ulm, die ihm mitteilte, dass das Vorstellungsgespräch nicht stattfindet und verschoben wird. Er solle zurück zur Anstalt kommen. Nach seiner Rückkehr stellte sich heraus, dass bereits einen Tag zuvor ein Anruf der Firma beim Sozialdienst der Anstalt eingegangen war und den Termin aufgrund eines Trauerfalls abgesagt hatte. Es war niemand in der Lage, meinem Mithäftling diese Information weiterzugeben. Erst als er schon auf dem Weg zum Termin war, sickerte diese Information durch. Ich stelle mir die Frage, ist es pure Absicht oder einfach nur die Unlust und Faulheit einiger Bediensteter, eine solch wichtige Information weiterzuleiten?

Mein Fazit zu diesem Kapitel lautet: Der unqualifizierte, anstaltstreue, personell unterbesetzte und zudem in jeder Hinsicht überforderte Sozial- und psychologische Dienst in der Justizvollzugsanstalt Ulm beschäftigt sich mehr damit, die Inhaftierten zu verwalten, als sie dabei zu unterstützen, sich wieder in die Gesellschaft einzugliedern. Versucht man selbstständig ohne Hilfe des Sozialdienstes oder von Bediensteten weiterzukommen, so fühlen sich die „Fachdienste" regelrecht hintergangen und drohen damit, manche Schritte wie z. B. eine Verlegung in das Freigängerheim vorsätzlich zu verzögern! Alles, was man sich eigenständig für seine (Re-)Sozialisierung erarbeitet, wird vonseiten der Justizvollzugsanstalt Ulm schlecht gedeutet. Leider macht es den Eindruck, dass manche Beteiligten nicht begriffen haben, dass jeder Inhaftierte bereits für seine Tat verurteilt wurde. Und es ist nicht die Aufgabe der Justizvollzugsanstalt, ein Urteil auszusprechen. Auch die Nachfolgerin der stellvertretenden Anstaltsleiterin, Frau W., war auf solch einem Trip. Sie war zuvor als Richterin an einem Gericht tätig gewesen. Auf sämtlichen von ihrem erlassenen Schreiben und Verfügungen war dies unübersehbar unter ihrer Unterschrift zu lesen. Auch in der Art und Weise ihrer Begründungen erkennt man, dass sie sich bei ihren Entscheidungen wie eine Richterin verhält. Es ist genau zu erkennen, wie sie zu ihren Entscheidungen kommt, sozusagen wie in einem Gerichtsverfahren. Sie darf sich allemal als Richterin bezeichnen, sollte jedoch in ihrer Position als stellvertretende Anstaltsleitung so nicht agieren. Dieses Vorgehen wurde ihr auch durch diverse von der Strafvollstreckungskammer am Landgericht Ulm getroffene gerichtliche Entscheidungen gegen ihre Entscheidungen vorgehalten. Ich erinnere nochmals an das Ziel einer Freiheitsstrafe und an die Funktion der Justizvollzugsanstalt im Vollzug – nämlich die (Re-)Sozialisierung in ein künftiges straffreies Leben. Und eben nicht die Verurteilung eines bereits Verurteilten! Unter den Inhaftierten in der Justizvollzugsanstalt Ulm verfügen etwa mehr als zwei Drittel der Inhaftierten weder über einen Berufsabschluss noch hatten sie einen soliden beruflichen Status vor der Inhaftierung. Viele der Inhaftierten waren zuvor noch nie oder kaum berufs- oder erwerbstätig, ein Großteil der Inhaftierten galt zuvor als arbeitslos oder sogar langzeitarbeitslos. Ein sozialer Empfangsraum ist bei etwa der Hälfte nicht vorhanden. Eine soziale Identifikation existiert nur sehr selten tatsächlich. Andere Inhaftierte sind unverhältnismäßig überschuldet und haben kaum Aussichten, aus dem Teufelskreis aus eigenen Kräften herauszukommen. Wenn ein Inhaftierter, der sich beispielsweise um eine Berufsausbildung bemüht, daran jedoch gehindert wird, da der Inhaftierte anscheinend noch keine vollzugsöffnenden Maßnahmen erhalten hat und daher nicht den erforderlichen schulischen Teil einer Berufsausbildung leisten kann, da ihm durch gewisse Reglementierungen kein Ausgang zur Berufsschule gewährt werden konnte, ihm jedoch weiterhin vollzugslockernde Maßnahmen vorenthalten werden und ihm der für eine Ausbildungsstelle verpflichtende Besuch einer Berufsschule verwehrt wird, dann ist es höchste Zeit, sich die Frage zu stellen, wo der Fehler im System nun wirklich liegt. Südlich von Oslo (Norwegen) liegt in einer idyllischen, malerischen Lage die Insel Bastøy. Man kann Bastøy als Knastinsel bezeichnen, doch dieser Name führt in die Irre. Auf Bastøy gibt es keine Mauer, keinen Stacheldraht und keine Vollzugsbeamten mit klapperndem Schlüsselbund. Auf dieser Insel sind etwa 100 Inhaftierte untergebracht. Sie leben in Rot gestrichenen Bungalows mit Blick in die Natur, fast wie im Urlaub. Wohngemeinschaften aus Mördern, Totschlägern, Betrügern und Drogendealern. Straftäter, die nach Bastøy dürfen, haben einen Großteil ihrer Strafe bereits im geschlossenen Vollzug abgesessen und haben sich im offenen Vollzug bereits bewährt. Sie bauen Gemüse im Garten an, führen handwerkliche Tätigkeiten aus und bewegen sich ansonsten frei auf der

Insel, die knapp 75 Kilometer von der norwegischen Küste entfernt liegt. Auch einem Mörder wurde gestattet, Bäume mittels einer Motorsäge zu fällen, obwohl er sein Opfer mit einer solchen zerteilt hatte. Die Bewohner von Bastøy dürfen bloß eines nicht: die Insel verlassen. Bisher ist nur ein Fluchtversuch bekannt, bei dem ein Häftling mit einem kleinen Boot entkommen wollte. Nach ein paar Kilometern kenterte das Boot jedoch, er trieb hilflos in der See und konnte gerade noch gerettet werden. Was sich anhört wie eine Mischung aus Science-Fiction und naiver, utopischer Idylle, ist in Norwegen bisher ziemlich erfolgreich. Auf Bastøy können die Gefangenen viel besser als im Knast lernen, ihr eigenes Leben zu organisieren und sich eigenverantwortlich zu bewegen. Ihnen wird das Positive eines gesetzestreuen Verhaltens vor Augen geführt. Ziel ist es, den Straftätern auf bestärkende und wertschätzende Weise an das Leben in der Gesellschaft heranzuführen. Selbstverständlich steht im Hintergrund immer die Drohung, bei Regelverstößen wieder zurück in den geschlossenen Vollzug verlegt zu werden. Die Rückfallquote für Straftäter, die in Bastøy gewesen sind, liegt bei sensationellen 16 Prozent. Zudem ist diese Lösung des Strafvollzugs für den Staat sehr kostengünstig. Die Gefangenen werden nur von durchschnittlich vier Beamten bewacht. Aufwendige Sicherheitssysteme, Schließanlagen, installierte Kameras, Stacheldraht und dicke Betonmauern – all das kann man sich auf Bastøy sparen, ohne Abstriche an der Sicherheit zu machen. Der Direktor von Bastøy sagte in einem Interview: „Warum bestrafen, wenn man den Menschen auch Menschlichkeit nahebringen kann?“ Siehe da, auch so kann (Re-)Sozialisierung zur heutigen Zeit in Europa aussehen.

Für Außenstehende ist es keineswegs nachvollziehbar, was hinter den Mauern deutscher Gefängnisse vor sich geht. Selbst in meinem eigenen Umfeld habe ich zu Beginn meiner Haftzeit immer öfter gehört: „Die Justiz macht keine Fehler, insbesondere nicht im Strafvollzug.“ Ich erinnere mich noch sehr gut an einen Satz meiner Großmutter während eines unserer Telefongespräche: „Daniel, du musst machen, was sie von dir wollen.“ Angesichts der Ereignisse, die ich im Gefängnis erlebt habe, bezeichne ich es insbesondere als einen „Staat im Staat“. In diesem Kapitel nenne ich die beteiligten Personen beim richtigen Namen, da es grundsätzlich zulässig ist, identifizierbare Personen in Berichten darzustellen, wenn ein erhebliches Informationsinteresse der Öffentlichkeit besteht (vgl. Urteil des Landgerichts Düsseldorf vom 03.06.2015, Az.: 12 O 137/15 zur Namensnennung in Artikeln). Da es sich im folgenden Kapitel um dokumentierte Fakten handelt, hat das Interesse der Öffentlichkeit Vorrang vor den Interessen des Einzelnen. Nur so können meine Leser einen Bezug herstellen und die Informationen verstehen, die für den umfassenden Beweis erforderlich sind.

Ende 2021 trat der langjährige Anstaltsleiter der Justizvollzugsanstalt Ulm, Ltd. Regierungsdirektor Ulrich Schiefelbein, in den Ruhestand. Bereits von 1991 bis 1997 war er als stellvertretender Anstaltsleiter in der Justizvollzugsanstalt Ulm tätig, bevor er das Amt des Anstaltsleiters übernahm. In seiner Antrittsrede äußerte er folgenden Satz: „Es genügt, eine Arbeit und eine sinnvolle Freizeitbeschäftigung, um einen menschenwürdigen Vollzug zu gewährleisten“ (vgl.

Südwestpresse 03/1999). Unter Schiefelbeins Leitung wurden viele Vorkommnisse unter den Teppich gekehrt, und dieses Handeln wurde stets durch ablehnende Gerichtsbeschlüsse der Strafvollstreckungskammer am Landgericht Ulm sowie des Ministeriums der Justiz und Migration Baden-Württemberg unterstützt. Dies erlebte ich selbst, als ich eine Disziplinarbeschwerde gegen einen Bediensteten einreichte, der bei einer Kontrolle meines Haftraums rechtswidrig meinen Ordner mit unter anderem Rechtsanwaltspost und medizinischen Befunden entfernte, um in seinem Büro nach einem fehlenden Antrag in meiner Gefangenenakte zu suchen. Sowohl der Anstaltsleiter Schiefelbein als auch das Ministerium der Justiz und Migration Baden-Württemberg stellten trotz späterer Feststellung des Landgerichts Ulm, dass hierbei massive Grundrechtseingriffe erfolgten, dieses Vorgehen als korrekt dar. Vielleicht hatte ich in diesem Fall auch das Glück, dass diese gerichtliche Entscheidung nicht auf dem Schreibtisch des Richters am Landgericht Ulm, Spengler, gelandet ist. Es ist festzustellen, dass die meisten Entscheidungen und die darauf basierenden Gerichtsbeschlüsse, die von Richter Spengler gefällt wurden, überwiegend negativ waren. Nur wenige Entscheidungen haben die Courage, eine eigene Meinung zu bilden und ein eigenes Bild von den Gegebenheiten zu machen. Leider ist es keine Seltenheit und wirft große Skepsis hinsichtlich der Rechtsstaatlichkeit unserer Justiz auf. Wer über ausreichend Vermögen verfügt, gewinnt das zweifelhafte Spiel mit den Paragrafen.

Ein weiteres Beispiel betrifft die damalige stellvertretende Anstaltsleiterin Eckert, die als Staatsanwältin in die Justizvollzugsanstalt Ulm kam und nach etwa einem Jahr als

Richterin ans Landgericht Ulm wechselte. Seitdem urteilt Eckert unter anderem in der Strafvollstreckungskammer. Eckert ist als Richterin in der Strafvollstreckungskammer am Landgericht Ulm für Entscheidungen über Inhaftierte zuständig, die sie teilweise als stellvertretende Anstaltsleiterin bereits im Vollzug bewertet und sanktioniert hatte. Meiner Meinung nach sollte so etwas nicht vorkommen! Ein gutes Beispiel dafür ist die Beschwerde und der Antrag auf Befangenheit gegen Eckert, die von einem Strafverteidiger eines meiner Mithäftlinge gestellt wurden. Der Antrag des Rechtsanwalts wurde von Richter Spengler als unbegründet abgewiesen. Hierzu passt das Sprichwort: „Eine Krähe hackt der anderen kein Auge aus!"

Wenn man die Personalsituation in der Justizvollzugsanstalt Ulm betrachtet, fällt auf, dass dort einige ältere Bedienstete tätig sind, die bereits über 25-30 Jahre Tag für Tag in diesem Gefängnis arbeiten. Es macht den Eindruck, dass sie nach so langer Zeit „betriebsblind" geworden sind, besonders in bedeutenden Führungspositionen. Meiner Ansicht nach sollten solche Positionen, in denen auch ein hohes Maß an Empathie erforderlich ist, alle fünf bis zehn Jahre durch einen Personalwechsel besetzt werden. Idealerweise sollten Bedienstete aus anderen Justizvollzugsanstalten oder geeigneten staatlichen Einrichtungen diese wünschenswerte Rotation übernehmen. Leider scheint das Motto „Never change a running system!" auch hier zu gelten. In der Luftfahrt besteht beispielsweise selten eine Cockpitbesatzung (Pilot/Copilot) aus derselben Crew bei großen Fluggesellschaften. Dies soll verhindern, dass sich der eine auf den anderen verlässt und mögliche Fehler, die schwerwiegende Folgen haben können, aufgrund eingespielter Routine passieren. Während meiner Recherchen über die Ulmer Justiz stieß ich auf den Verein „Bewährungs- und Straffälligenhilfe Ulm e.V.“. Ich stellte fest, dass der Vorstand des Vereins 07/2023 ausfolgenden Funktionsträgern besteht:

- Vorsitzender: Stefan Adamski, Oberstaatsanwalt, Staatsanwaltschaft Ulm
- Stellvertretender Vorsitzender: Werner Doster, Oberstaatsanwalt, Staatsanwaltschaft Ulm
- Stellvertretender Vorsitzender: Christof Lehr, Leitender Oberstaatsanwalt, Staatsanwaltschaft Ulm
- Uwe Gossner, Geschäftsführer, Bewährungs- und Straffälligenhilfe Ulm e. V.
- Uwe Lehr, Leitender Oberstaatsanwalt, Staatsanwaltschaft Ulm
- Alexander Spengler, Richter, Landgericht Ulm
- Jürgen Rechenberger, Rechtsanwalt, Geislingen/Ulm
- Manuela Beck, Soziale Verhaltenswissenschaftlerin, Bewährungs- und Straffälligenhilfe Ulm e.V.
- Jennifer Rietschler, Leiterin der Justizvollzugsanstalt Ulm

Neben der klassischen Beratungsstelle für Straffällige und ihre Angehörigen ist der Verein seit 1981 auch die Anlaufstelle für teilstationäre Betreuung in den Wohneinrichtungen in Ulm und Göppingen. Des Weiteren bietet der Verein ambulante Betreuung im Individualwohnraum in Ulm und Umgebung an. Generell betreut der Verein Inhaftierte aus den Gefängnissen Ulm, Ravensburg, Heimsheim und Schwäbisch Hall. Der Verein bietet eine teilstationäre Betreuung in den Wohneinrichtungen in Ulm mit zehn Plätzen sowie in Göppingen mit sechs Plätzen an. Darüber hinaus unterstützt der Verein die soziale Arbeit im Ulmer Gefängnis und der Bewährungs- und Gerichtshilfe Baden-Württemberg finanziell. Die Bewältigung von Notlagen bei Straffälligen und Bewährungshelfern gehört ebenfalls zu den Aufgaben des Vereins. Zudem stehen in Ulm sieben Plätze für die Betreuung im Individualwohnraum zur Verfügung. Innerhalb des Ulmer Gefängnisses werden Inhaftierte, insbesondere im Rahmen des Nachsorgeprojekts „Chance" nach der Entlassung, von Sozialarbeitern des Vereins betreut. Der Verein bietet auch Schuldnerberatung, das Eltern-Kind-Projekt, Antigewalttraining und gewalttherapeutische Einzelberatung im Gefängnis an. Jugendliche und Heranwachsende können durch gemeinnützige Arbeit Geld für die Wiedergutmachung von Schäden verdienen – „Opferfonds". Durch ehrenamtliche Mitglieder des Vereins wird auch die Begleitung von Zeugen zu Gerichtsterminen angeboten. Bei der Beantragung einer Strafaussetzung zur Bewährung nach Verbüßung von mindestens der Hälfte oder zwei Dritteln der Haftstrafe ist ein fester Wohnsitz zwingend erforderlich und bei der Strafvollstreckungskammer am Landgericht vorzulegen. Es scheint jedoch, dass insbesondere Inhaftierte, die kein soziales Umfeld oder keinen festen Wohnsitz haben, gezielt an die genannten Einrichtungen innerhalb des Vereins vermittelt werden. Mit anderen Worten ist dieser Verein definitiv eine lobenswerte, anerkennenswerte und auch notwendige Einrichtung. Dennoch gibt es gewisse Unstimmigkeiten in Bezug auf Vorstandschaft und das „Spinnennetz" der Ulmer Justizbehörden.

In meinem ersten Buch schreibe ich über den Getränkeautomaten in der Kantine der Bediensteten, der unter anderem mit Bier gefüllt ist. Schiefelbeins damalige Stellungnahme, nachdem ich den Landtag von Baden-Württemberg über diese Situation informiert hatte, lautete: „Der Automat enthält das genannte Bier, aber er steht in der Kantine unter Verschluss. Die Bediensteten können sich nach getaner Arbeit ein Bier herauslassen und auch trinken.“ Rückblickend musste ich über diese unprofessionelle Aussage nur lachen. Jeder im Dienst befindliche Bedienstete trägt einen Zentralschlüssel, der auch zur Kantine passt. Mein erstes Buch hat, wie ich meine, Wirkung gezeigt. Nachdem die neue Anstaltsleiterin ihr Amt angetreten hatte, wurden auf ihre Anweisung hin alle alkoholischen Getränke aus der Kantine entfernt. Diese Aussage beruht zum einen auf den Angaben eines Mitgefangenen, der beim Verladen der Getränke in ein Fahrzeug geholfen hat, und unabhängig davon auf den persönlichen Äußerungen eines Getränkelieferanten. Nachdem die neue Anstaltsleiterin im Amt war, konnte man immer mehr die Unzufriedenheit der Bediensteten spüren. Auch im Freigängerheim wurde die schlechte Stimmung der Bediensteten deutlich und wie sie mitunter unzufrieden waren mit willkürlichen und unüberlegten Entscheidungen der Anstaltsleiterin.

Während meiner Haftzeit habe ich mich intensiv mit dem deutschen Rechtssystem beschäftigt, insbesondere mit dem Strafrecht, der Strafprozessordnung und den Strafvollzugsgesetzen von Baden-Württemberg und des Bundes. Immer wieder kamen Insassen auf mich zu, um von meinem erworbenen Wissen zu profitieren. Insassen, die sprachliche Probleme hatten, half ich unentgeltlich bei verschiedenen Anträgen und verfasste entsprechende Schreiben für sie. Mein Tun war auch den Bediensteten bekannt, daher wurde ich eines Vormittags in das Büro der Gruppenleiter geschickt. „Spriti“ wies mich in strengem Ton darauf hin, dass meine Tätigkeit einer untersagten Rechtsberatung gleichkommt. Da ich mich bereits ausführlich mit den Gesetzen und den „Gesetzen“ innerhalb des Gefängnisses beschäftigt hatte, war mir klar, dass dies keine Rechtsberatung ist. Um weiteren endlosen und sinnlosen Diskussionen zu diesem Thema aus dem Weg zu gehen, nahm ich die Belehrung zwar zur Kenntnis, aber ließ sie gleichzeitig auch wieder aus meinem Kopf verschwinden. Wie das Bayerische Oberste Landgericht am 15. Oktober 2019 zugunsten von Inhaftierten urteilte, stellt das Erstellen von Eingaben und Anträgen für Mitgefangene bei fehlenden weiteren Voraussetzungen keinen Pflichtverstoß dar, wenn dies unentgeltlich im Rahmen einer familiären, nachbarschaftlichen oder ähnlich engen persönlichen Beziehung geschieht. Es ist also gemäß § 6 Abs. 2 Satz 1 RDG (Rechtsdienstleistungsgesetz) zulässig (vgl. Az.: 204 StObWs 1696/19). Umgekehrt bedeutet dies, dass Inhaftierte, die Hilfe von Mitgefangenen in Rechtsfragen in Anspruch nehmen, weil die Anstalt ihnen beispielsweise ihr Recht verwehrt, dies unentgeltlich tun können. Dies ist keine Rechtsberatung und rechtlich zulässig. In der Justizvollzugsanstalt Ulm beugen sich die Inhaftierten widerstandslos ihrem Schicksal – einem alltäglichen psychologischen Terror. Dieser psychologische Terror zeigt sich besonders in folgenden Aktionen der Justizvollzugsanstalt Ulm:

Beobachtungszeit: Ein Inhaftierter muss sich einer „Beobachtungszeit“ von etwa 16 bis 20 Wochen unterziehen, in Einzelfällen auch zwischen drei und sechs Monaten oder sogar noch länger. Arbeitspflicht: Als Inhaftierter wird man einem der Anstaltsbetriebe zugewiesen. Die Arbeitsleistung wird beobachtet und bewertet, und sie hat direkte Auswirkungen auf mögliche Lockerungen des Vollzugs. Die Tätigkeiten in diesen Betrieben zielen darauf ab, den Inhaftierten arbeitstherapeutisch zu beeinflussen. Die Justizvollzugsanstalt legt dabei besonderen Wert auf Anpassungsfähigkeit und die vorhandene Frustrationstoleranz. Über die Entlohnung und die Arbeitsbetriebe in Ulm habe ich bereits im ersten Buch ausführlich berichtet.

Gewissermaßen verstand ich mich mit meinem Mitinhaftierten Paul für die in der Zwangsgemeinschaft – Knast herrschenden Gegebenheiten gut, wir tranken Kaffee und unterhielten uns über die Dinge des Lebens. Jedoch war Paul, seit er die Versagung zur bedingten Entlassung zum 2/3-Zeitpunkt seiner Freiheitsstrafe durch die Strafvollstreckungskammer am Landgericht Ulm abgelehnt bekommen hatte, zunehmend komischer und kapselte sich weitestgehend ab. Wie mir Paul selbst zu Beginn meiner Haftstrafe offenbarte, war er wegen des sexuellen Missbrauchs eines Mädchens zu einer Strafe von zwei Jahren und sechs Monaten verurteilt worden. Was mir bei Paul allerdings schon des Öfteren auffiel, war seine obszöne Art. Fast in jedem Gespräch prahlte er über seine vorangegangene Sexualität, ob es der angebliche Geschlechtsverkehr mit einer seiner „zahlreichen" Chefinnen war oder aber, dass er sich einmal als Pornodarsteller bei einer Produktionsfirma beworben hatte, rundeten das Ganze wiederholend ab. Ebenfalls nahm er nach eigenen Angaben an einer wöchentlich in der Justizvollzugsanstalt Ulm stattfindenden Deliktorientierten Gruppe teil. Jedoch verließ er nach seinen Angaben auf eigenen Wunsch diese Gruppe nach dem abgelehnten Entlassungsersuchen und bereitete sich meiner Ansicht nach frustriert auf seine Entlassung zur Endstrafe vor. Jeden Tag prahlte er damit, wie viele Tage er noch vor sich habe und strich diese auf einem Kalender ab. Immer wieder kam es auch zu schamlosen Bemerkungen mir gegenüber – auch im Beisein anderer Inhaftierter. Man kann einmal bzw. zweimal einen Spaß machen, jedoch reicht es dann irgendwann definitiv!

Pauls Lieblingsspruch lautete: „Wenn du nach Hause kommst, liegt deine Frau mit einem Neger im Bett..." Im Nachhinein hätte ich antworten sollen: „Ja, zum Glück nicht du..." – Spaß bei Seite. Wie ich bereits auch im ersten Buch schon beschrieben habe, wird innerhalb des Knasts sehr schnell mit Informationen bzw. Aussagen von Inhaftierten wie in der Art von „stille Post" umgegangen, so kam es auch zu einem Missverständnis aufgrund einer von mir getätigten harmlosen Aussage zu einem anderen Inhaftierten. Paul schnappte sich diese Aussage auf und meinte als eine Art „Richter" darüber urteilen zu müssen und trug die „stille Post" natürlich weiter durch den Knast... Nachdem der betroffene Inhaftierte meinen Haftraum aufsuchte und ich versuchte, ihm den Sachverhalt in Ruhe zu erklären, schaltete dieser aber auf Durchzug. Vielleicht lag es aber auch daran, dass er wegen eines Betäubungsmitteldelikts in Haft war und aufgrund seines Konsums nicht mehr genügend Gehirnzellen hatte – ich weiß es nicht. Kurz und knapp gab ich dem Inhaftierten eine Botschaft mit auf dem Weg, welche mir aus Wut über Paul herausrutschte: „Sag deinem Drecks-Pädo-Freund, er soll nicht so viel Scheiß erzählen." Der Inhaftierte verließ meinen Haftraum. Wie ein Blitz und wütend kam Paul in meinen Haftraum geschossen und fragte mich, was diese Aussage solle. Kurzerhand sagte ich: „Weil es so ist!" und bat ihn im Beisein von Dieter meinen Haftraum zu verlassen. Der Sachverhalt war für mich damit erledigt und tangierte mich an diesem Abend auch nicht mehr. Paul hatte seinen Haftraum ein Stockwerk über mir im selben Zellenbau. Am Folgetag war ich gerade damit beschäftigt, mit meinem „Arbeitskollegen" Jockel den weiteren Tagesablauf zu besprechen. Wir standen vor dem Zellenbau am Dusch-

bzw. WC-Container, da der Zellenbau zu diesem Zeitpunkt aufgrund eines vorangegangenen Wasserschadens saniert worden war. Ich schwenke an dieser Stelle kurz auf die Historie der Justizvollzugsanstalt Ulm, welche im Jahr 1900 als württembergisches Staats- bzw. Festungsgefängnis in Betrieb genommen wurde. Bereits 1896 wurde die Außenstelle „U-Haft“ als Gerichtsgefängnis erbaut und im Jahr 2008 generalsaniert. Die Abteilung „Kurzstrafen“ und das „Freigängerheim“ wurden in den 70er Jahren erworben und auf die Bedürfnisse der jeweiligen Vollzugsarten umgebaut und angepasst. Die Abteilung „Kurzstrafen“ wurde in den Jahren 2010 und 2011 generalsaniert, die Sanierung des „Freigängerheims“ erfolgte kurze Zeit später im Jahr 2014. 1970 wurde die Hauptanstalt zur „Anstalt des offenen Vollzuges“ umgewandelt und ist etwa anderthalb Hektar groß. Der Großteil der Justizvollzugsanstalt steht unter Denkmalschutz (vgl. Infomaterial des Ministeriums der Justiz und Migration Baden-Württemberg). Paul hatte ich an diesem Morgen noch nicht gesehen, während meiner Unterhaltung mit Jockel kam Paul wortlos aus dem Zellenbau heraus. Auch ich reagierte nicht und beachtete Paul nicht. Plötzlich schloss Paul die Tür zum Hof, packte mich am Hals, drückte mich gegen einen der Container und würgte meinen Hals. Er gestikulierte lautstark: „Du nennst mich nicht noch einmal Drecks-Pädo, ich finde dich nach der Haft und schlage dir den Schädel ein!“ Jockel versuchte mit Worten das Ganze zu deeskalieren und forderte Paul auf, damit aufzuhören. Paul ließ von mir ab und marschierte durch die Tür in den Hof davon. In diesem Moment kam ein Mitarbeiter einer externen Elektrofirma auf mich zu und fragte: „Was war denn da gerade los?“ Ich klärte ihn kurz über den Vorfall auf und überlegte zusammen mit

Jockel, der als Augenzeuge dabei war, mein weiteres Vorgehen. Nach kurzer Überlegung und auch dem Hintergedanken, von einigen Inhaftierten ggf. als „31er" betitelt zu werden, entschied ich mich, den Vorfall beim Vollzugsgruppen- bzw. Bereichsdienstleiter anzuzeigen. Ich offenbarte den kompletten Sachverhalt und auch den am Vortag vorangegangenen verbalen Streit zwischen Paul und mir. Die Aussage des Bereichsdienstleiters war zunächst: „Wir sind hier im Knast und nicht auf einem Ponyhof, auch Paul muss mit solchen Konfrontationen klarkommen. In einer geschlossenen Anstalt passiert so etwas täglich. Ein solches Verhalten gehört nicht in den offenen Vollzug und kann so nicht geduldet werden." Als Zeugen nannte ich Jockel sowie den Mitarbeiter der Elektrofirma. Beide wurden anschließend durch den Bediensteten befragt und ihre Zeugenaussagen wurden schriftlich erfasst. Verletzungen oder andere Einschränkungen trug ich glücklicherweise keine davon und verzichtete auf einen Besuch im Krankenrevier. Zusammen mit Jockel setzte ich die Arbeit fort. Nach dem Mittagessen wurde ich zusammen mit dem Bereichsdienstleiter zu einem Gespräch bei meiner „Freundin", der stellvertretenden Anstaltsleiterin, einbestellt. Ich kam mir vor wie in einer Gerichtsverhandlung. Frau W. eröffnete die „Sitzung": „Herr Kessler, Ihr Vollzugsverhalten gefällt mir überhaupt nicht. In dieser Justizvollzugsanstalt wird niemand Drecks-Pädo genannt, haben Sie mich verstanden!?" Ich bejahte die Predigt und wollte eigentlich fragen: „Frau W., haben Sie Kinder?" „Zudem schreiben Sie in Zukunft keinerlei Anträge für andere Inhaftierte mehr!" Die „Verhandlung" war nach ca. fünf Minuten beendet, und ich machte mich auf den Weg zum Telefon im Zellenbau, da ich bereits zuvor einen Telefontermin mit meiner Strafverteidigerin vereinbart hatte, um über den erlebten Sachverhalt zu sprechen. Auch meine Verteidigerin konnte zum Vorangegangenen Appell der stellvertretenden Anstaltsleiterin nur mit dem „Kopfschütteln“ reagieren und empfahl mir, das Ganze „zur Kenntnis“ zu nehmen. Durch das Tun der Frau W. herrschte ein regelrechter Disziplinar- und Deprivationsvollzug in der Justizvollzugsanstalt Ulm. Als Haftdeprivationen bezeichnet man negative Formen psychischer Nachwirkungen der Einwirkung einer erlittenen Inhaftierung. Es handelt sich überwiegend um psychosomatische Krankheiten wie Depressionen, die durch die Auswirkungen von Disziplinierung, Isolation, dem Verlust der Selbstbestimmung, der Beraubung der Persönlichkeit und dem daraus resultierenden Verlust der eigenen sozialen Identität entstehen. Haftdeprivationen und die daraus resultierenden Depressionen werden während der Inhaftierung oft nicht erkannt oder behandelt. Diese seelischen Erschütterungen können sehr schnell zu chronischen psychischen Erkrankungen führen, die den Inhaftierten schlussendlich in eine Spirale von weiteren tieferen Depressionen und Deprivation bis hin zum Suizid hineinziehen. Kurze Zeit nach meinem Anwaltstelefonat ertönte durch die Lautsprecheranlage: „Herr ... zur Sprechanlage“. Im selben Moment wurde ein Gefangenentransportwagen vor dem Hauptgebäude platziert. Dies war in den meisten Fällen das Zeichen, dass es zu einer Ablösung aus dem offenen Vollzug kommt – und so war es auch. Paul wurde zusammen mit drei Bediensteten kurz in seinem Haftraum aufgesucht, um das Nötigste zu packen, und anschließend in eine geschlossene Anstalt verlegt. Nach reichlichen Überlegungen kam ich zu dem Entschluss, gegen Paul Strafanzeige bzw. Strafantrag wegen Körperverletzung und Bedrohung bei der Staatsanwaltschaft Ulm zu erstatten. Meine Anzeige stützte sich auf den § 223 des Strafgesetzbuches (StGB) – Körperverletzung: Wer eine andere Person körperlich misshandelt oder an der Gesundheit schädigt, wird mit Freiheitsstrafe bis zu fünf Jahren oder mit Geldstrafe bestraft. Der Versuch ist strafbar – und auf den § 241 StGB – Bedrohung: Wer einen Menschen mit der Begehung eines gegen ihn oder eine ihm nahestehende Person gerichteten Verbrechens bedroht, wird mit Freiheitsstrafe bis zu einem Jahr oder mit Geldstrafe bestraft. Ebenso wird bestraft, wer wider besseres Wissen einem Menschen vortäuscht, dass die Verwirklichung eines gegen ihn oder eine ihm nahestehende Person gerichteten Verbrechens bevorstehe. Das handgreifliche Verhalten, das Paul an den Tag gelegt hat, darf in keiner Weise geduldet werden. In einem Knast, in dem man als Strafe für schon zuvor begangene Taten einsitzt, ist dieser Sachverhalt abermals verschärfend anzusehen. Trotz allem, in dieser Situation für und gegen mich sprechend, muss ich mir ein solches Verhalten nicht gefallen lassen. Meine Schlussfolgerung zu Pauls Vollzugsverhalten lautet: „Die Inhaftierung hat bei Paul in aller Hinsicht keinerlei Früchte getragen." Einige Wochen später erhielt auch ich eine Strafanzeige wegen Beleidigung von Paul. Nach Rücksprache mit meiner Strafverteidigerin beschlossen wir, dazu keine Aussage abzugeben, denn im Ermittlungsverfahren gilt: „Schweigen ist Gold". Es vergingen einige Wochen, bis mir ein Strafbefehl des Amtsgerichts Ulm mit einer Geldstrafe von 450€ zugestellt wurde. Meine Rechtsanwältin legte hiergegen Einspruch ein. Nach Rücksprache mit der Staatsanwaltschaft und dem Amtsgericht wurde das Ganze letztendlich ohne Verhandlung eingestellt.

Inwiefern Paul wegen der an mir begangenen Körperverletzung bestraft wurde, ist mir nicht bekannt.

Gutachten spielen eine immer größere Rolle, sowohl im Strafprozess als auch in der Strafvollstreckung und im Strafvollzug. Formal haben diese Gutachten zwar nur eine das Gericht bzw. die Anstalt beratende Funktion, d.h., sie sollen Tatsachen, die den körperlichen oder seelischen Zustand betreffen, für eine juristische Entscheidung aufarbeiten, ohne diese selbst zu treffen – faktisch erhält das für die Entscheidung eingeholte Gutachten jedoch ausschlaggebende Bedeutung. In den allermeisten Fällen wird das Gericht oder die Anstaltsleitung in ihrer Entscheidung dem Ergebnis des Gutachtens folgen. Deswegen kann ein Gutachten zukunftsentscheidend sein und muss unbedingt – besonders vom Rechtsbeistand – ernst genommen werden! Man muss damit rechnen, dass in diesen Gutachten alles auftaucht, was der Psychologe von einem weiß oder von einem zu wissen glaubt. Spätestens hier wird man merken: Auch sogenannte „vertrauliche Gespräche" sind oft plötzlich nicht mehr vertraulich, sondern in schriftlicher Form der Justiz zugänglich. Der Psychologe hat in seinen Interpretationen des Probanden, die er in seiner Stellungnahme beschreibt, die Freiheit, eine Maßnahme für oder gegen den Probanden gut oder schlecht zu heißen. Es ist wichtig, sich hier immer wieder daran zu erinnern, dass die gutachterliche Stellungnahme nichts sein sollte, von dem man sich zu sehr beeindrucken oder bestimmen lässt. Letztlich über den Antrag entscheiden wird – wie gesagt – die Anstaltsleitung oder das Gericht. Die negative Stellungnahme des Psychologen zu einem Antrag, den man gestellt hat, oder das negative Gutachten müssen also nicht etwa bedeuten, dass die Maßnahme, die man beantragt hat, für einen nicht geeignet ist oder man sich tatsächlich in dem Zustand befindet oder befunden hat, den der Psychologe in seinem Gutachten beschreibt, sondern können genauso gut darauf beruhen, dass der Psychologe seinen Probanden entweder nicht verstanden hat oder aus den unterschiedlichsten Gründen – etwa weil sich der Proband geweigert hat, mit ihm zu kommunizieren – nicht gut auf ihn zu sprechen ist. Es muss einem klar sein, dass er genauso gut zu einem anderen Ergebnis hätte kommen können, wenn er auf der „Probandenseite" gewesen wäre. Als nicht deutschsprechender Proband hat man das Anrecht auf einen Dolmetscher während der Begutachtung sowie bei einer Anhörung vor Gericht. Aber wann benötigt man ein Gutachten? Vor einer Verurteilung, d.h. während des laufenden Strafprozesses, wird häufig ein Gutachten erstattet, wenn es um die Frage geht, ob die Schuldfähigkeit des Betroffenen während der angeblichen Straftat eingeschränkt (§ 21 StGB) oder sogar ausgeschlossen (§ 20 StGB) war. Dies kann aus verschiedenen Gründen der Fall sein, z.B. aufgrund erheblicher Alkoholisierung zur Tatzeit oder psychischer Erkrankungen. Es bedeutet, dass man entweder gar nicht bestraft werden kann (§ 20 StGB) oder die Strafe gemildert werden muss (§ 21 StGB). Bei diesen Umständen sollte man allerdings immer im Hinterkopf haben, dass unter Umständen „Maßregeln der Besserung und Sicherung" im Raum stehen (§ 63 StGB). Es werden stets Gutachten eingeholt, wenn mit dem Urteil das Verhängen von sogenannten „Maßregeln der Besserung und Sicherung im Raum steht, also bei drohender Einweisung in ein psychiatrisches Krankenhaus (§ 63 StGB), eine Entziehungsklinik (§ 64 StGB) oder in die Sicherungsverwahrung (§ 66 StGB). Wird durch ein solches

Gutachten im Strafprozess die Schuldunfähigkeit aufgrund einer „Persönlichkeitsstörung“ bzw. anderer Krankheitsbegriffe (§20 StGB) beim Angeklagten angenommen, wird er freigesprochen und in ein psychiatrisches Krankenhaus eingewiesen. Dies geschieht in der Regel nach § 63 StGB. Die Unterbringung ist zeitlich unbegrenzt, eine Überprüfung, ob die Voraussetzungen für die Unterbringung noch vorliegen, findet nur einmal jährlich statt. Auf Antragstellung kann man versuchen, ob eine Überprüfung früher durchgeführt werden kann, wenn es dafür besondere Gründe gibt (§ 67e StGB). Liegt ein solches Gutachten vor, das die Unterbringung in einem psychiatrischen Krankenhaus, einer Entziehungsklinik oder der Sicherungsverwahrung empfiehlt, so sollte man versuchen, ein Gegengutachten zu beantragen, das z.B. besagt, dass man zwar zum Tatzeitpunkt aufgrund bestimmter Faktoren nach § 20 StGB unzurechnungsfähig war, dies aber auf dem jetzigen Zustand nicht mehr zutrifft und deshalb die Voraussetzungen des § 63 StGB, insbesondere die Gefahr für die Allgemeinheit, nicht vorliegen. Kommt das Gutachten zu dem Schluss, dass nicht auszuschließen ist, dass man vermindert, schuldfähig war (§ 21 StGB), wird die Strafe gemildert. Das klingt zunächst positiv. Das ist möglich. Allerdings besteht auch hier die Gefahr einer Psychiatriesierung, weil auch im Anschluss an ein Urteil, das den § 21 StGB anwendet, auf Maßregel erkannt werden kann. Es kann auch passieren, dass man schon im Ermittlungsverfahren statt eines Haftbefehls einen Unterbringungsbefehl bekommt oder dass der Haftbefehl entsprechend umgewandelt wird. Das ist auch noch während einer U-Haft möglich. In diesem Fall bleibt man nach § 126a StPO bis zum Gerichtstermin in der Psychiatrie, wenn anzunehmen ist, dass man nach §§ 63 oder 64 StGB verurteilt, also in der Psychiatrie oder einer Entziehungsanstalt untergebracht wird und wenn die „öffentliche Sicherheit" eine solche Unterbringung erfordert. Für die Entscheidung, ob ein solcher Unterbringungsbefehl zu erlassen ist, holt das Gericht ebenfalls ein Gutachten ein. Zur Vorbereitung eines solchen Gutachtens kann das Gericht – allerdings nur, wenn es für die Begutachtung unerlässlich und insbesondere auch erfolgversprechend ist – anordnen, dass man bis zu sechs Wochen zur Beobachtung in die Psychiatrie eingewiesen wird (§ 81 StPO). Eine solche Anordnung darf aber z.B. nicht ergehen, wenn für die Erstellung des Gutachtens die freiwillige Mitwirkung erforderlich ist, man diese aber verweigert und deshalb ein Erkenntnisgewinn auch während der Unterbringung sowieso nicht zu erwarten ist. Hierzu gibt es eine deutliche Entscheidung des Bundesverfassungsgerichts (2 BvR 1523/01). Auch nach einer Verurteilung, während der Zeit im Knast, spielen Gutachten und die psychologischen Stellungnahmen der sozialen und psychologischen Fachdienste eine große Rolle. Psychologische Stellungnahmen werden durch die Knastpsychologen formlos und ohne Einhaltung der für formelle Gutachten vorgeschriebenen Mindeststandards abgegeben. Nur in seltenen Fällen hat man einen gesetzlichen Anspruch auf eine formale Begutachtung durch einen externen Gutachter. Hat man allerdings das Gefühl, dass die Stellungnahmen vollständig unbrauchbar und inhaltsleer oder falsch sind, sollte man trotzdem versuchen, eine zweite Stellungnahme oder ein externes Gutachten zu erwirken. Die Stellungnahmen der Fachdienste haben ein entscheidendes Gewicht bei Anträgen auf Teilnahme an Gemeinschaftsveranstaltungen, vorzeitige Entlassung, Lockerungen usw. So wird z.B. im Hinblick auf eine Entlassungsprognose der Inhaftierte daraufhin untersucht, ob eine sogenannte positive oder negative Legalprognose zu stellen ist. Eine positive Legalprognose ist Voraussetzung dafür, dass man frühzeitig auf Bewährung aus der Haft entlassen wird (1/2-Strafe oder 2/3-Strafe). Das Ziel von solch einer Prognose ist herauszufinden, ob bzw. mit welcher Wahrscheinlichkeit der Inhaftierte nach der Haftentlassung straffrei durchs Leben kommen wird. Die Psychologen, die zum psychologischen Dienst der Anstalt gehören, sind in der Regel keine ausgebildeten Gutachter. Teilweise werden ihre Stellungnahmen von „richtigen" Gutachtern zerrissen. Es lohnt sich daher in Fällen, in denen man mit dem Ergebnis nicht zufrieden ist, eine Überprüfung solcher Stellungnahmen im Rahmen eines Antrags auf gerichtliche Entscheidung nach § 109 StVollzG zu beantragen. Gutachten werden von „Sachverständigen" erstattet (§75 StPO). Diese sind im Regelfall Psychiater, teilweise werden auch Psychologen tätig. Geht es um die Frage der Schuldfähigkeit sowie um die Verhängung von Maßregeln, sollen tendenziell Psychiater bestellt werden, während die Erstellung einer Entlassungsprognose auch häufig von Psychologen vorgenommen wird. Wenn es um körperliche Leiden geht, z.B. im Rahmen der Frage, ob Haftunfähigkeit vorliegt, wird man in der Regel durch einen Arzt begutachtet. Wer in welchen Fällen die Begutachtung durchführt, richtet sich also nach dem Einzelfall und unterliegt nicht starren gesetzlichen Vorgaben. Das Gericht kann eigenmächtig entscheiden, wer den Gutachterjob bekommt. In Fällen, in denen das Gericht die Notwendigkeit sieht, eine Begutachtung vornehmen zu lassen, bestellt es also einen Gutachter, den es grundsätzlich selbst auswählt. Das ist im Hinblick auf die „Neutralität des Gerichts“ nicht unproblematisch. Bereits im Juni 2014 wurde im Deutschen Ärzteblatt, Seite A 210 – A 212, eine Studie der Ludwig-Maximilian-Universität München vorgestellt. Bei 250 Sachverständigen aus Bayern ergab diese Befragung, dass bei 48 Prozent der Psychologen und bei 30 Prozent der befragten Psychiater die Gutachtentätigkeit mehr als die Hälfte ihres Jahreseinkommens ausmacht. Darüber hinaus ergab die Befragung, dass bei 42 Prozent der Psychologen sowie bei 30 Prozent der Psychiater das bestellte Gutachten die Tendenz bestätigt, die im Gutachterauftrag signalisiert wurde. Dass eine solche Tendenz vom Gericht vorgegeben wird, haben 57 Prozent der Psychologen und 34 Prozent der Psychiater „vereinzelt“ oder „häufig“ selbst bestätigt gesehen oder von Kollegen gehört. An diesen Zahlen wird das Problem sichtbar, dass sachverständige Gutachter die durch das Gericht vorgegebenen Tendenzen bestätigen, da sie ansonsten fürchten, nicht mehr durch das Gericht bestellt zu werden und damit eine für ihre berufliche Existenz entscheidende Einnahmequelle verlieren würden. Die Studie kommt zu dem Schluss, dass diese finanziellen Zusammenhänge die eigentlich durch das Gesetz vorgesehene „Neutralität“ der Gutachter gefährden. Auch während meiner Zeit in Ulm erlebte ich bei anderen Inhaftierten immer wieder solch ein Vorgehen durch die Strafvollstreckungskammer am Landgericht Ulm. In schätzungsweise 99 Prozent der Begutachtungen wurde stets derselbe der Kammer bekannte Gutachter aus dem Raum Gersthofen bestellt. Diese Gutachten richteten sich zugleich an die vorbeschriebenen Berichte der Justizvollzugsanstalt, welche in Fällen der Entlassungsgutachten zu einer Vorzeitigen Entlassung schätzungsweise zu 95 Prozent eine negative Prognose vorhersagten. Einen Gutachter kann das Gericht von sich aus bestellen, wenn es ein Gutachten für erforderlich hält. Dafür kann es die Verhandlung unterbrechen und das Ergebnis des Gutachtens abwarten oder schon vor Beginn des Prozesses ein Gutachten in Auftrag geben. Die Staatsanwaltschaft kann auch die Einholung eines Gutachtens beantragen, genauso wie die Verteidigung. Es besteht in allen Fällen die Möglichkeit, bei Gericht einen Gutachter vorzuschlagen. Viele Verteidiger werden wissen, wer die „harten Knochen" sind und wer dagegen etwas besonnener vorgeht, also als Gutachter wünschenswert ist. Ob das Gericht dem Vorschlag folgen wird, steht auf einem anderen Blatt. Es ist grundsätzlich auch möglich, dass zwei Gutachten nebeneinander erstattet werden. Ein solcher Antrag kann z.B. erfolgreich sein, wenn es gelingt darzulegen, dass die Forschungsmittel bzw. Fachkenntnisse des zweiten – vom z. B. Verteidiger vorgeschlagenen Gutachters – denen des ersten überlegen sind. In Fällen, in denen es z.B. um eine mögliche Spielsucht geht, kann es begründet sein, einen Gutachter vorzuschlagen, der auf diesem Gebiet seinen Schwerpunkt hat und die These vertritt, dass die Spielsucht eine Sucht ist, genauso ernst zu nehmen wie sogenannte stoffgebundene Süchte (Drogen, Alkohol usw.). Sich für einen bestimmten, selbstgewählten Gutachter einzusetzen, ist sehr sinnvoll. Versucht man dies nicht, ist es möglich, dass ein Gutachter tätig wird, der z.B. grundsätzlich der Meinung ist, dass eine Spielsucht nicht zu den ernstzunehmenden Krankheiten gehört und damit ein negatives Gutachten schreibt. In meinem Fall wurde durch meine Verteidigerin Lisanne Bühler der auf dem Gebiet der Spielsucht routinierte Gutachter Dr. med. Stephan Bork aus Tübingen dem Gericht vorgeschlagen und per Beschluss zugelassen. Was das Gericht letztendlich urteilt, kann auch durch ein positives Gutachten nicht vorhergesagt werden. Gutachter können auch abgelehnt werden, wenn sich im Prozess herausstellt, dass die Besorgnis der Befangenheit besteht, genauso wie dies auch bei der Ablehnung von Richtern möglich ist (§ 74 i. V. m. § 24 StPO). Wenn die Ablehnung erfolgreich ist, bedeutet das, dass der abgelehnte Gutachter nicht mehr weiter seine fachliche Rolle im Prozess ausüben darf und ein neuer Gutachter bestellt werden muss. Aber Achtung: Selbst, wenn der Gutachter abgelehnt wurde, darf er immer noch als „normaler" Zeuge im Prozess vernommen werden, d.h., alles, was man ihm im Gespräch an Tatsachen erzählt hat, kann nach wie vor verwandt werden. Bejaht wird die Besorgnis der Befangenheit z.B. in Fällen, in denen der Gutachter durchblicken lässt, wie er selbst über die vorgeworfene Tat urteilen würde, oder wenn er eigene Nachforschungen angestellt hat. Also grundsätzlich, wenn er über den Gutachterauftrag hinausgeht. Es ist in so einem Fall wichtig, sofort kundzutun, dass ein Ablehnungsgrund besteht. Am nächsten Prozesstag kann das schon zu spät sein. Ob bei bestehender Besorgnis der Befangenheit eine Ablehnung angestrebt werden soll, ist in jedem Fall eine taktische Frage. Schließlich ist derjenige, der danach kommt, nicht unbedingt besser. Abschließend kann ich zum Thema Gutachten sagen: Es handelt sich um häufige und als Betroffener schwer zu beeinflussende bzw. zu kontrollierende Fehlerquellen, die zu falschen Entscheidungen der Gerichte oder der Anstalten führen und außerdem einen Eindruck in einem über sich hinterlassen können, der oft nichtzutreffend und vor allem nicht leicht zu verarbeiten ist. Daraus könnten nun so manche schließen, dass sie jegliche Zusammenarbeit mit Gutachtern und Psychologen ablehnen sollten. Einen solchen pauschalen Ratschlag kann ich aber nicht geben. So wie sich ein Gutachten, das von einer verminderten Schuldfähigkeit ausgeht, positiv auf das Strafmaß auswirken kann, ohne dass gleich für die Zukunft eine Unterbringung im Maßregelvollzug zu befürchten ist, so kann auch der Kontakt zum Psychologen im Strafvollzug für den Einzelnen hilfreich sein. Es kann sich lohnen, erst mal zu schauen, wer dort tätig ist und wie man sich im Gespräch mit dieser Person fühlt, bevor man jeglichen Kontakt ausschließt. Entscheidet man sich für eine Inanspruchnahme / Zusammenarbeit, sollte man versuchen, nach jedem Gespräch die Inhalte aufzuschreiben, also alles zu dokumentieren. Dies gilt besonders, wenn einem etwas an dem Gespräch falsch vorkommt. Aber auch wenn es gut verlaufen ist, lohnt sich die Dokumentation, weil man für den Fall, dass später etwas das Misstrauen weckt, die Aufzeichnung nochmals durchgehen kann und in ihnen vielleicht weitere Informationen gefunden werden, die einem helfen, den Eindruck zu belegen. Entscheidet man sich gegen eine Zusammenarbeit, ist es ratsam, sich der Behandlung nicht wortlos zu entziehen, sondern zu erklären, dass man dem Psychologen nicht vertraut und deshalb die Untersuchung verweigert. Das ist auch die einzige Verhaltensmöglichkeit, bei der er die Weigerung nicht als „Symptom" des psychischen Zustandes bewerten kann. Gutachter, Ärzte und auch Psychologen werden sehr schnell bereit sein, den Fall wieder abzugeben, wenn man ihnen erklärt, dass man kein Vertrauen hat. Egal wofür man sich entscheidet – das Wichtigste ist, dass man im Umgang mit den Gutachtern und Psychologen die Gefahren, die ich hier dargelegt habe, immer im Hinterkopf behält.

Herausforderungen, Missverständnisse und Lösungsansätze

Obwohl wir dieselbe Sprache sprechen, bedeutet das keineswegs, dass wir uns automatisch verstehen. Kommunikation ist komplex und fehleranfällig. Während meiner Inhaftierung hatte ich mehrmals den Eindruck, dass die Kommunikation nicht nur unter den Inhaftierten oft fehlerhaft ist, was zu Missverständnissen, unnötigem Ärger und schlechter Stimmung führt – unabhängig von der Herkunft der Inhaftierten. Dieses Problem besteht auch zwischen den Inhaftierten und den Bediensteten. Anhand eines persönlichen Erlebnisses möchte ich auf dieses Problem eingehen und näher auf verschiedene Formen der Kommunikation eingehen. Für einen bevorstehenden Sonderausgang innerhalb der Stadt Ulm habe ich die Erlaubnis zur Mitnahme meines Smartphones beantragt. Dazu sollte man wissen, dass die Mitnahme bei Ausgängen aus der Justizvollzugsanstalt innerhalb Ulm/Neu-Ulm bisher nicht gestattet war. Aufgrund der aktuellen Corona-Maßnahmen, die die Vorlage eines digitalen Impfnachweises in Form einer App oder einer für 10 Euro in einer Apotheke erstellbaren Scheckkarte erfordern, war die Mitnahme jedoch unerlässlich geworden. Mein erster Antrag wurde kommentarlos von einem Bediensteten genehmigt, während ein anderer Bediensteter bei einem späteren Sonderausgang den Antrag mit den Worten "Die Mitnahme innerhalb Ulm/Neu-Ulm ist nicht erlaubt" ablehnte. Wenn Personen Informationen austauschen, sprechen wir von Kommunikation. Diese kann sprachlich (verbal) oder über Mimik, Gestik und Körperhaltung (nonverbal) erfolgen.

Einige Literatur unterscheidet auch die paraverbale Kommunikation, die Modulation, Lautstärke, Akzentuierung und den Rhythmus des gesprochenen Wortes umfasst. Umgebungsaspekte wie Lautstärke, Temperatur, Zeit, Gerüche und taktile Reize beeinflussen die Kommunikation ebenfalls, insbesondere in Umgebungen mit vielen Reizen. In der geschilderten Szene fällt zwar nur ein einziger Satz, aber der Austausch beinhaltet eine Vielzahl weiterer Informationen. Paul Watzlawick unterscheidet zwischen digitaler und analoger Kommunikation. Während bei der digitalen Kommunikation über die Sprache oder das geschriebene Wort Klarheit herrscht, muss der Empfänger analoge (nonverbale, paraverbale) Signale interpretieren. Dieser Prozess ist fehleranfällig und führt häufig zu Missverständnissen. Obwohl ich auf die Äußerung des Bediensteten nicht reagierte, verdrehte ich die Augen, um meine Ablehnung der Entscheidung des Bediensteten nonverbal auszudrücken. Dennoch akzeptierte ich die Ablehnung des Antrags. Dies ist inkongruentes Verhalten, da meine Mimik und Gestik nicht mit meiner verbalen Zustimmung übereinstimmten. Wenn der Bedienstete mein Augenrollen nicht bemerkte, könnte er meine Akzeptanz der Ablehnung fälschlicherweise als Zustimmung interpretieren. Beachten Sie: Man kann nicht nicht kommunizieren, denn jede Form der Kommunikation (nicht nur mit Worten) ist Verhalten. Genauso wie man sich nicht nicht verhalten kann, kann man nicht nicht kommunizieren (Paul Watzlawick[1]). Warum habe ich jedoch nichts gesagt? Die

---

[1] (Paul Watzlawick war ein österreichischer Philosoph, Psychotherapeut und Kommunikationswissenschaftler).

weiteren nonverbalen und paraverbalen Informationen blieben für uns verborgen. Möglicherweise habe ich übersehen, dass der Bedienstete am Ende des Satzes seine Stimme leicht erhöhte und eine Frage stellte. Es könnte sein, dass der Bedienstete den Satz als Aufforderung zur Erklärung meiner Motive für die Mitnahme meines Smartphones innerhalb Ulm interpretierte. Auch wenn uns dies verborgen bleibt, gibt die Art der Kommunikation Hinweise auf unsere Beziehung zum Bediensteten. Mein Augenrollen lässt vermuten, dass ich wenig Respekt für den Bediensteten empfinde und bereits Erfahrungen damit gemacht habe, dass er Entscheidungen, die zuvor von seinen Kollegen getroffen wurden, nicht beeinflussen lässt. Außerdem ist entscheidend, in welchem hierarchischen Verhältnis die Kommunikationspartner zueinanderstehen. Im beschriebenen Fall könnte es auch sein, dass ich die Hierarchie anerkannt habe (dann müsste man das Augenrollen außer Acht lassen). Ich könnte den Bediensteten auf die Entscheidung seines Kollegen bei meinem vorherigen genehmigten Antrag hingewiesen haben, um eine optimale Lösung zu finden. Obwohl wir normalerweise auf Augenhöhe kommunizieren möchten und Hierarchien nicht betonen wollen, ist dies in Justizvollzugsanstalten oft unangemessen, besonders in Einrichtungen mit vielen Beteiligten. Die Gruppen- und Anstaltsleiter sind darauf angewiesen, dass die Bediensteten Anweisungen befolgen, ihre Rollen akzeptieren und nach bestem Wissen und Gewissen erfüllen. Die Interaktionspartner ergänzen sich dabei und stehen in einem engen Abhängigkeitsverhältnis. Laut Watzlawick konstruieren wir unsere Wirklichkeit durch die Interpretation von Ereignisfolgen. Wir messen einem Ereignis eine besondere Bedeutung bei und sehen es als Auslöser für weitere Ereignisse. In meinem Beispiel reagierte ich auf die Bemerkung des Bediensteten mit Augenrollen. Angenommen, der Bedienstete beobachtet dies und ärgert sich über mein Verhalten. Als Reaktion darauf könnte er laut fragen: "Stellen Sie etwa meine Kompetenz infrage?" Ich schüttele den Kopf und sage: "Ich habe doch gar nichts gesagt." Der Bedienstete wird wütend und sagt: "Das ist unverschämt. Sie bekommen eine Meldung in Ihre Akte." Indem der Bedienstete Ursache und Wirkung erkennt, könnte er die Situation von Anfang an deeskalieren. Er könnte das Augenrollen als Hinweis betrachten und durch gezielte Fragen Klarheit erhalten: "Ich habe den Eindruck, Sie sind mit meiner Entscheidung bezüglich Ihres Antrags nicht einverstanden. Was schlagen Sie vor?" Ich könnte antworten: "Bei Ihrem Kollegen wurde der Antrag vor einigen Wochen genehmigt. Aufgrund der aktuellen Corona-Verordnung benötige ich einen digitalen Impfausweis, der auf meinem Smartphone in der entsprechenden App verfügbar ist. Friedemann Schulz von Thun (Kommunikationspsychologe) entwickelt sein Modell der vier Ohren weiter und berücksichtigt das Axiom der Inhalts- und Beziehungsebene. Er betont, dass über die Sachebene (Inhaltsebene), das gesprochene oder geschriebene Wort, oft nicht ausreichend Klarheit über die wahren Absichten des Sprechers besteht. Im Alltag interpretieren Strafgefangene ständig die Aussagen ihrer Gesprächspartner, indem sie die nonverbalen und paraverbalen Signale aufmerksam beobachten. Oft treffen sie dabei die richtigen Einschätzungen, aber manchmal missverstehen sie eine Aussage. Solche Missverständnisse sind häufig der Ausgangspunkt für Konflikte, die teilweise auch gewalttätig werden. Auch wenn es manchmal schwierig ist,

Kommunikationsmodelle zur Konfliktvermeidung oder -lösung in konkreten Situationen anzuwenden, können sie im Nachhinein zur kritischen Reflexion genutzt werden und helfen dabei, den Konflikt besser zu verstehen. Aufgrund der eingeschränkten Intelligenz vieler Inhaftierter ist dies jedoch selten der Ausgangspunkt für eine klärende und respektvolle Gesprächsführung, und es kann die Kommunikationskultur untereinander leider langfristig nicht verbessern. Es ist sinnvoll, nach der Sachebene auch die Beziehungsebene zu betrachten, um festzustellen, wie die Kommunikationspartner zueinanderstehen. Dies umfasst die Funktion oder Hierarchie, in der sie kommunizieren, sowie das gegenseitige Vertrauen und die Bekanntschaft der Partner. Wenn sich Menschen als Freunde begegnen, einander vertrauen und schätzen, ist es möglicherweise einfacher, Kritik anzunehmen, als wenn ein Unbeteiligter auf einen Fehler hinweist. Die Ebene der Selbstoffenbarung ermöglicht es, Einblick in die eigenen Gefühle und Gedanken zu gewähren. In unserer Gesellschaft ist es, insbesondere im Gefängnis, unüblich, über Gefühle zu sprechen. In kritischen Situationen oder Konflikten kann es jedoch hilfreich sein, sich in die Gefühle des anderen hineinzuversetzen und zu verstehen, was ihn bewegt. Durch die Auseinandersetzung mit den Gefühlen des anderen kann eine positive Gesprächsatmosphäre geschaffen werden. Auf der Appell-Ebene geht es darum, welche Absicht der Kommunikationspartner mit seiner Äußerung verfolgt. Bei der Auseinandersetzung mit dieser Ebene hilft es, sich vorzustellen, dass der Satz mit einem Ausrufezeichen endet. Auf den ersten Blick mag Sachebene und Appell oft übereinstimmen. Im Alltag ist es jedoch oft ratsam, nicht sofort Forderungen zu stellen, sondern Bitten zurückhaltend zu formulieren, um beiden Partnern das Gesicht zu wahren. Der Gebetene ist nicht verpflichtet, der Bitte nachzukommen, und der Bittsteller verliert sein Gesicht nicht, wenn die Bitte abgelehnt wird. Merken Sie sich: Auch im Gefängnis ist es wichtig, Aufforderungen und Wünsche klar auszudrücken. Dies gelingt am besten, wenn Sie einen Appell in Form eines Ausrufezeichens setzen. Bei verbindlichen Anweisungen handelt es sich um Befehle. Zusammenfassend lässt sich sagen, dass es in meinem Fall viele Interpretationsmöglichkeiten gibt. Möglicherweise hätte das Vermeiden des Augenrollens oder eine gezielte Nachfrage dazu beitragen können, die Ablehnung des Antrags zu verhindern. Modelle zur Kommunikation können gerade in Konfliktsituationen helfen, gegenseitiges Verständnis zu fördern. Es ist jedoch möglich, dass ich alles richtig interpretiert habe und mein Kommunikationspartner gezielt versuchte, mich zu verletzen. Wenn Sie unsicher sind, sollten Sie nachfragen!

Durch Anstalt verboten, in TV-Sendung über Haftzeit zu sprechen

Am 24.09.2021 wurde ich als Gast in die „Landesschau Baden-Württemberg" eingeladen. Die Sendung wird montags bis freitags mittlerweile schon ab 18:15 Uhr live im SWR-Fernsehen ausgestrahlt. Ursprünglich war geplant, im Rahmen meiner Freistellung aus der Haft den ersten Teil meiner Biografie vorzustellen. Allerdings wurde mir durch eine Verfügung der stellvertretenden Anstaltsleiterin die Teilnahme untersagt. Die Begründung lautete, dass eine schädliche Beeinflussung meiner Person zu befürchten sei. Diese Befürchtung entstehe regelmäßig, wenn die Straftaten oder das persönliche Schicksal eines Gefangenen ohne Wahrung seiner Anonymität öffentlich erörtert werden sollen, wenn die Straftaten verharmlost werden sollen oder wenn der Gefangene zum Gegenstand von Sensationslust oder Neugier gemacht werden könnte. Die mediale Aufmerksamkeit während meiner laufenden Inhaftierung würde dem Ziel der (Re-)Sozialisierung und der Aufarbeitung der Straftaten entgegenwirken.

Gegen diese Verfügung wandte ich mich mit einem Antrag auf gerichtliche Entscheidung an die Strafvollstreckungskammer am Landgericht Ulm. Ich begründete den Antrag damit, dass die Rücknahme der Freistellung, insbesondere um meine Teilnahme an der TV-Sendung zu verhindern, meine Rechte verletze und rechtswidrig in meine verfassungsrechtlich geschützte Position eingreife, die auf dem (Re-)Sozialisierungsprinzip und meinem Grundrecht auf freie Meinungsäußerung basiert. Einige Monate später entsprach Richterin am Landgericht Ulm Eckert meinem

Antrag überraschenderweise durch einen Beschluss. „Die Verfügung der Justizvollzugsanstalt Ulm, mit der die Freistellung aus der Haft abgeändert wurde, war rechtswidrig." Die Ausführungen der Justizvollzugsanstalt Ulm in der angefochtenen Verfügung begründen jedenfalls die Befürchtung eines schädlichen Einflusses auf den Antragssteller oder einer Behinderung seiner Eingliederung durch die Teilnahme an der TV-Sendung und rechtfertigen somit nicht die Aufhebung der Freistellung zur Versagung der Teilnahme an der TV-Sendung. Die Begriffe „schädlicher Einfluss" und „Behinderung der Eingliederung" gemäß § 20 Nr. 2 des Justizvollzugsgesetzbuchs III sind unbestimmte Rechtsbegriffe, bei denen die Vollzugsbehörde keinen Beurteilungsspielraum hat und die der vollen gerichtlichen Nachprüfung unterliegen. Unter schädlichem Einfluss ist jede Einwirkung auf den Gefangenen zu verstehen, die ihn zu weiteren Straftaten anregen oder ihn in seiner verfassungs- oder vollzugsfeindlichen Haltung bestärken kann. Um eine solche Befürchtung zu rechtfertigen, müssen konkrete Anhaltspunkte vorliegen. Der Begriff der Behinderung der Eingliederung ist weiter gefasst und umfasst alle Einwirkungen, die den Bemühungen entgegenstehen, dass sich der Gefangene nach seiner Entlassung in seinen sozialen Lebensbereich, insbesondere Familie, Beruf und wirtschaftliche Verhältnisse, wieder einordnet. Um die Befürchtung einer Behinderung der Eingliederung zu rechtfertigen, müssen konkrete, objektiv fassbare Anhaltspunkte vorliegen, da ansonsten die Entscheidung der Anstaltsleitung nicht angemessen gerichtlich überprüft werden kann.

Es gibt keinen Erfahrungssatz, der besagt, dass der Besuch eines Journalisten die Eingliederung eines Gefangenen behindert. Es gibt auch keinen Erfahrungssatz, der besagt, dass die Berichterstattung über von einem Gefangenen begangene Straftaten mit voller Namensnennung und deutlich erkennbaren Bildern seines Gesichts stets nachteilig für seine Eingliederung ist, auch wenn diese Befürchtung oft unbegründet sein mag. Es hängt vielmehr von der jeweiligen Situation ab. In der Verfügung der Anstaltsleitung sind keine konkreten Anhaltspunkte für die vorgebrachten Befürchtungen dargelegt. Die Entscheidung der Justizvollzugsanstalt Ulm wäre daher aufgehoben worden. Aufgrund der Erledigung ist gemäß § 115 Abs. 3 des Strafvollzugsgesetzes festzustellen, dass die Entscheidung rechtswidrig war. Die Kosten des Verfahrens und die notwendigen Auslagen des Antragstellers trägt die Staatskasse (vgl. Landgericht Ulm StVK 304/21).

Nachdem der Beschluss bei der Anstalt bekannt wurde, wurde mir jedoch unter Androhung der Ablösung vom Freigang seitens der Anstaltsleitung verboten bei meiner Teilnahme als Gast im SWR-Nachtcafé am 14.04.2023, über die Anstalt zu sprechen. Dies ist ein deutliches Zeichen dafür, dass etwas vertuscht werden soll, um kein Aufsehen zu erregen. Möglicherweise hängt dies auch mit der mangelnden Personalsituation und der aktiven Suche nach neuen Mitarbeitern zusammen, zum Beispiel durch Werbung auf Linienbussen und Radiowerbespots à la 'Der schnellste Weg ins Gefängnis' bzw. 'Im Dienst der Gerechtigkeit'. Und dann gibt es einen Werbespot, den man durchaus verschieden interpretieren kann: 'Verbrechern unsere Spielregeln zeigen'... Es scheint so, als ob die Anstalt ein positives Image vermitteln möchte, aber kaum jemand möchte in einer Gefängnisumgebung arbeiten. In der Regel handelt es sich um Leute, die es bei der Polizei oder Bundeswehr nicht geschafft haben oder das Bewerbungsverfahren nicht bestanden haben, aber dennoch ihre Autorität ausüben möchten.

Die Probleme der Inhaftierten werden in der bürgerlichen Presse in der Regel nicht behandelt. Es wird davon ausgegangen, dass der Staat bzw. die Justiz alles richtig macht. Dennoch kann man versuchen, sich durch Pressemitteilungen und Leserbriefe Gehör zu verschaffen. Dabei muss man jedoch viel Glück haben. Um die Chance zu erhöhen, durchzudringen, sollte man bestimmte Regeln beachten. Zwischen Pressemitteilungen und Leserbriefen gibt es grundsätzliche Unterschiede. Eine Pressemitteilung soll dazu führen, dass das Geschriebene zitiert oder erwähnt wird oder sogar Gegenstand eines Artikels wird. In der Regel gibt es einen konkreten Vorfall als Anlass für eine Pressemitteilung. Dabei ist der Zeitpunkt entscheidend. Es gibt Zeiten, in denen dutzende Gefangene misshandelt werden können, ohne dass die Presse daran interessiert ist. Plötzlich jedoch werden „skandalfähige" Informationen überflutet, obwohl es sich um einen Alltagszustand im Gefängnis handelt. Neben dem „Sommerloch" können auch aktuelle öffentliche Auseinandersetzungen, wie vor oder während eines Wahlkampfs, ein günstiger Zeitpunkt sein. In solchen Zeiten versuchen „oppositionelle" Zeitungen ihre Parteien zu unterstützen. Zu dieser Zeit kann es vorkommen, dass ein Abgeordneter plötzlich Interesse am Strafvollzug zeigt und Missstände durch Anfragen anprangert. In der derzeitigen politischen Lage kann man sich jedoch weniger darauf verlassen. Derzeit richten sich die sogenannten „Knastskandale" gegen die Gefangenen. Skandalfähige Themen sind momentan weniger die häufigen Misshandlungen, sondern vielmehr seltene Gefängnisausbrüche. Ein weiterer günstiger Zeitpunkt ergibt sich, wenn bereits ein öffentlicher Skandal tobt und weitere Informationen ans Tageslicht kommen können. Der Vorfall sollte nicht allzu lange zurückliegen, da die Presse sich nur für aktuelle Fälle interessiert. Sobald die Aktualität verfällt, d.h. wenn ein Vorfall bereits zwei bis drei Wochen zurückliegt, was aufgrund der Briefzensur im Gefängnis oft der Fall ist, verliert die Presse das Interesse. Die Presse ist eine große Industrie, die ständig Nachrichten produziert. Die Zeitungen erhalten ihre Nachrichten von Nachrichtenagenturen, die die Informationen liefern. Es liegt dann im Ermessen der Zeitungen, welche Nachrichten sie für wichtig halten und wie sie diese präsentieren. Oftmals wird nur der Lokalteil von der Zeitung selbst recherchiert. Der überregionale Teil besteht größtenteils aus Material der Nachrichtenagenturen. Es ist daher ratsam, die Presseerklärung direkt an die Zeitung oder Zeitungen zu senden, von denen man sich erhofft, dass sie darüber berichten. Dabei kann man den Namen eines Journalisten angeben, der bereits engagierte Berichte über den Strafvollzug geschrieben hat. Wenn der Name des Journalisten nicht bekannt ist, kann man das Kürzel am Ende des Artikels verwenden, da die Mitteilung den richtigen Empfänger erreichen wird. Beim direkten Versand an die Zeitung besteht jedoch das Risiko, dass der Brief zurückgehalten wird oder die Anstaltsleitung einen Begleitbrief beilegt, in dem die Vorwürfe als Lügengeschichte diffamiert werden. Daher kann es ratsam sein, die Presseerklärung über Freunde oder Bekannte nach außen zu tragen. Man kann den Brief als „getarnten" Brief an Freunde oder Bekannte schreiben, die ihn dann an die Presse weiterleiten, oder man beauftragt einen Rechtsanwalt, sich an die Presse zu wenden. Auf diese Weise hat die Presseerklärung eine größere Chance, den Adressaten zu erreichen und nicht im Papierkorb zu landen. Eine weitere Hilfe von außen kann darin bestehen, dass Freunde oder Bekannte bei der betreffenden Rundfunkanstalt oder Zeitung anrufen und sich scheinbar nach dem Vorwurf erkundigen, über den der Gefangene geschrieben hat. Wenn man aufgrund der Briefzensur keine Presseerklärung verfassen möchte, kann man dem Journalisten mitteilen, dass man wichtige Informationen hat und vorschlagen, dass er einen Besuch im Gefängnis abstattet oder dass man sich während der Öffnungszeiten des Gefängnisses trifft, um ihm die Situation genauer zu erläutern. Natürlich sollte man berücksichtigen, dass vor der Veröffentlichung des Artikels auch die andere Seite angehört wird. Daher sollte man darüber nachdenken, was die Anstaltsleitung oder der Justizminister dazu sagen wird und von vornherein versuchen, darauf einzugehen. Bei der Formulierung des Leserbriefs sollte man beachten, dass er engagiert und scharf formuliert, aber nicht beleidigend sein sollte. Beleidigende Leserbriefe werden nicht veröffentlicht. Unbelegte Behauptungen lassen sich in einem Leserbrief nicht immer vermeiden, aber man sollte die wenigen bekannten und belegbaren Fakten einbeziehen. Man kann sich beispielsweise auf bekannte Knastskandale beziehen oder auf frühere Artikel der Zeitung über bestimmte Missstände hinweisen. Je kürzer der Leserbrief ist, desto größer ist die Chance, dass er veröffentlicht und gelesen wird. Andernfalls besteht die Gefahr, dass er von der Redaktion gekürzt wird. Es ist ratsam, in der betreffenden Zeitung nachzuschauen, wie lang die Leserbriefe üblicherweise sind. Der Leserbrief kann auch von mehreren Gefangenen unterzeichnet werden. Es kann auch sinnvoll sein, mehrere verschiedene Leserbriefe zu einem Thema zu schreiben und sie unter verschiedenen Namen an die Zeitung zu schicken, um die Chance zu erhöhen, dass mindestens einer von ihnen veröffentlicht wird. Man kann auch versuchen, auf den bereits veröffentlichten Brief zu verweisen und weitere Briefe zum Thema zu schreiben. Allerdings sollte man nicht erwarten, dass sich durch die Presseveröffentlichung tatsächlich etwas grundlegend ändert. Es ist unwahrscheinlich, dass bestimmte Bedienstete entlassen werden. In der Regel werden Beamte höchstens von einem Bereich in einen anderen oder von einem Gefängnis in ein anderes versetzt. Die Ergebnisse bleiben daher im Rahmen einer psychologischen Klimaveränderung. Die Anstaltsleitung und das Justizministerium reagieren in der Regel sehr empfindlich auf Veröffentlichungen. Sie bestreiten die Vorwürfe bis zuletzt und versuchen, die Veröffentlichung durch Zensur, Begleitbriefe und Einschüchterungen zu verhindern. Es ist wichtig, sich dessen bewusst zu sein und darauf vorbereitet zu sein. Insgesamt kann gesagt werden, dass man sich von Presseveröffentlichungen nicht zu viel versprechen sollte. Man sollte jedoch nicht aufgeben und weiterhin versuchen, seine Stimme zu erheben und Aufmerksamkeit auf die Zustände im Gefängnis zu lenken. Leserbriefe können eine gewisse Klimaveränderung bewirken und das Interesse der Gefangenen wecken. Die Alternativpresse sollte eine offenere Haltung gegenüber Gefangenen haben, aber auch hier kann man enttäuscht werden. Es lohnt sich jedoch, die Möglichkeiten der Alternativpresse zu nutzen, um Informationen und Beiträge aus dem Gefängnis zu verbreiten. Der Leserkreis mag zwar quantitativ kleiner sein, aber man kann eine solidarischere Haltung erwarten. Letztendlich kann es jedoch auch bei der Alternativpresse vorkommen, dass Nachrichten und Beiträge nicht veröffentlicht werden. Insgesamt ist es wichtig, nicht aufzugeben, hartnäckig zu bleiben und verschiedene Wege der Öffentlichkeitsarbeit auszuprobieren, um die Chance zu erhöhen, dass die Informationen ans Licht kommen.

Geringe Erfolgsaussichten in rechtlicher Auseinandersetzung

Das Wichtigste ist, dass man sich keine Illusionen macht. Die Erfolgsaussichten im Rechtsstreit mit der Justiz sind äußerst gering. So haben nach Erhebungen nur ungefähr fünf Prozent der Anträge bei Gericht Erfolg. Die vielfältigen Rechtsmittel oder Rechtsbehelfe sind für Ahnungslose zunächst recht eindrucksvoll. Wer sich dennoch durch das Paragraphenwirrwarr durchkämpft, gibt meist ebenfalls bald auf, wenn der Inhaftierte merkt, dass er nicht zu seinem Recht kommt, dafür aber viel von seinem Stolz aufgibt. Versucht er es trotzdem, zu seinem Recht zu kommen, so wird er auch noch als Querulant bezeichnet. In Einzelfällen kann man überraschende kleine „Erfolge“ erzielen, die aber nicht über die allgemeine Situation in der Rechtspraxis für den Inhaftierten hinwegtäuschen können. Bei alledem sollte man bedenken, sobald man sich auf die Ebene der Juristerei begibt, ist man nicht mehr derjenige, der die Gesetze macht und „Recht“ spricht – man wird also in juristischen Auseinandersetzungen immer unterlegen sein. Die Sprache der Justiz ist nicht die Sprache der Inhaftierten. Die allermeisten Inhaftierten wehren sich gegen Maßnahmen der Justizvollzugsanstalt nicht, zumindest nicht mit offiziell vorgesehenen – gerichtlichen – Verfahren. Viele machen nichts. Viele gehen den informellen, formlosen Weg. Inhaftierte, die nicht bereit sind, all die alltäglichen Gemeinheiten auf sich sitzen zu lassen, werden schnell als „Querulanten“ bei den Bediensteten verschrien. Die Rache folgt dann auf dem Fuße. Man bekommt von denen noch weniger Spielraum, man wird schikaniert, es werden weitere Sachen verweigert und Rechte genommen. Was folgt, kann man als Teufelskreis bezeichnen. Man muss sich dann noch mehr zur Wehr setzen, was dazu führt, dass einen auch irgendwann die Anstaltsleitung und die Strafvollstreckungskammer kennen und dann auch nicht eben wohlgesonnen sind. Denn der Kampf für das eigene Recht bedeutet auch, die eigene Würde zu behalten, selbst Mensch zu bleiben und sich nicht hin und her schubsen zu lassen, wie es denen gerade passt. Denn das Gefährliche am Knast ist ja gerade, dass sie einen als Mensch zerstören und den Geist wegnehmen. Je mehr Inhaftierte nicht mehr bereit ist, die ganze Willkür auf sich sitzen zu lassen, desto schwieriger ist es für die Justizvollzugsanstalt, einzelne Inhaftierte als Querulanten zu brandmarken. Als Inhaftierter ist man in den Händen der Justiz. Man ist für die Durchsetzung der Bedürfnisse darauf angewiesen, auf Jura-Deutsch zu reden und zu schreiben. Diese Sprache zu gebrauchen ist nicht nur deshalb problematisch, weil Rechtsmittel im Knast statistisch meistens erfolglos sind. Man wird im Knast dazu gezwungen, ein Leben zu leben, was nicht das Eigene ist. Die tatsächlichen Bedürfnisse, Wünsche oder Gefühle zählen nicht für die Justiz, sondern leider nur das, was in irgendwelchen Paragrafen und Vorschriften steht. Man muss sich Gründe überlegen, die nicht eigene sind. Denn mit eigenen würde man nicht weit kommen. Die Gefahr ist nämlich, dass man irgendwann nicht mehr von sich selbst ausgeht, sondern vom „Recht“. Aber Sprache und Leben sind nichts Getrenntes. Über die erzwungene Änderung der Sprache ändert sich auch das eigene Denken. Ein Inhaftierter, der in der juristischen Sprache zu denken begonnen hat, hat den Knast endgültig in sich aufgenommen – leider erging es auch mir so. Man muss versuchen, immer im Kopf zu behalten, dass diese

Sprache nur ein künstliches Instrument ist und nicht man selbst, wenn man den Weg der juristischen Auseinandersetzung wählen möchte. Die Dienstaufsichtsbeschwerde ist eine Möglichkeit, sich juristisch gegen Entscheidungen, Schikanen usw. der einzelnen Beamten zu wehren. Sie kann immer neben anderen Rechtsmitteln auch zusätzlich eingelegt werden, das heißt, man muss sich nicht entscheiden, ob man z.B. wegen einer rechtswidrigen Durchsicht von Unterlagen während einer Haftraumkontrolle nur eine Beschwerde oder eine Dienstaufsichtsbeschwerde macht, man kann beides machen und dabei auch zum Teil den gleichen Text benutzen. Die Dienstaufsichtsbeschwerde bereitet nicht nur dem einzelnen Beamten, gegen den sich die Beschwerde richtet, Arbeitsaufwand und eventuell Ärger, sondern auch der nächsthöheren Behörde, die sie bearbeiten muss. Das ist aber in den meisten Fällen auch schon alles, was man damit erreichen wird. Da Dienstaufsichtsbeschwerden an keine Formen und an keine Fristen gebunden sind und keine Gebühren entstehen, sollte man sie immer einlegen, wenn man sich durch Knastbeamte oder durch Richter schikaniert fühlt. Aber das ist sicherlich im Knast täglich der Fall, und man kann nicht wegen jeder Schikane ein oder mehrere Schreiben loslassen, denn sonst lebt man nur noch für Beschwerden, Anträge, Dienstaufsichtsbeschwerden usw. Trotzdem ist keine Schikane oder miese Behandlung zu geringfügig, um nicht einen Schrieb wert zu sein. Das gilt insbesondere dann, wenn man das Gefühl hat, dass der Beamte selbst für Knastverhältnisse über das Ziel hinausschießt und das wahrscheinlich nicht mit den Vorgesetzten abgesprochen hat. Dienstaufsichtsbeschwerden müssen immer an den Dienstherren gerichtet werden. Das heißt: • Beschwerden gegen

Polizeibeamte an den Polizeipräsidenten. • Beschwerden gegen einen Justizvollzugsbeamten an die Anstaltsleitung. • Beschwerde gegen einen Staatsanwalt an die Generalstaatsanwaltschaft. • Beschwerde gegen die Anstaltsleitung an das Justizministerium. Dienstaufsichtsbeschwerden müssen an den zuständigen Bearbeiter weitergeleitet werden, wenn sie falsch adressiert sind. Gemäß Art. 17 GG kann man eine Petition an den Landtag stellen. Man versteht darunter Bitten und Beschwerden, die sich auf alles Mögliche beziehen können – vom Verhalten eines einzelnen Beamten bis zur Aufforderung, mehr Mittel aus dem Landeshaushalt für den Vollzug zur Verfügung zu stellen. Man kann Petitionen auch für andere oder gemeinsam mit anderen abfassen. Es gibt keinerlei Vorschrift für die Form, außer dass sie schriftlich verfasst werden müssen. Man kann Petitionen schreiben, wann immer man will. Die Petition ist an das jeweilige Landesparlament des betreffenden Bundeslandes zu richten. Man kann sie auch an einen Abgeordneten unter der Anschrift des Parlaments adressieren, der sie dann an das Parlament weiterleiten kann. Die Petition erscheint in der Landtagsdrucksache. Große Erfolge sollte man sich von der Tätigkeit der Petitionsausschüsse, die sich mit diesen Petitionen beschäftigen, nicht erwarten. Abgesehen davon, was von den Parlamenten zu halten ist, können diese weder die Justizverwaltung noch die Gerichte zu irgendetwas verpflichten. Allerdings machen Petitionen der Justizverwaltung Arbeit und sind ihr deshalb unangenehm. Die Verfassungsbeschwerde ist ein weiteres Rechtsmittel, das einem Inhaftierten zur Verfügung steht. Die Erfolgsaussichten in Vollzugssachen sind ungeheuer gering, höchstens 1 Prozent ist erfolgreich. Weil sehr genaue und ausführliche Erklärungen zu den rechtlichen Problemen einer Verfassungsbeschwerde den Rahmen meines Buches sprengen würden, beschränke ich mich hier auf die wichtigsten juristischen Anforderungen. Für eine Verfassungsbeschwerde braucht man mindestens den Text des Grundgesetzes, um sich auf das Grundrecht, in dem man sich verletzt sieht, beziehen zu können. Wenn man aber juristisch genauer arbeiten und besser argumentieren möchte, braucht man einen Kommentar zum Grundgesetz. Jeder Mensch kann gegen die Verletzung seiner Grundrechte Verfassungsbeschwerde beim Bundesverfassungsgericht einlegen.

Man kann die Verfassungsbeschwerde erst dann einlegen, wenn der Rechtsweg erschöpft ist, das heißt, wenn man bereits alle Instanzen verloren hat. Die Menschenrechtsbeschwerde nach Art. 34 der Europäischen Menschenrechtskonvention sichert allen Personen die in Abschnitt 1 genannten Menschenrechte zu, die teilweise weiter gehen als die im Grundgesetz geregelten Grundrechte. Die Menschenrechtsbeschwerde ist eine Art „Super-Verfassungsbeschwerde". Auch hier sind die Erfolgsaussichten nicht sehr hoch, und es dauert mehrere Jahre, bis man eine Entscheidung bekommt. Allerdings ist der Europäische Gerichtshof für Menschenrechte zum Teil „kritischer" als die nationalen Gerichte, weswegen es sich unter Umständen lohnen kann, über eine solche Beschwerde nachzudenken. Wenn man erwägt, zum Europäischen Gerichtshof für Menschenrechte zu gehen, sollte man dies unbedingt mit einem Rechtsanwalt tun, der sich in diesem Bereich auskennt, da es kompliziert ist, dass der Gerichtshof die Beschwerde überhaupt „zulässt", also sich damit beschäftigt.

Im Strafvollzug gibt es die Möglichkeit, eine gegen den Gefangenen getroffene Entscheidung gerichtlich prüfen zu lassen. Hierbei gibt es verschiedene Arten von Anträgen: den Anfechtungsantrag, den Verpflichtungsantrag, den Feststellungsantrag, den Vornahme- bzw. Untätigkeitsantrag und den vorbeugenden Unterlassungsantrag. Die zuständige Strafvollstreckungskammer entscheidet ohne mündliche Verhandlung im Beschlussverfahren. Es gilt das Freibeweisverfahren und das Prinzip der Amtsermittlung. Das Gericht darf seine Entscheidung nicht ungeprüft treffen, und zur Sachermittlung ist auch im Vollzugsverfahren eine mündliche Anhörung des Antragsstellers und der beteiligten Bediensteten möglich. Antragsberechtigt im gerichtlichen Verfahren sind nicht nur die Gefangenen, sondern auch Dritte, die von Maßnahmen der Vollzugsbehörde betroffen sein können (Angehörige, Briefpartner, Besucher usw.). Verteidigung, Anstaltsbeirat, Gefangenenvertretung und Gefangenenvereine stehen der Justizvollzugsanstalt eigenständig gegenüber und können Antragssteller sein, während die Anstaltsleitung Antragsgegner ist.

Petitionen an den Landtag gemäß Art. 17 GG sind Bitten und Beschwerden, die sich auf verschiedene Anliegen beziehen können, von individuellem Beamtenverhalten bis zur Forderung nach mehr Mitteln aus dem Landeshaushalt für den Vollzug. Petitionen können auch für andere oder gemeinsam mit anderen verfasst werden. Es gibt keine Vorschriften für die Form, außer dass sie schriftlich verfasst werden müssen. Man kann Petitionen zu jeder Zeit verfassen und sie an das jeweilige Landesparlament richten. Alternativ kann man sie an einen Abgeordneten unter der Anschrift des Parlaments adressieren, der sie dann an das

Parlament weiterleiten kann. Die Petition wird in der Landtagsdrucksache veröffentlicht. Große Erfolge sollte man von den Petitionsausschüssen, die sich mit den Eingaben beschäftigen, nicht erwarten. Abgesehen davon, dass die Parlamente weder die Justizverwaltung noch die Gerichte zu irgendetwas verpflichten können, verursachen Petitionen der Justizverwaltung zusätzliche Arbeit und sind ihr deshalb unangenehm. Der Petitionsausschuss muss Auskünfte von der Justizverwaltung und den Vollzugsbehörden einholen und kann sie bitten, Abhilfe zu leisten sowie die offizielle Auffassung über die Angelegenheit mitzuteilen. Oft wird die Anstaltsleitung zur Abgabe eines Petitionsberichts gezwungen. Die Petition sollte möglichst genau und detailliert beschreiben, was passiert ist und worum es einem geht, um ernst genommen zu werden und eine Lawine von Schreibarbeiten in Gang zu setzen.

Eine parlamentarische Anfrage ist ein Instrument, das Abgeordneten zur Verfügung steht, um Anfragen an die Regierung zu stellen, die von den zuständigen Ministerien beantwortet werden. Der Justizminister, der für Strafvollzugssachen zuständig ist, holt sich dabei Auskünfte von der Anstaltsleitung und beteiligten Beamten ein. Eine parlamentarische Anfrage kostet nichts außer Nerven, Geduld und Briefpapier. Unter Umständen kann eine parlamentarische Behandlung von Justizproblemen mehr Eindruck auf die Verwaltung machen als einige Gerichtsurteile.

Man kann die Verfassungsbeschwerde erst dann einlegen, wenn vorher der Rechtsweg erschöpft ist, das heißt, wenn man bereits alle Instanzen verloren hat. Die Menschenrechtsbeschwerde nach Art. 34 der Menschenrechtskonvention wird allen Personen, die in ihrem Abschnitt 1 genannten Menschenrechte zugesichert, die zum Teil weiter gehen als die im Grundgesetz geregelten Grundrechte. Die Menschenrechtsbeschwerde ist eine Art „Super-Verfassungsbeschwerde". Auch hier sind die Erfolgsaussichten nicht sehr hoch, und es dauert mehrere Jahre, bis man eine Entscheidung bekommt. Allerdings ist der Europäische Gerichtshof für Menschenrechte zum Teil wenigstens etwas „kritischer" als die nationalen Gerichte, weswegen es sich unter Umständen schon lohnen kann, über eine solche Beschwerde nachzudenken. Wenn man sich überlegt, vor den Europäischen Gerichtshof für Menschenrechte zu ziehen, sollte man das unbedingt mit einem Rechtsanwalt zusammen machen, der sich damit auskennt, da es schon kompliziert ist, dass der Gerichtshof die Beschwerde überhaupt „zulässt", das heißt, sich mit ihr beschäftigt.

Im Strafvollzug gibt es die Möglichkeit, eine gegen den Gefangenen getroffene Entscheidung durch die zuständige Strafvollstreckungskammer gerichtlich prüfen zu lassen. Hierbei gibt es folgende Antragsarten:

Anfechtungsantrag: Möchte man eine belastende Vollzugsmaßnahme bekämpfen, dann ist der Anfechtungsantrag gegeben mit dem Ziel der Aufhebung der Maßnahme durch das Gericht.

Verpflichtungsantrag: Wenn man eine begünstigende Vollzugsmaßnahme erlangen möchte und die Anstalt den dahingehenden Antrag abgelehnt hat, dann ist der Verpflichtungsantrag gegeben (vgl. § 109 Abs. 1 S. 1 StVollzG). Das Ziel ist die Aufhebung des ablehnenden Bescheids und ein Befehl des Gerichts an die Anstalt. Dieser Befehl richtet sich gelegentlich unmittelbar auf Erlass der begünstigenden Maßnahme. Wenn die Anstalt ein Ermessen hat, kann das

Gericht sie aber nur zur „Neubescheidung unter Beachtung der Rechtsauffassung des Gerichts“ verpflichten (vgl. § 115 Abs. 4 StVollzG).

Feststellungsantrag: Ist die Maßnahme inzwischen erledigt, so gibt es – ein Feststellungsinteresse vorausgesetzt – den Antrag auf Feststellung der Rechtswidrigkeit (vgl. § 115 Abs. 3 StVollzG). Er ist sowohl bei belastenden Maßnahmen möglich z.B., wenn eine Disziplinarmaßnahme bereits vollzogen ist, als auch bei der Ablehnung begünstigender Maßnahmen z.B., wenn man für die Wahrnehmung eines Termins keinen Ausgang bekommen hat.

Vornahme- bzw. Untätigkeitsantrag: Hier hat der Inhaftierte eine ihn begünstigende Maßnahme beantragt und bescheidet die Anstalt ihn lange Zeit nicht, so gibt es den Vornahmeantrag (vgl. § 113 StVollzG). Er hat zwei mögliche Ziele: Entweder die Bescheidung des Antrags oder für den Fall der Ablehnung auch das weitere Ziel des Verpflichtungsantrags.

Vorbeugender Unterlassungsantrag: Wenn man Anlass hat, eine belastende Maßnahme zu befürchten und sie von vornherein für rechtswidrig hält, dann ist der vorbeugende Unterlassungsantrag gegeben. Sein Ziel ist ein an die Anstalt gerichtetes Verbot.

Die zuständige Strafvollstreckungskammer entscheidet ohne mündliche Verhandlung im Beschlussverfahren. Es gilt das Freibeweisverfahren und das Prinzip der Amtsermittlung. Das Gericht darf seine Entscheidung nicht ungeprüft treffen. Zur Sachermittlung ist auch im Vollzugsverfahren eine mündliche Anhörung des Antragsstellers und der beteiligten Bediensteten möglich.

Antragsberechtigt im gerichtlichen Verfahren sind nicht nur die Gefangenen. Durch Maßnahmen der Vollzugsbehörde können auch Dritte betroffen sein (Angehörige, Briefpartner, Besucher usw.). Verteidigung, Anstaltsbeirat, Gefangenenvertretung und Gefangenenvereine stehen der Justizvollzugsanstalt eigenständig gegenüber. Sie alle können Antragsteller sein, Antragsgegner ist die Justizvollzugsanstalt, die die Maßnahme erlassen bzw. unterlassen hat, vertreten durch die Anstaltsleitung.

Petitionen an den Landtag gemäß Art. 17 GG: Man versteht darunter Bitten und Beschwerden, die sich auf alles Mögliche beziehen können – vom Verhalten einzelner Beamter bis zur Aufforderung, mehr Mittel aus dem Landeshaushalt für den Vollzug zur Verfügung zu stellen. Man kann Petitionen auch für einen anderen oder gemeinsam mit anderen verfassen. Es gibt keinerlei Vorschriften für die Form, außer dass sie schriftlich verfasst werden müssen. Man kann Petitionen schreiben, wann immer man möchte. Die Petition ist an das jeweilige Landesparlament zu richten. Man kann sie auch an einen Abgeordneten unter der Anschrift des Parlaments adressieren, die er dann an das Parlament weiterleiten kann. Erst dann wird es zu einer Petition. Petitionen können dazu nützlich sein, um zu helfen, Sauereien an die Öffentlichkeit zu bringen, die man wegen der Zensur im Knast (geschlossener Vollzug, U-Haft) auf anderem Weg niemandem mehr mitteilen kann. Denn Schreiben an die Volksvertretung sind gemäß geltender Strafvollzugsgesetze von der Zensur ausgeschlossen. Deswegen muss man als Adresse immer die Anschrift des Parlaments angeben, auch wenn man einen bestimmten Abgeordneten erreichen möchte. Die Petition entscheidet dann in einer Landtags-

Drucksache. Große Erfolge sollte man sich von der Tätigkeit der Petitionsausschüsse, die sich mit den Eingaben beschäftigen, nicht erwarten. Abgesehen davon, was von den Parlamenten zu halten ist, können diese weder die Justizverwaltung noch die Gerichte zu irgendetwas verpflichten. Allerdings machen Petitionen der Justizverwaltung Arbeit und sind ihr deshalb unangenehm. Der Petitionsausschuss muss nämlich über das Justizministerium und die Vollzugsbehörden Auskunft einholen und wird unter Umständen bitten, Abhilfe zu leisten und auffordern, dem Petitionsausschuss die offizielle Auffassung über die Angelegenheit mitzuteilen. Oft wird dann die Anstaltsleitung zur Abgabe eines Petitionsberichts gezwungen. Die Bediensteten müssen sich hinsetzen und Stellungnahmen – sogenannte dienstliche Äußerungen – schreiben. Möglicherweise werden sie nachträglich „korrekter“ mit einem umgehen, damit man ihnen nicht erneut unangenehme Arbeit macht. Deswegen sollte man in der Petition möglichst genau und mit vielen Einzelheiten beschreiben, was passiert ist und worum es einem geht. Umso ernster wird die Petition genommen, und umso größer ist die Lawine der Schreibarbeiten, die sie ins Rollen bringt.

Parlamentarische Anfrage: Die Abgeordneten im Bundestag und den Landtagen können jederzeit Anfragen an die Regierung stellen, die von den zuständigen Ministerien beantwortet werden. Dazu holt sich der in Strafvollzugssachen zuständige Justizminister Auskünfte von der Anstaltsleitung und betreffenden Beamten ein. Falls der Fall von allgemeinem Interesse ist oder einen schwerwiegenden Verstoß darstellt, kann man an Abgeordnete schreiben, die dem Inhaftierten gegenüber relativ wohlgesonnen erscheinen. Der Versuch einer parlamentarischen Anfrage kostet nichts – außer Nerven, Geduld und Briefpapier. Unter Umständen macht aber eine parlamentarische Behandlung von Justizproblemen mehr Eindruck auf die Verwaltung als einige Gerichtsurteile.

Verfassungsbeschwerde: Die Erfolgsaussichten von Verfassungsbeschwerden in Vollzugssachen sind ungeheuer gering, höchstens 1 % sind erfolgreich. Da sehr genaue und ausführliche Erklärungen zu den rechtlichen Problemen einer Verfassungsbeschwerde den Rahmen meines Buches sprengen würden, beschränke ich mich hier auf die wichtigsten juristischen Anforderungen. Für eine Verfassungsbeschwerde braucht man mindestens den Text des Grundgesetzes, um sich auf das Grundrecht, in dem man sich verletzt sieht, beziehen zu können. Wenn man aber juristisch genauer arbeiten und besser argumentieren möchte, braucht man einen Kommentar zum Grundgesetz. Jeder kann gegen Verletzungen seiner Grundrechte Verfassungsbeschwerde beim Bundesverfassungsgericht in Karlsruhe einlegen. Man kann eine Verfassungsbeschwerde erst dann einlegen, wenn vorher der Rechtsweg erschöpft ist, d.h. wenn man bereits alle Instanzen verloren hat. Dazu gibt es nur eine Ausnahme: Es wird einem eine dringend notwendige medizinische Behandlung im Knast verweigert. Man argumentiert dann, dass „ein schwerer und unabwendbarer Nachteil, d.h. ein erheblicher Schaden an der Gesundheit droht, wenn man alle Instanzen durchlaufen müsste." Man beantragt außerdem: „Einstweilige Anordnung der medizinischen Versorgung." Das bedeutet rechtlich, dass man diese durchzuführen verlangt, bevor die Gerichte endgültig darüber entschieden haben, ob man einen rechtlichen

Anspruch darauf hat. Die Frist, innerhalb derer Verfassungsbeschwerde eingelegt werden kann, beträgt einen Monat. Die Frist läuft ab dem Zeitpunkt an, an dem man vom letzten Urteil erfahren hat, gegen das sich die Verfassungsbeschwerde wenden soll. Bei einer Verhandlung, bei der man dabei war und das Urteil verkündet wurde, wird die Frist von diesem Zeitpunkt an gerechnet. Ansonsten von dem Tag an, an dem das Urteil zugestellt worden ist. Wenn man das verkündete Urteil nicht vollständig erhält, beantragt man schriftlich bei Gericht, die Erteilung einer in vollständiger Form abgefassten Entscheidung. Vom Zeitpunkt des Antrags an wird die Monatsfrist unterbrochen und läuft erst weiter, wenn die Entscheidung vollständig erteilt oder verkündet wird. Eine Fristverlängerung bzw. -unterbrechung ist nicht möglich. Man richtet die Verfassungsbeschwerde gegen a) die konkrete Maßnahme, die gegen einen getroffen wurde, und b) gegen die letzte Gerichtsentscheidung, die diese Maßnahme für rechtens erklärt hat. Man beantragt also: a) die Verfassungswidrigkeit der Maßnahme festzustellen und sie aufzuheben und b) die verfassungswidrige Entscheidung des Gerichts aufzuheben. Es gibt außerdem noch die Möglichkeit zu beantragen, c) das Gesetz für verfassungswidrig zu erklären, auf das die Maßnahme und Entscheidung gestützt wurde. Das aber zu begründen ist ungeheuer schwierig und wohl nur von Anwälten oder Spezialisten zu leisten.

Das Bundesverfassungsgericht prüft nur, ob die angegebene Maßnahme ein im Grundrecht – das sind die Artikel 1 bis 19 des Grundgesetzes – oder in einem der Artikel 20, 33, 38, 101, 103 und 104 des Grundgesetzes enthaltenes Recht verletzt. Daraus ergibt sich, dass man angeben muss, in welchem Grundrecht man durch die angegebene Maßnahme in welcher Weise verletzt ist. Am Ende der Verfassungsbeschwerde sollte man etwas zum Rechtsschutzbedürfnis sagen. Bei einer Verfassungsbeschwerde muss man keinen Anwalt haben, außer wenn es zu einer mündlichen Verhandlung kommen sollte, was jedoch fast nie der Fall ist. Allerdings sollte man die Verfassungsbeschwerde zusammen mit einem Anwalt einreichen, wenn man einen „guten" hat. Eine Verfassungsbeschwerde kostet nichts, aber die Anwaltskosten können sehr hoch sein. Man sollte auf jeden Fall mit seinem Anwalt eine feste Gebühr vereinbaren. Wenn man einen Anwalt hat, kann er einen Antrag auf Bewilligung von Prozesskostenhilfe stellen. Die Chancen stehen hier jedoch gleich Null. Die Entscheidung, ob die Verfassungsbeschwerde überhaupt angenommen wird, erfolgt in der Regel nach etwa drei Monaten. Wenn es zu einem Entscheidungsverfahren kommt, dauert dies etwa zwei Jahre, oft sogar länger.

Durch die Europäische Menschenrechtskonvention (EMRK) werden allen Personen, die in ihrem Abschnitt 1 genannten Menschenrechte zugesichert, Rechte gewährt, die teilweise weiter gehen als die im Grundgesetz geregelten Grundrechte. Die Menschenrechtsbeschwerde ist eine Art „Super-Verfassungsbeschwerde". Auch hier sind die Erfolgsaussichten nicht sehr hoch, und es dauert sehr lange – mehrere Jahre -, bis man eine Entscheidung erhält. Allerdings ist der Europäische Gerichtshof für Menschenrechte zum Teil etwas „kritischer" als die nationalen Gerichte, weswegen es sich unter Umständen lohnen kann, über eine solche Beschwerde nachzudenken. Wenn man sich dafür entscheidet, zum Europäischen Gerichtshof für Menschenrechte zu gehen, sollte man das unbedingt mit einem Rechtsanwalt zusammentun, der sich damit auskennt, da es schon kompliziert ist, dass der Gerichtshof die Beschwerde überhaupt „zulässt", d.h. sich inhaltlich damit beschäftigt. Der Beschwerdeführer muss selbst „beschwert" sein, d.h., man kann keine Rechtsverletzung zum Nachteil von anderen geltend machen. Die Verletzung eines in der Menschenrechtskonvention festgelegten Rechtsguts, z.B. Art. 2 und 3, muss glaubhaft bewiesen werden. Der innerstaatliche Rechtsweg muss ausgeschöpft sein, in der Regel auch die Verfassungsbeschwerde. Die Frist zur Einlegung beträgt sechs Monate nach Ergehen der letzten innerstaatlichen Entscheidung. Man kann sich jedoch in sämtlichen Verfahren auf die Grundsätze der Menschenrechtskonvention berufen und mit ihnen argumentieren.

Um den Inhaftierten die Möglichkeit zu geben, an der Verantwortung für Angelegenheiten von gemeinsamem Interesse, die sich ihrer Art und der Aufgabe der Anstalt nach für solche Mitwirkung eignen, teilzunehmen, wird ein Gefangenenrat gebildet. Ende 2021 habe auch ich mich zur Wahl des Gefangenenrates aufstellen lassen. Bei der geheimen Wahl, bei der eine Vertretung bei der Stimmabgabe nicht zulässig ist, wurde ich mit 18 Stimmen von den Inhaftierten als vertretendes Mitglied in dieses Gremium gewählt. Der Gefangenenrat und dessen Sprecher arbeiten vertrauensvoll mit der Anstaltsleitung zusammen. Die Mitglieder des Gefangenenrats werden oft als korrupte Handlanger der Anstaltsleitung und Bediensteten bezeichnet. Das ist in dieser Allgemeinheit nicht richtig. Der Gefangenenrat spiegelt eine Haltung wider, die sich damit begnügt, es sich in der aktuellen Situation einigermaßen bequem einzurichten und die Ordnung der Gesellschaft, Ungleichheit, Eigentum und Ausbeutung als unabwendbare, wenn nicht sogar vorteilhafte Tatsachen hinzunehmen. Man kann sogar sagen, dass ein großer Teil der Inhaftierten im Grunde wenig anders denkt als die Mehrheit der Bevölkerung der Bundesrepublik, nämlich unpolitisch und auf das Nächstliegende im Kampf ums Dasein fixiert, auf die Vorteile, die man für sich selbst oder höchstens für seine Familie, koste es, was es wolle, erreichen möchte.

Um bestimmte minimale Vorteile durchzusetzen, die mit einem noch größeren Maß an Schmiererei bezahlt werden, an Verlust der Identität der Inhaftierten, eignet sich der Gefangenenrat durchaus – in der jetzigen Form. Aber die jetzige Form ist im Grunde nur die Politik, die die Inhaftierten selbst machen. Gäbe es unter den Inhaftierten eine breite und radikale politische Bewegung, so wäre der Gefangenenrat ihr Instrument – solange er von der Justiz nicht wieder abgeschafft würde. Dass der Gefangenenrat jetzt nur das Instrument der Anstaltsleitung ist, liegt nicht an den gesetzlichen Bestimmungen, die ihn in Fesseln halten, sondern daran, dass die politische Bewegung der Inhaftierten selbst noch nicht entfesselt ist. Es hat also wenig Sinn, den Gefangenenrat an sich als korrupt hinzustellen und ihn damit ein für alle Mal abzulehnen. Es wäre unsinnig, generell zu bestimmen, was man mit dem Gefangenenrat tun soll – ob man ihn bejahen oder verneinen soll, ob man ihn wählt oder nicht. Dafür kann es jeweils nur einen situationsbedingten Grund geben. Denn wenn es Momente gibt, in denen die Inhaftierten durch ihre Lage gezwungen werden, für etwas zu kämpfen, was sie klar erkennen können, dann werden sie auch alles aufnehmen, was sich dafür als Hilfsmittel, als „Waffe“ eignet – und sie werden überhaupt alles, was um sie herum ist, als Hilfsmittel und Waffe verwenden können. Warum sollte ausgerechnet der Gefangenenrat davon ausgeschlossen sein? Die reiche Fantasie, der sichere, erfindungsreiche Instinkt derer, die kämpfen, wird sie in die richtige Stellung bringen, wo sie zwar dem Namen nach noch dasselbe, im Inhalt jedoch schon etwas anderes sind. Während es der Anstaltsleitung gelingt, mit Hilfe des Gefangenenrates die Interessen der Inhaftierten gegen die Inhaftierten selbst zu verwenden, könnte es einmal sein, dass die Inhaftierten einen Teil der Institution gegen die Institution selbst richten und sie damit von innen heraus aufbrechen.

Die endlosen Debatten um die Speisepläne, das TV-Programm, die Einteilung im Fitnessraum, die Telefonzeiten und vieles mehr bekommen vor diesem Hintergrund, angesichts der Möglichkeit, dass es einmal andere Debatten werden, ihren nüchternen Sinn. Es kann auch dabei bleiben. Es kann aber auch anders kommen. Die Justizvollzugsanstalten könnten dann einmal nicht die Unfreiheit produzieren, sondern die Freiheit. Der Gefangenenrat im Bereich des offenen Vollzuges der Justizvollzugsanstalt Ulm besteht aus drei Vertretern der Inhaftierten. Wahlberechtigt ist jeder Gefangene, der am Wahltag im Bereich des offenen Vollzuges untergebracht ist. Die Wahlperiode beträgt sechs Monate, eine anschließende Wiederwahl ist zulässig. Die Durchführung und Überwachung der Wahl des Gefangenenrates obliegt dem Wahlausschuss. Dieser Ausschuss besteht jeweils aus einem von der Anstaltsleitung bestellten Bediensteten der Justizvollzugsanstalt und zwei von der Wahlversammlung bestimmten, in der Wahlversammlung anwesenden und stimmberechtigten Inhaftierten. Der von der Anstaltsleitung als Mitglied des Wahlausschusses bestimmte Bedienstete ist Vorsitzender des Wahlausschusses und Wahlleiter. Er beruft die Wahlversammlung ein und sorgt für die reibungslose Durchführung der Wahl. Der Gefangenenrat tritt zeitnah nach seiner Wahl zu seiner ersten Sitzung zusammen und wählt aus seiner Mitte den Vorsitzenden, dessen Stellvertreter und den Schriftführer. Mindestens einmal pro Monat hält der Gefangenenrat Sitzungen ab und führt Sprechstunden für Inhaftierte durch. Der Vorsitzende des Gefangenenrates bestimmt im Einvernehmen mit der Anstaltsleitung Zeit und Ort der Sitzungen und Sprechstunden. Bei Bedarf findet ein Gespräch des Gefangenenrates bei der Anstaltsleitung statt. Die Anstaltsleitung kann weitere Bedienstete zu dem Gespräch hinzuziehen. Die Mitgliedschaft im Gefangenenrat endet durch eine schriftliche Erklärung des Mitglieds gegenüber der Anstaltsleitung, bei einer Verlegung des Mitglieds in eine andere Justizvollzugsanstalt, bei einer länger als drei Wochen andauernden Verlegung des Mitglieds in einen anderen Anstaltsbereich oder bei einer länger als drei Wochen dauernden Überstellung des Mitglieds in eine andere Justizvollzugsanstalt, z.B. zu einer sozialtherapeutischen Maßnahme. Selbstverständlich endet die Mitgliedschaft auch bei Entlassung aus der Haft.

Am 21.05.2014 wurde die Gefangenen-Gewerkschaft als bundesweite Organisation (GG/BO), ehemals Gefangenen-Gewerkschaft der Justizvollzugsanstalt Berlin-Tegel, gegründet. Das gewerkschaftliche Engagement hinter Gittern setzt sich für einen besseren Arbeitslohn, Lohnfortzahlung im Krankheitsfall sowie einer Einzahlung in das Rentensystem während der Haftzeit ein. Natürlich ist es nicht einfach, sich als Gefangener im Knast gegen die dortigen Strukturen zu wehren. Deswegen werden die Forderungen der Gewerkschaft von Solidaritätsgruppen außerhalb der Mauern unterstützt. Derzeit gibt es fünf Soligruppen in Freiheit: in Berlin, Leipzig, Jena, Bayern und Köln. Diese verstehen sich als Sprachrohr der Gefangenen, was bedeutet, dass sie die Forderungen aus den Knästen auf unterschiedliche Art und Weise in die Öffentlichkeit tragen. Die Politik soll damit unter Druck gesetzt und zum Handeln gezwungen werden. Dazu braucht es zunächst einmal Informationen aus den Knästen. Deswegen läuft die Praxis wie folgt ab: Gefangene kontaktieren die Soligruppen postalisch oder telefonisch, berichten über Missstände, Schieflagen und alle möglichen Probleme. Wenn die Soligruppen erfahren, wie die Lage in den Knästen aussieht, können sie aktiv werden. Sie stellen zum Beispiel parlamentarische Anfragen, berichten Zeitungen und, wenn möglich, auch dem Fernsehen über die Situation, setzen sich auch des Öfteren direkt mit den Justizvollzugsanstalten auseinander oder organisieren Kundgebungen und Demonstrationen. Draußen gibt es mehr Mittel als drinnen, um sich gegen die Zustände zu wehren. Erfolg ist jedoch nicht immer garantiert. In den letzten Jahren hat sich gezeigt, dass sich die Gefangenen vor allem auch gegen die anstaltsinterne Repression wehren wollen. Immer wieder haben Gefangene Probleme mit einzelnen Bediensteten, mit der Verweigerung von Büchern, Zeitungen oder Besuchen bzw. Ausgängen. Die Repression im Knast ist sehr vielseitig, weswegen es auch schwer ist, ausschließlich von innen heraus, also vom Knast aus, etwas dagegen zu tun. Die Soligruppe Berlin ist für inhaftierte Gefangene in Baden-Württemberg zuständig.

Wiedereinstieg in die Berufswelt, mit einer Leiche im Freigängerheim

Nach geltender Verwaltungsvorschrift zum Justizvollzugsgesetz Baden-Württemberg ist ein Strafgefangener frühestens 18 Monate vor dem Zwei-Drittel-Zeitpunkt für eine Beschäftigung außerhalb der Justizvollzugsanstalt und der Unterbringung in einem Freigängerheim berechtigt, sofern der Strafgefangene nicht bereits eine Vorstrafe von mindestens einem Jahr wegen grober Gewalttätigkeiten gegen Personen, einer Straftat gegen die sexuelle Selbstbestimmung oder wegen Handeltreibens mit Betäubungsmitteln vollzogen wurde oder zu vollziehen ist. Bei der Entscheidung, ob ein Strafgefangener für den Freigang geeignet ist, setzt dies regelmäßig eine Beobachtungszeit in der Justizvollzugsanstalt voraus, in der der Strafgefangene zum Vollzug der Freiheitsstrafe eingewiesen wurde. Bei der Entscheidung über die Eignung zum Freigang ist insbesondere zu berücksichtigen, dass die Gewährung in einem frühen Vollzugsstadium die Schwere der Tatschuld des Strafgefangenen sowie die mit der Verhängung einer Freiheitsstrafe verfolgten Zwecke entgegenstehen können. Es ist anzunehmen, dass die Gewährung die Belastungsfähigkeit des Strafgefangenen häufig überfordern dürfte, wenn er noch mehr als drei Jahre Freiheitsstrafe bis zur voraussichtlichen Entlassung zu verbüßen hat. Die stellvertretende Anstaltsleiterin verfügte bei mir, dass mir aufgrund meiner guten Führung und Arbeitsleistung bereits 19 Monate vor dem voraussichtlichen Entlassungszeitpunkt der Wechsel in den Freigang und somit meine berufliche Wiedereingliederung gewährt wird. Während meiner Regelheimfahrten sowie bei längeren Freistellungen aus der Haft schrieb ich diverse Bewerbungen für den Bereich Rettungsdienst und Leitstelle, da ich unbedingt in diesem Sektor weiterarbeiten wollte. Eine zeitgemäße Bewerbung aus der Haft heraus zu schreiben, ist meiner Ansicht nach unmöglich. Es gibt keinen Internetzugang – die meisten Stellenanzeigen der heutigen Zeit fordern eine rein elektronische Bewerbung per Mail oder Website. Klassische Bewerbungen per Post werden oft nicht einmal mehr angeschaut. Zudem kommt die Haftsituation noch erschwerend hinzu. Ich entschloss mich dazu, in meinen Bewerbungen meine Situation offenzulegen und machte kein Geheimnis daraus. Es folgten einige Absagen, aber auch Einladungen zu Vorstellungsgesprächen. Ein Vorstellungsgespräch fand unter anderem beim Malteser Rettungsdienst in Sigmaringen statt. Zuvor hatten sich die Beteiligten bereits bei meinem alten Rettungsdienstleiter Joachim aus Stuttgart über mich erkundigt. Nach informativen Gesprächen und einer Führung durch die dreistöckige Rettungswache, die in einem Wohnviertel nahe dem Bahnhof Sigmaringens liegt, wurden zwei Hospitationen für die Folgewoche vereinbart. Die Dienstzeiten sind, wie ich es bereits von anderen Rettungsdiensten gewohnt war, auch in Sigmaringen in 12-Stundenschichten aufgeteilt. Leider wurde mein Vorhaben einen Tag vor dem Hospitationstermin durch eine Verfügung der stellvertretenden Anstaltsleiterin mit der Begründung, es sei noch zu früh für eine Hospitation, abgelehnt. Bis zu meiner Freigängerberechtigung waren es noch knappe zwei Monate. Zumal eine Rettungsdienstorganisation nicht mit einem Handwerksbetrieb vergleichbar ist, der von heute auf morgen Personal einstellen kann. Nein! Die Rettungsdienstorganisationen planen weit im Voraus die Dienstpläne ihrer

Mitarbeiter. Es ist bedauerlich, dass eine stellvertretende Anstaltsleiterin, die zuvor als Richterin tätig war, davon nicht einmal ein bisschen Ahnung hat. Glücklicherweise planen Rettungsdienstorganisationen nicht so kurzfristig die Dienstpläne wie es wohl bei den Justizbehörden der Fall ist. Angesichts der mit dem freien Beschäftigungsverhältnis verbundenen Erhöhung meiner (Re-)Sozialisierungschancen darf die Anstaltsleitung dessen Genehmigung nicht auf bloße Ausnahmefälle beschränken: „Die Entscheidung der Vollzugsbehörde über die Gestattung eines freien Beschäftigungsverhältnisses weist unmittelbare Bezüge zum verfassungsrechtlichen (Re-)Sozialisierungsangebot auf, das auch die Vollzugsverwaltung in die Pflicht nimmt. Die Vollzugsbehörde ist daher auch von Verfassungswegen gehalten, die Möglichkeit eines freien Beschäftigungsverhältnisses gerade angesichts der besonderen (Re-)Sozialisierungschancen zu prüfen, die diese Beschäftigungsform bietet (Realitätsnähe, Anbahnung von Kontakten zu zukünftigen Arbeitgebern). Steht solche Tätigkeit im Einzelfall im Einklang mit dem Vollzugsplan und liegen die Voraussetzungen des § 39 Abs. 1 S. 1 StVollzG vor, so werden nur gewichtige Vollzugsbelange die Versagung einer Erlaubnis nach § 39 Abs. 1 StVollzG rechtfertigen können (vgl. BVerfGE 98, S. 210 zu § 39 Abs.1 StVollzG)." Sobald eine Beschäftigung im freien Beschäftigungsverhältnis gestattet ist, wird ein Vertrag zwischen den Parteien abgeschlossen. Darin soll insbesondere festgelegt werden, dass das Beschäftigungsverhältnis mit Ablauf der erteilten Erlaubnis ohne Kündigung endet. Ferner wird vereinbart, dass die Bezüge während des Freiheitsentzugs mit befreiender Wirkung nur auf ein mit der Anstalt vereinbartes Bankkonto gezahlt werden können. Gleiches gilt für

Zuwendungen aufgrund öffentlich-rechtlicher Bestimmungen. Den Vollzugsbehörden wird die Befugnis eingeräumt, die Überweisung von Entgelten zunächst an die Anstalt zur Gutschrift des Gefangenen verlangen zu dürfen. Zu den Zahlungsverpflichtungen des Strafgefangenen gehört dann auch die Leistung von Haftkostenbeiträgen. Die Frage des Urlaubs zur Erholung ergibt sich aus der arbeitsrechtlichen Vereinbarung. Insoweit stellen die Strafvollzugsgesetze der Länder ausdrücklich klar, dass die Regelung über die Freistellung von der Arbeitspflicht nicht für Beschäftigungsverhältnisse außerhalb des Strafvollzuges gilt. Der in einem freien Beschäftigungsverhältnis Stehende unterliegt zudem wie jeder Arbeitnehmer der allgemeinen gesetzlichen Sozialversicherungspflicht. Er hat dementsprechend Beiträge auch an die Krankenversicherung abzuführen und kann deren Leistungen in Anspruch nehmen. Für Strafgefangene besteht auch die Möglichkeit, eine Berufsausbildung innerhalb der Justizvollzugsanstalt zu absolvieren. Die Teilnahme ist abhängig von der Schulbildung und Haftdauer. Weitere Maßnahmen können auch Fortbildungskurse, Umschulungen, Fernkurse, Schulabschlüsse oder vorbereitende Deutschkurse sein. In Ulm gibt es die Möglichkeit, sich zum Schlosser oder Metzger ausbilden zu lassen. Voraussetzung zur Teilnahme an solchen Maßnahmen ist selbstverständlich, dass man durch die Justizvollzugsanstalt als „geeignet" angesehen wird. Aufgrund der Sachlage und der bewussten Verzögerung meiner Vorhaben durch die stellvertretende Anstaltsleiterin beauftragte ich meine Strafverteidigerin Lisanne Bühler mit der Durchsetzung meiner Interessen bezüglich des freien Beschäftigungsverhältnisses. Frau Bühler kümmerte sich um den Kontaktaufbau zur Justizvollzugsanstalt Ulm sowie zum zuständigen Bediensteten im Freigängerheim. Gemeinsam mit der Leitung der Malteser Rettungswache in Sigmaringen wurde ein erneuter Vorstellungstermin vereinbart. Zu diesem Termin fuhr ich zusammen mit einem Bediensteten des Ulmer Freigängerheims. Der Bedienstete machte sich ein Bild vom potenziellen Arbeitgeber und Arbeitsplatz. Zusammen wurden einige Details und der genaue Ablauf meines Freigängerstatus besprochen. Auch für die Malteser war dies Neuland, da ich der erste Bewerber war, der als Inhaftierter eingestellt werden sollte. Nach zwei erfolgreichen Probearbeitstagen in der baden-württembergischen Kleinstadt und ehemaligen Residenzstadt der Fürsten von Hohenzollern-Sigmaringen stand fest, dass ich als neuer Mitarbeiter bei den Maltesern in Sigmaringen auf dem Rettungs- und Krankentransportwagen eingesetzt werde. Nachdem mein Arbeitsvertrag unterschrieben war und ich bereits mehrere Dienste geleistet hatte, wurde der Arbeitsvertrag mit dem Hinweis auf meine Straffälligkeit von der Verwaltung der Malteser Baden-Württemberg aufgehoben und ich wurde freigestellt, obwohl alles bekannt war, bevor der Arbeitsvertrag abgeschlossen wurde. Hierzu kann ich nur sagen, als katholische Organisation sollte man vielleicht zunächst vor der eigenen Haustür kehren... Glücklicherweise und im Nachhinein betrachtet auch die beste Lösung war, dass mich das Deutsche Rote Kreuz Rettungsdienst Heidenheim-Ulm als Rettungssanitäter in der Notfallrettung und auf dem Krankentransport eingestellt hat, mit dem Hinweis, dass meine Taten nichts mit der Arbeit zu tun hatten. Letztendlich wurde ich zum Feuerwehrzugführer ausgebildet und erfüllte somit alle Voraussetzungen für die Arbeit auf der Integrierten Leitstelle Ulm, und ich bin wieder in meinem

Traumberuf tätig! Das Freigängerheim befindet sich mitten in der Ulmer Innenstadt. Mein Zimmer hatte einen direkten Blick auf das Ulmer Münster – „bestimmt das billigste Hotel mit Münsterblick in Ulm". Man versorgt sich dort komplett eigenständig und verdient einen normalen Lohn, der jedoch durch die Anstalt an einen Verwendungsplan geknüpft ist. Der Rest wird dem Eigengeld zugefügt, welches wiederum pfändbar ist. Leider gibt es während der Haft keine Pfändungsfreigrenzen. Im Freigängerheim ist rund um die Uhr ein Bediensteter vor Ort. Sollte es aus Gründen der Personalsituation oder wenn weniger als eine bestimmte Anzahl an Freigängern vor Ort ist, muss man in die Talfinger Straße umziehen und sich hier dem Vollzug anpassen. Aus meiner Sicht ist das nicht vertretbar, da man sich den Freigang und die Privilegien teilweise hart erkämpft hat. Es ist wieder einmal eine willkürliche Aktion der Anstaltsleitung, die das Ganze auf Nachfrage aus wirtschaftlichen Gründen argumentiert, was laut Aussagen von Bediensteten vor Ort natürlich so nicht sein kann. Im Freigängerheim herrscht ein striktes Alkohol- und Handyverbot. Wird man erwischt, droht die Rückversetzung in den geschlossenen Vollzug, und somit endet auch sofort das Arbeitsverhältnis. Kündigungsfristen gibt es nicht, da der Arbeitsvertrag zwischen Justiz und dem Arbeitgeber besteht und sofort aufgelöst werden kann. Eines Abends kam Freigänger Kerim von der Arbeit zurück, es wurde bei ihm eine Atemalkoholkontrolle durchgeführt, die positiv war. Der Bedienstete schickte ihn auf sein Zimmer. Ich schaute an diesem Abend fernsehen, und in der Werbepause ging ich auf die Toilette. Es fiel mir auf, dass eine Toilettentür verschlossen war, was an sich nichts Spektakuläres ist. Kurz bevor ich ins Bett ging, suchte ich erneut die Toilette auf und sah, dass die Tür immer noch verschlossen war. Ich schaute unter der Tür hindurch und sah Beine auf dem Boden stehen. Ich schickte sofort einen anderen Freigänger los, um Hilfe zu holen. Zusammen mit dem Bediensteten öffnete ich von außen die Toilettentür und sah Kerim mit seinem Schal erhängt vor mir. Sofort wurde die Reanimation eingeleitet, und ich unterstützte die Rettungswagenbesatzung dabei. Letztendlich war Kerim verstorben. Kerim war ebenfalls wegen Betrugs in Haft und hatte wie ich ein Problem mit Glücksspiel.

Kerim kannte ich bereits seit meiner Ankunft in Ulm. Er war bereits einige Zeit vor mir inhaftiert worden. Anfangs hatten wir nicht viel Kontakt zueinander. Erst als wir zusammen die externe Spielergruppe einmal wöchentlich besuchten, hatten wir mehr Kontakt und tauschten uns aus. Kerim kam einige Zeit vor mir ins Freigängerheim, da er dort zunächst vor seiner Zulassung als Freigänger als Reiniger eingesetzt war. Durch die Gruppenabende weiß ich, dass er diverse Menschen um Geld betrogen hatte, um dieses in Spielhallen an Automaten zu verzocken. Durch meine Arbeit im Rettungsdienst war es nichts Besonderes, einen leblosen Menschen vor mir zu haben. Doch es ist nochmals ein anderes Gefühl, wenn man diesen Menschen, wenn auch nur sehr wenig kannte.

Für die anderen Freigänger wurde am Folgetag der psychologische Dienst der JVA aktiviert, und es wurden mit jedem Freigänger Einzelgespräche aufgrund des Suizids von Kerim geführt. Ich sagte zur Psychologin, dass ich keine Lust auf solch ein Gespräch hatte, da es ja ein bisschen zu meinem

Arbeitsalltag gehört, mit dem Tod umzugehen. "Wissen Sie eigentlich, könnte ich Bestatter sein, so etwas macht mir rein gar nichts aus."

Von anderen Gefangenen habe ich erfahren, dass Kerim noch diverse Schulden in der Talfinger Straße offen hatte. Man kann nun spekulieren, aber vielleicht hatte er Angst, wenn er dorthin zurückverlegt werden sollte, viele Probleme zu bekommen und wollte diese durch den Suizid aus dem Weg gehen? Man weiß es nicht, was ihn bedrückte, und wird es auch nie erfahren.

Im Bezug auf Glücksspielsucht möchte ich auf die hohe Suizidrate von Abhängigen eingehen. Mehrere Studien haben Zusammenhänge zwischen Glücksspielsucht und Suizid festgestellt. Infolgedessen wurden soziale und umweltbedingte Risikofaktoren untersucht, die mit einer Suizidgefährdung einhergehen, wie die Attraktivität von Glücksspielen an besonderen Orten, der Zugang entsprechend der gesetzlichen Bestimmungen, die Darstellung von Gewinnen in den Medien, die betroffenen Bevölkerungsgruppen oder der Hintergrund von Wirtschaftskrisen.

Kanadische Studien haben gezeigt, dass Suizidhandlungen bei Glücksspielsüchtigen im Vergleich zu anderen selbstmordgefährdeten Personen sehr rasch und impulsiv vonstattengehen können. Dies liegt einerseits an einer schweren Erkrankung und häufig bereits zuvor existierenden zahlreichen Belastungen und Schicksalsschlägen, zu denen die Spielsucht noch dazu kommt, und andererseits daran, dass die finanziellen Verluste rasch auftreten und mitunter sehr hoch sind. Tatsächlich hat ein Forschungsteam in Asien beobachtet, dass bei verschuldeten Spielsüchtigen Situationen wie das Leihen von Geld von einem Kredithai, die Bedrohung durch einen Kreditgeber oder das Erleiden eines persönlichen Bankrotts in direktem Zusammenhang mit der Verübung eines Suizids stehen könnten.

Eine rasche Zunahme der Probleme, Anhäufung negativer Lebensereignisse sowie Zunahme der psychologischen Belastung sind Warnsignale für ein mögliches suizidales Verhalten bei Glücksspielsüchtigen. Die Ergebnisse wurden unter Berücksichtigung weiterer Selbstmord-Risikofaktoren (bspw. Alkohol, Drogen, Einsamkeit und Trauer) zusammengefasst, und es wurde deutlich, dass Spielsucht bei beiden Geschlechtern ein deutlich erhöhtes Suizidrisiko darstelle. Aber auch bei Spielsucht im Bereich Gaming gibt es Suizide.

Die deutsche E-Sport- und Streaming-Szene wurde durch einen plötzlichen Todesfall erschüttert. Der deutsche E-Sportler und Twitch-Streamer Flobby ist im Alter von 22 Jahren gestorben. Laut den Angaben seines befreundeten Streamer-Kollegen Big Spin beging Flobby Selbstmord.

Was ist passiert? Der Streamer Big Spin berichtete als erster in seinem Livestream auf Twitch über den Tod des 22-jährigen E-Sportlers Flobby. Big Spin und Flobby sollen seit Jahren gute Freunde gewesen sein. Laut den Informationen von Big Spin soll Flobby vor seinem Tod einen Abschiedsbrief verfasst haben. Der E-Sportler soll nach den Angaben von Big Spin unter einer Sportwetten-Sucht gelitten haben. In seinem Livestream auf Twitch sagt Big Spin: "Es zerreißt mir einfach das Herz, dass ich diese Person nie wieder im Leben sehen werde."

Wer war Flobby? Justus Noah "Flobby" von Eitzen war ein deutscher Streamer und Profi-Spieler für die E-Sport-Organisation SK Gaming. Auf seinem Twitch-Kanal erreichte der 22-Jährige über 101.000 Follower und unterhielt sein Publikum mit vielen Streams zu Clash Royale, Valorant oder Squad Busters. Ab 2017 nahm Flobby als aktives Mitglied der Szene erfolgreich an verschiedenen E-Sport Turnieren teil und gründete seinen YouTube-Kanal.

Mit dem tragischen Tod von Flobby wird auch wieder die Kritik an Glücksspiel- und Casino-Formaten auf Streaming-Plattformen wie Twitch oder Kick lauter. Hier werden Casino-Streams angeboten, die häufig suggerieren, dass man mit Glücksspiel erfolgreich sein kann. Auch wird durch die Streams das Glücksspiel teilweise verharmlost, da es als "Unterhaltungsformat" ausgestrahlt wird. Viele Zuschauer verlangen die Abschaffung von Glücksspiel-Streams, um so die Gefahr einer Sucht zu minimieren. Viele Streaming-Anbieter wehren sich noch dagegen, Glücksspiel-Inhalte komplett aus dem Angebot zu nehmen, da damit häufig hohe Zuschauerzahlen verbunden sind und damit Einnahmen verloren gehen könnten. Glücksspiel-Anbieter locken parallel viele Streamer mit großen Geldsummen, um ihre Produkte im Streaming zu vermarkten. Ob in nächster Zeit hier bei den Streaming-Plattformen ein Umdenken stattfinden wird, bleibt abzuwarten.

Der reformierte Glücksspielstaatsvertrag, der seit Juli 2021 in Kraft ist, hat zu einigen Lockerungen der Regelungen im Bereich des Glücksspiels geführt. Diese Lockerungen sind besonders deutlich geworden, als die Corona-Maßnahmen gelockert wurden. Unter anderem wurde die Legalisierung von Online-Glücksspielen umgesetzt, was zu einer Zunahme legaler Spielanreize und einer ständigen Verfügbarkeit von Glücksspielen geführt hat. Es besteht die Sorge, dass dies zu einer erhöhten Suchtgefahr rund um die Uhr führen kann. Zudem wurden gewisse Einschränkungen bei der Glücksspielwerbung gelockert, was zu einer verstärkten Vermarktung und möglichen Risiken für gefährdete Personen führen kann.

Während der Corona-Maßnahmen waren viele Spielstätten zeitweise geschlossen, was zu einer Reduzierung des verfügbaren Glücksspielangebots führte. Allerdings könnte die Wiedereröffnung dieser Spielstätten nach Aufhebung der Maßnahmen die Situation für spielsüchtige Menschen wieder verschlechtern. Es ist anzunehmen, dass während der Pandemie nur wenige Glücksspieler auf das Internet als Alternative ausgewichen sind. Dennoch haben einige Betroffene diese Verringerung des Angebots möglicherweise als Chance genutzt, um aus der Glücksspielwelt auszusteigen.

Persönlich halte ich das im Glücksspielstaatsvertrag verankerte Einzahlungslimit von 1.000 Euro pro Monat für zu hoch angesetzt. Obwohl Spieler „nur" bis zu 1.000 Euro im Monat einzahlen können, besteht immer noch die Möglichkeit, sämtliche erzielten Gewinne zu verspielen. Zudem sieht der Gesetzgeber die Möglichkeit vor, dass die Anbieter eine Erhöhung des Limits beantragen können. Diese Faktoren erhöhen das Risiko, dass gefährdete Personen hohe Verluste erleiden und letztendlich ihre finanzielle Situation gefährden.

Studien der Bundeszentrale für gesundheitliche Aufklärung zeigen, dass 75 Prozent aller 16- bis 70-Jährigen schon mindestens einmal an einem Glücksspiel beteiligt waren. Dabei haben Männer mit 79,9 Prozent häufiger Erfahrungen mit Glücksspielen gemacht als Frauen mit 70,7 Prozent. Angesichts dieser Zahlen ist es dringend erforderlich, eine bessere Kontrolle sowohl beim terrestrischen als auch beim digitalen Glücksspiel zu gewährleisten, um die bestehenden Regeln im Netz und vor Ort effektiv zu überwachen.

Die Bundesregierung schätzt derzeit, dass es in Deutschland rund 430.000 Menschen mit Glücksspielsucht gibt. Diese Abhängigkeitserkrankung hat einen umfassenden Einfluss auf das Leben der Betroffenen und betrifft auch deren Angehörige. Oft entwickelt sich die Sucht schleichend und wird von den Betroffenen selbst nicht rechtzeitig erkannt.

Der reformierte Glücksspielstaatsvertrag umfasst insgesamt 67 Seiten, von denen ich hier nur die Änderungen im Bereich der Sportwetten aufgezeigt habe. Ein Glücksspiel liegt vor, wenn im Rahmen eines Spiels ein Entgelt für den Erwerb einer Gewinnchance verlangt wird und die Entscheidung über den Gewinn ganz oder überwiegend vom Zufall abhängt. Sportwetten sind Wetten zu festen Quoten auf zukünftige Vorgänge während eines Sportereignisses, auf das Ergebnis eines Sportereignisses oder auf das Ergebnis von Abschnitten von Sportereignissen. Ein Sportereignis definiert sich als ein sportlicher Wettkampf zwischen Menschen nach definierten Regeln.

Öffentliche Glücksspiele dürfen nur mit Erlaubnis der zuständigen Behörde des jeweiligen Bundeslandes veranstaltet oder vermittelt werden. Das Veranstalten und Vermitteln ohne diese Erlaubnis sowie die Mitwirkung an Zahlungen im Zusammenhang mit unerlaubtem Glücksspiel sind strafbar.

Inhaber einer Erlaubnis dürfen vorbehaltlich anderer gesetzlicher Regelungen für die erlaubten Sportwetten werben und Sponsoring betreiben. Sie können auch Dritte mit der Durchführung der Werbung beauftragen. Allerdings müssen sie sicherstellen, dass die Werbung nicht übermäßig ist und sich nicht an Minderjährige oder vergleichbar gefährdete Zielgruppen richtet. Minderjährige sollten, sofern möglich, von der Werbung ausgeschlossen werden. Irreführende Werbung, die falsche Aussagen über Gewinnchancen oder Gewinnhöhen enthält, ist ebenfalls verboten.

Im Rundfunk und Internet ist es zwischen 6 Uhr und 21 Uhr nicht erlaubt, Werbung für virtuelle Spiele zu schalten. Unmittelbar vor oder während der Live-Übertragung von Sportereignissen darf auf dem übertragenden Kanal keine Werbung für Sportwetten auf dieses Sportereignis geschaltet werden. Zudem ist Werbung für Sportwetten mit aktiven Sportlern und Funktionären untersagt, was für einige bekannte „Werbegesichter" einen erheblichen Einnahmeverlust bedeuten dürfte.

In Sportstätten wie Stadien ist Werbung für Glücksspiele nur in Form der Dachmarkenwerbung auf Trikots, Banden und ähnlichen Werbemitteln erlaubt.

Die Veranstalter und Vermittler von Sportwetten sind verpflichtet, den Jugend- und Spielerschutz sicherzustellen, die

Spieler zu verantwortungsbewusstem Spiel anzuhalten und der Entstehung von Glücksspielsucht vorzubeugen. Den Spielern muss jederzeit die Möglichkeit gegeben werden, den Stand ihres Guthabens auf dem Wettkonto, die Spielhistorie insgesamt und je Spielform, Ein- und Auszahlungen, Limits und Limit Änderungen sowie andere Transaktionen der letzten zwölf Monate einzusehen.

Es muss jederzeit durch geeignete technische Verfahren zur Identifizierung und Authentifizierung sichergestellt sein, dass minderjährige Spieler und gesperrte Spieler vom Glücksspiel ausgeschlossen werden.

Sportwetten können als Kombinationswetten oder Einzelwetten auf den Ausgang von Sportereignissen oder Abschnitten von Sportereignissen (Ergebniswetten) sowie auf einzelne Vorgänge während des Sportereignisses oder auf eine Kombination solcher Vorgänge (Ereigniswetten) erlaubt werden.

Sportwetten auf Sportereignisse, an denen ausschließlich oder überwiegend Minderjährige oder Amateure beteiligt sind, sind in der Regel unzulässig, es sei denn, es handelt sich um national oder international bedeutsame sportliche Großereignisse. Zudem sind Wetten auf Ereignisse, die anfällig für Manipulationen sind oder die die Integrität des sportlichen Wettbewerbs gefährden könnten, untersagt. Dies betrifft insbesondere Geschehnisse, die ein Teilnehmer eines Sportereignisses selbst willkürlich herbeiführen kann. Auch Wetten auf den Eintritt eines regelwidrigen Verhaltens oder die Sanktionierung eines regelwidrigen oder vermeintlich regelwidrigen Verhaltens sind unzulässig. Es ist also nicht mehr erlaubt, darauf zu wetten, ob Spieler X eine Rote Karte bekommt oder nicht.

Das Spielersperrsystem „OASIS", das durch den Glücksspielstaatsvertrag ins Leben gerufen wurde, stellt ein bundesweites Instrument zum Schutz von Spielern und zur Bekämpfung der Glücksspielsucht dar. Die Datenbestände des übergreifenden Sperrsystems sowie der hessischen und rheinland-pfälzischen Sperrdatei für Spielhallen werden in das spielformübergreifende, bundesweite Sperrsystem überführt. Dies ist ein wichtiger Schritt im Kampf gegen Glücksspielsucht. Gesperrte Spieler dürfen an öffentlichen Glücksspielen nicht teilnehmen, mit Ausnahme von Lotterien, die nicht häufiger als zweimal pro Woche veranstaltet werden, Lotterien in Form des Gewinnsparens und Pferdewetten, die von Vereinen angeboten werden, die das Unternehmen eines Totalisators betreiben oder auf einer inländischen Pferderennbahn stationär sind. Sofortlotterien im Internet gelten nicht als Lotterien im Sinne des Gesetzes.

Ich habe persönlich bei Lotto Baden-Württemberg eine dauerhafte Selbstsperre für diese Angebote beantragt und mich auch in die OASIS-Datenbank aufnehmen lassen. Die Aufhebung der Sperre ist nur auf schriftlichen Antrag der gesperrten Person möglich. Selbstsperren haben in der Regel eine Mindestdauer von einem Jahr, es sei denn, die beantragende Person gibt einen abweichenden Zeitraum an, der jedoch nicht weniger als drei Monate betragen darf. Meine Selbstsperre ist auf Lebenszeit festgelegt! Der Antrag auf Sperre und die Aufhebung der Sperre sind kostenfrei und können mittlerweile auch online gestellt werden. Das Regierungspräsidium Darmstadt ist die zuständige Verwaltungsbehörde für das Sperrsystem.

Ich habe ich mich entschieden, dem Bündnis gegen Sportwetten Werbung beizutreten. Die Ziele des Bündnisses sind:

- Einschränkung der Glücksspielwerbung: Das Bündnis strebt eine restriktive Regulierung der Glücksspielwerbung an, um insbesondere Kinder und Jugendliche vor den potenziellen Gefahren des Glücksspiels zu schützen. Es sollen Maßnahmen ergriffen werden, um die Werbung für Sportwetten einzuschränken und eine verantwortungsvolle Glücksspielkultur zu fördern.
- Prävention und Aufklärung: Ein weiteres Ziel des Bündnisses ist es, durch Präventionsmaßnahmen und Aufklärungsarbeit über die Risiken von Glücksspielen aufzuklären. Das Bündnis setzt sich dafür ein, dass Informationen über die Suchtgefahr von Glücksspielen umfassend verbreitet werden und dass Aufklärungsmaßnahmen verstärkt werden, um eine bewusste und informierte Entscheidung im Umgang mit Glücksspielen zu ermöglichen.
- Stärkung des Jugend- und Spielerschutzes: Das Bündnis fordert eine Stärkung des Jugend- und Spielerschutzes im Bereich des Glücksspiels. Es sollen wirksame Maßnahmen ergriffen werden, um den Zugang von Minderjährigen zu Glücksspielen zu verhindern und den Schutz vor den Risiken von Glücksspielsucht zu verbessern. Hierbei wird insbesondere auf die Einhaltung von Altersbeschränkungen und die Implementierung von effektiven Sperrsystemen Wert gelegt.
- Schaffung eines transparenten Regulierungsrahmens: Das Bündnis fordert die Schaffung eines transparenten Regulierungsrahmens für das Glücksspiel. Es sollen klare und einheitliche Regeln für Anbieter von Glücksspielen geschaffen werden, um Manipulationen und Missbrauch vorzubeugen. Zudem sollen Mechanismen zur Überwa-

chung und Durchsetzung der Regulierung geschaffen werden, um den Schutz der Spieler zu gewährleisten.

- Vernetzung und Zusammenarbeit: Das Bündnis strebt die Vernetzung und Zusammenarbeit mit verschiedenen Akteuren an, um gemeinsam für eine wirksame Regulierung und Prävention im Bereich des Glücksspiels einzutreten. Es sollen Kooperationen mit anderen Organisationen, Experten und Behörden aufgebaut werden, um die Ziele des Bündnisses zu erreichen und eine breitere gesellschaftliche Sensibilisierung für die Thematik zu schaffen.

Das Bündnis gegen Sportwetten Werbung setzt sich also aktiv dafür ein, die Glücksspielwerbung einzuschränken, den Jugend- und Spielerschutz zu stärken, Prävention und Aufklärung zu fördern, einen transparenten Regulierungsrahmen zu schaffen und durch Vernetzung und Zusammenarbeit eine effektive Regulierung und Prävention im Bereich des Glücksspiels zu erreichen.

Einschränkungen, Frustration und endlich Erleichterung

Meine Haftzeit wurde, wie bereits im ersten Buch ausführlich beschrieben, durch die COVID-19-Pandemie erheblich erschwert. Im Einzelnen handelte es sich um folgende Einschränkungen:

- 16.03.2020 – 29.06.2020: Keine Besuche (105 Tage)
- 23.10.2020 – 04.06.2021: Keine vollzugsöffnenden Maßnahmen (224 Tage)
- 03.01.2022 – 18.03.2022: Keine vollzugsöffnenden Maßnahmen (74 Tage)
- 22.03.2022 – 30.03.2022: Quarantäne nach positiven PCR-Testergebnissen (8 Tage)

Insgesamt entspricht dies 411 Tagen, was 13,5 Monaten oder 1,1 Jahren meiner Inhaftierung entspricht. Besonders ärgerlich war das Vorgehen während des letzten erlebten „Justizvollzugsanstalts-Lockdowns“ in Ulm. Am 03.01.2022 wurde der Gefangenenrat der Justizvollzugsanstalt, in dem ich zwischenzeitlich als gewähltes Vertretungsmitglied Beisitzer war, mündlich darüber informiert, dass ab sofort keine vollzugsöffnenden Maßnahmen für dazu berechtigte Gefangene mehr stattfinden würden. Der Gefangenenbesuch wurde ebenfalls ab dem 10.01.2022 eingestellt. Die Anstaltsleitung berief sich auf einen Erlass des Ministeriums der Justiz und für Migration Baden-Württemberg vom 23.12.2021.

Zum Zeitpunkt des Erlasses war ich bereits gemäß den Empfehlungen der STIKO immunisiert. Ich hatte meine erste Impfung am 12.04.2021, die zweite Impfung am 17.05.2021 und die dritte Impfung am 30.11.2021 erhalten. Mein Impfstatus entsprach somit den geltenden Regeln des

Infektionsschutzgesetzes und der Corona-Verordnung für das Land Baden-Württemberg bzw. die Bundesrepublik Deutschland. Es war für mich nicht nachvollziehbar, warum das Ministerium der Justiz und Migration Baden-Württemberg einen solchen Erlass für die Justizvollzugsanstalt Ulm angeordnet hat. Das Leben in Freiheit wurde ebenfalls nicht komplett heruntergefahren, sondern es galten lediglich die geltenden Corona-Verordnungen mit 3G, 2G und 2G+.

Bereits am 01.12.2021 wurde durch den Leiter der Justizvollzugsanstalt Ulm eine Anpassung für vollzugsöffnende Maßnahmen veröffentlicht, in der immunisierte Gefangene diese Maßnahmen wahrnehmen durften. Ab Dezember wurde den nicht geimpften Gefangenen dringend empfohlen, sich wöchentlich mittels Schnelltests auf das Corona-Virus testen zu lassen. Es ist verständlich, dass eine Justizvollzugsanstalt ein Teil der kritischen Infrastruktur ist und der Betrieb nicht einfach heruntergefahren werden kann. Dennoch gab es Möglichkeiten, die Ausbreitung des Virus durch Maßnahmen wie regelmäßige Testungen einzuschränken. In der Justizvollzugsanstalt Ulm gab es seit Beginn der Pandemie einen Quarantäneflügel, auf den Gefangene verlegt werden konnten, die positiv getestet wurden. Währenddessen liefen die vollzugsöffnenden Maßnahmen weiter.

Mit der Umsetzung des Erlasses vom 23.12.2021 wurde meine Haftsituation erneut massiv verschärft, was im Verhältnis zu meinem Impfstatus sinnlos, haltlos und unbegründet war. Zudem wurde bei Rückkehrern aus den vollzugsöffnenden Maßnahmen nur eine Lasermessung der Körpertemperatur durchgeführt und ein Kontaktpersonennachweis für die Anstalt ausreichend war. Die bedauerliche Personalsituation in der Justizvollzugsanstalt und das verpasste Notfallkonzept wurden auf dem Rücken der Strafgefangenen ausgetragen.

Am 23.02.2022 wurde in Baden-Württemberg weitgehend auf 3G zurückgefahren, Clubs und Diskotheken konnten wieder öffnen und die Fußballstadien wurden wieder gefüllter. Auf meine wiederholte Nachfrage, ab wann wieder mit vollzugsöffnenden Maßnahmen zu rechnen sei, erhielt ich keine Antwort von der Anstaltsleitung. Das ganze Vorgehen erweckte den Eindruck einer „Kopf-in-den-Sand-Taktik" seitens der Anstaltsleitung. Auch das Ministerium der Justiz und Migration Baden-Württemberg ließ bis zum 23.02.2022 nichts mehr von sich hören.

Zur Freude aller Inhaftierten wurden die Maßnahmen ab dem 06.03.2022 erlassen und ab dem 07.03.2022 wurde in den Normalbetrieb zurückgewechselt. Stufenweise begann der Wiedereinstieg in die vollzugsöffnenden Maßnahmen mit Gefangenenbesuchen, Regelheimfahrten und schließlich der Freistellung aus der Haft (Urlaub). Es ergaben sich keine neuen Maßnahmen für Rückkehrer aus den vollzugsöffnenden Maßnahmen. Wie gewohnt musste lediglich ein Kontaktpersonenblatt bei der Rückkehr ausgefüllt werden. Sollte meine Körpertemperatur bei Rückkehr über 37,8°C liegen, würde ich direkt in das Quarantänestockwerk gebracht werden. Es ist zu beachten, dass bei meiner Rückkehr nach den Regelheimfahrten oder der Freistellung aus der Haft eine erhöhte Temperatur aufgrund einer Infektion erst nach der Inkubationszeit erkennbar wäre.

Freiheitsstrafen sind darauf ausgelegt, dass zu einem bestimmten Zeitpunkt die Vollstreckung des Restes zur Bewährung ausgesetzt werden kann, sofern die Kriminalprognose günstig ist. Ersatzfreiheitsstrafen werden nur vereinzelt wie Freiheitsstrafen behandelt, bei denen die Reststrafen ausgesetzt werden können. Die Entscheidung über die Aussetzung des Strafrests ist so rechtzeitig zu treffen, dass der Inhaftierte bei Erreichen der Aussetzungsreife entlassen werden kann. Wenn ein Sachverständigengutachten eingeholt werden muss, sollte der Antrag bereits 6 Monate vor dem Halb- bzw. Zweidritteltermin gestellt werden, damit die Strafvollstreckungskammer rechtzeitig den Auftrag an den Gutachter erteilen kann. Wenn man schon einige Wochen vor seiner Entlassung Bescheid weiß, wenn man den Tag ungefähr ausrechnen kann, trifft es einen vielleicht nicht so plötzlich. Aber wenn man völlig unvorbereitet ist und es plötzlich heißt: „Sie werden heute – oder morgen – entlassen", dann durchfährt einen ein Schock wie ein Stromschlag den Körper.

Auch bei meiner Entlassung war alles von jetzt auf gleich. Schon frühzeitig beantragte ich die Entlassung bei der Strafvollstreckungskammer am Landgericht Ulm. Nach fünf Monaten wurde ich zur richterlichen Anhörung geladen. Der zuständige Richter erklärte mir kurz und knapp, dass er mich nur zur Hälfte der Strafe entlassen würde, wenn ich Krebs im Endstadium hätte. Ansonsten würde er nur einer 2/3-Entlassung zustimmen. Er empfahl mir, meinen Antrag zurückzuziehen. Aber so leicht wollte ich es dem Richter nicht machen, da er ja sonst keine Arbeit hätte. Im gleichen Atemzug erklärte er mir noch, er könne auch niederschreiben, dass er mich nicht entlassen wird. Dies wäre auch seine Arbeit. Anschließend könnte ich den Beschluss vom Oberlandesgericht (OLG) überprüfen lassen, ob er seine Arbeit als Richter richtig gemacht habe. Meine ganze Aufarbeitung der Taten sowie meine bisherigen Gespräche mit der Suchtberatung und meine Entwicklung während der Haft ließ er außen vor und sprach von einer ungünstigen Prognose.

Ich entschied mich für einen offiziellen Richterlichen Beschluss, welcher mir dann einige Tage später im Freigängerheim zugestellt wurde. Die Staatsanwaltschaft sowie die Anstalt waren gegen eine Entlassung zum gemeinsamen ½-Strafen Zeitpunkt. Die Stellungnahme der Staatsanwaltschaft war kurz und knapp, auf einem standardisierten Ankreuzzettel.

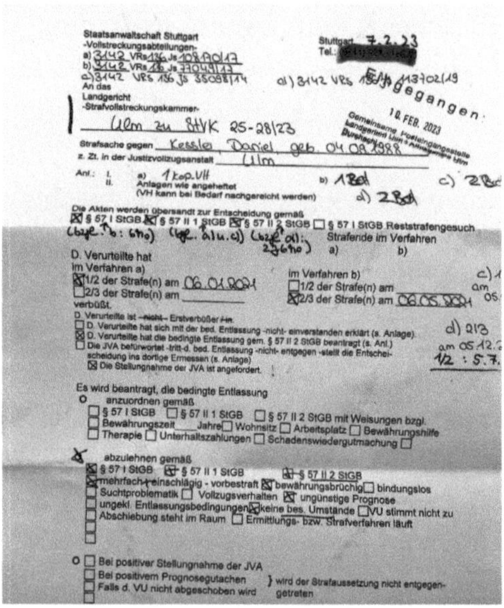

Staatsanwaltschaft Stuttgart
-Vollstreckungsabteilungen-
a) 3142 VRs 136 Js 108170/17
b) 3142 VRs 136 Js 77049/17
c) 3142 VRs 136 Js 35098/14
d) 3142 VRs 136 Js 113702/19

Stuttgart, 7.2.23
Tel.: [redacted]

Eingegangen
10. FEB. 2023
Gemeinsame Posteingangsstelle
Landgericht Ulm + Amtsgericht Ulm

An das
Landgericht
-Strafvollstreckungskammer-
Ulm zu StVK 25-28/23

Strafsache gegen Kessler, Daniel, geb. 04.08.1988
z. Zt. in der Justizvollzugsanstalt Ulm

Anl.: I. a) 1 kop. VH b) 1 Bd c) 2 Bd d) 2 Bd
II. Anlagen wie angeheftet
(VH kann bei Bedarf nachgereicht werden)

Die Akten werden übersandt zur Entscheidung gemäß
☒ § 57 I StGB ☒ § 57 II 1 StGB ☒ § 57 II 2 StGB ☐ § 57 I StGB Reststrafengesuch
Strafende im Verfahren a) b)

D. Verurteilte hat
im Verfahren a)
☒ 1/2 der Strafe(n) am 06.01.2021
☐ 2/3 der Strafe(n) am
verbüßt.
im Verfahren b)
☐ 1/2 der Strafe(n) am
☒ 2/3 der Strafe(n) am 06.05.2021

D. Verurteilte ist ~~nicht~~ Erstverbüßer ~~/in~~.
☐ D. Verurteilte hat sich mit der bed. Entlassung -nicht- einverstanden erklärt (s. Anlage).
☒ D. Verurteilte hat die bedingte Entlassung gem. § 57 II 2 StGB beantragt (s. Anl.)
☐ Die JVA befürwortet -tritt d. bed. Entlassung -nicht- entgegen -stellt die Entscheidung ins dortige Ermessen (s. Anlage)
☒ Die Stellungnahme der JVA ist angefordert.

Es wird beantragt, die bedingte Entlassung
o anzuordnen gemäß
☐ § 57 I StGB ☐ § 57 II 1 StGB ☐ § 57 II 2 StGB mit Weisungen bzgl.
☐ Bewährungszeit ____ Jahre ☐ Wohnsitz ☐ Arbeitsplatz ☐ Bewährungshilfe
☐ Therapie ☐ Unterhaltszahlungen ☐ Schadenswiedergutmachung ☐

☒ abzulehnen gemäß
☒ § 57 I StGB ☒ § 57 II 1 StGB ☒ § 57 II 2 StGB
☒ mehrfach ~~/~~ einschlägig - vorbestraft ☒ bewährungsbrüchig ☐ bindungslos
☐ Suchtproblematik ☐ Vollzugsverhalten ☒ ungünstige Prognose
☐ ungekl. Entlassungsbedingungen ☒ keine bes. Umstände ☐ VU stimmt nicht zu
☐ Abschiebung steht im Raum ☐ Ermittlungs- bzw. Strafverfahren läuft

o ☐ Bei positiver Stellungnahme der JVA
☐ Bei positivem Prognosegutachten
☐ Falls d. VU nicht abgeschoben wird
} wird der Strafaussetzung nicht entgegengetreten

Abbildung 2: Stellungnahme der Staatsanwaltschaft zu meiner vorzeitigen Entlassung Quelle: Daniel Kessler

Die Stellungnahme seitens der Anstalt wurde vom Sozialdienst geschrieben und von der Leiterin unterschrieben. Da ich mit dem Sozialdienst eigentlich nie etwas zu tun hatte und mich selbst um alles gekümmert hatte, konnte in der Stellungnahme auch keine Aussage zu meiner Person gemacht werden. Deshalb wurde einfach (standesgemäß?) eine schlechte Prognose aufgeschrieben, ohne jemals mit mir gesprochen zu haben. Den Beschluss habe ich meiner Verteidigerin vorgelegt, und wir haben gemeinsam entschieden, dass wir eine sofortige Beschwerde dagegen einlegen werden. Nun musste das Oberlandesgericht Stuttgart über meine Entlassung zum gemeinsamen ½-Strafen Zeitpunkt entscheiden. Die Tage zogen sich träge dahin. Der Gedanke an die Freiheit war bittersüß, von Aufregung und Unsicherheit durchzogen. Doch ich wusste, dass ich mich akribisch auf meine eventuell bevorstehende Haftentlassung vorbereiten musste, um nicht wieder in alte Muster zu verfallen. Es war eine Zeit der Selbstreflexion, in der ich über die Fehler und Entscheidungen nachdachte, die mich hinter diese kalten Gefängnismauern geführt hatten. Ich begriff, dass die Vorbereitung auf die Entlassung einen entscheidenden Schritt darstellte, um den Weg in ein neues Leben zu ebnen. Ich begann damit, meine persönlichen Dokumente in Ordnung zu bringen. Ein gültiger Personalausweis oder Pass war unerlässlich, um wieder in die Gesellschaft integriert zu werden. Ich sammelte penibel alle Nachweise über meine früheren Arbeitsverhältnisse und meinen Sozialversicherungsnachweis. Diese Dokumente würden mir bei den ersten Behördengängen nach meiner Entlassung von großem Nutzen sein. Die Frage nach dem Lebensunterhalt beschäftigte mich ebenfalls. Ich hatte das

Glück, dass ich bereits während meiner Haftzeit eine berufliche Perspektive gefunden hatte. Ich sorgte dafür, dass meine Gesundheitsversorgung nach der Haft sichergestellt war und dass ich Zugang zu den notwendigen Medikamenten hatte, die ich für meine Gesundheit benötigte. In diesen Momenten der Vorbereitung fühlte ich, wie ein Licht am Ende des Tunnels näher rückte. Am 06.07.2023 wurde um 14:51 Uhr der Beschluss an das Freigängerheim gefaxt, in dem das OLG den Beschluss vom Landgericht Ulm aufgehoben hat und meine sofortige Entlassung angeordnet hat. Zu diesem Zeitpunkt befand ich mich bei der Arbeit. Ein Bediensteter vom Freigängerheim rief mich an und teilte mir mit, dass ich sofort entlassen werde und mein Zimmer räumen muss. Nach Rücksprache mit meinem Vorgesetzten in der Leitstelle konnte ich sofort zum Freigängerheim laufen, um alles zusammenzupacken, um anschließend meine Papiere und das Überbrückungsgeld an der Hauptanstalt abzuholen. Das OLG hat in seinem Beschluss die Belehrung über die Auflagen an die Anstalt übertragen. In der Vollzugs-Geschäftsstelle sah ich zum ersten Mal den Beschluss und las ihn mir durch. Anschließend fragte mich der Bedienstete, ob ich die lange oder kurze Belehrung haben möchte. Ich entschied mich für die kurze Variante. Er sagte: „Wenn Sie wieder etwas anstellen, sind Sie wieder hier!“ In der Beschlussbegründung stand unter anderem, dass es nicht auf dem Rücken des Verurteilten ausgetragen werden darf, wenn der Sozialdienst nicht in der Lage ist, sich ein Bild von ihm zu machen. Die Bewährungszeit von vier Jahren, die ich erhalten habe, ist eine spezifische Form der gerichtlichen Überwachung und Resozialisierung. Es ist wichtig zu verstehen, dass es auch eine andere Art der gerichtlichen Überwachung gibt, die als "Führungsaufsicht" bezeichnet wird. Obwohl beide Maßnahmen dazu dienen, die Wiedereingliederung von Straftätern in die Gesellschaft zu unterstützen, gibt es einige wichtige Unterschiede zwischen ihnen. Bei einer Bewährungsstrafe wird die verurteilte Person nach ihrer Haftentlassung nicht ins Gefängnis zurückgeschickt, solange sie bestimmte Auflagen und Bedingungen erfüllt. Die Bewährungszeit ist normalerweise zeitlich begrenzt, in meinem Fall vier Jahre. Während dieser Zeit muss ich mich an die festgelegten Regeln halten und darf keine weiteren Straftaten begehen. Ein Bewährungshelfer oder eine Bewährungshelferin überwacht meine Fortschritte und steht mir zur Seite, um sicherzustellen, dass ich die Auflagen einhalte. Die Führungsaufsicht hingegen ist eine Maßnahme, die nach der Haftentlassung angeordnet werden kann und in der Regel eine längere Dauer hat, oft mehrere Jahre oder sogar Jahrzehnte. Der Verurteilte unterliegt während der Führungsaufsicht einer intensiven Überwachung durch einen Bewährungshelfer oder eine Bewährungshelferin, ähnlich wie bei einer Bewährungsstrafe. Die Führungsaufsicht kann auch umfassendere Befugnisse für die Überwachung und Unterstützung der verurteilten Person haben, je nach den Umständen der Straftat und der individuellen Geschichte. Der Hauptunterschied zwischen Bewährungsstrafe und Führungsaufsicht besteht in der Dauer und Intensität der Überwachung. Die Bewährungsstrafe ist normalerweise kürzer und weniger umfassend als die Führungsaufsicht. Beide Maßnahmen haben jedoch das gemeinsame Ziel, die Wiedereingliederung in die Gesellschaft zu fördern und die Wahrscheinlichkeit künftiger Straftaten zu reduzieren. In meinem Fall bedeutet die vierjährige Bewährungszeit, dass ich eine Chance zur Rehabilitation und zur Veränderung habe, solange ich die Auflagen und Bedingungen gewissenhaft erfülle. Die Führungsaufsicht, die für andere Straftäter angeordnet werden kann, kann länger dauern und eine intensivere Überwachung beinhalten. Letztendlich sollen beide Maßnahmen dazu beitragen, dass Verurteilte sich positiv entwickeln und erneutes strafrechtliches Fehlverhalten verhindert wird.

Der Autor und sein letztes Wort

In einem Strafprozess erhalten nach dem Ende der Beweisaufnahme der Staatsanwalt und sodann der Angeklagte das Wort. Dem Staatsanwalt steht das Recht der Erwiderung zu; dem Angeklagten gebührt das letzte Wort. Der Angeklagte ist, auch wenn ein Verteidiger für ihn gesprochen hat, zu befragen, ob er selbst noch etwas zu seiner Verteidigung anzuführen hat (vgl. § 258 StPO). Zusammenfassend zu meinem während der Inhaftierung Erlebten ist als letztes Wort zu sagen, dass das Strafrecht in Deutschland gründlich überarbeitet gehört. Der Strafvollzug der Länder gehört an die fortschreitende Digitalisierung angepasst. Dringend muss das System Knast, der „Staat im Staat", retuschiert werden und weitaus bessere Vollzugsbedingungen geschaffen werden. Das Augenmerk muss im Wesentlichen auf eine ertragreichere (Re-)Sozialisierung gerichtet sein. Die Gefängnisse im Land sind zum Teil viele Jahre nicht mehr modernisiert worden und baufällig. In die Jahre gekommene Sanitäranlagen runden das Gesamtbild ab. In einigen Hafträumen bildet sich durch Feuchtigkeit gesundheitsschädlicher Schimmel an den Wänden. Viele Räumlichkeiten wie Bäder, Toiletten, Küchen auf den Haftstockwerken und Telefonkabinen sind bei der Vielzahl an Inhaftierten nicht mehr ausreichend. Hafträume, wie ich sie erlebt habe, welche eine Toilette enthalten, die nur durch einen Vorhang vom restlichen Haftraum getrennt ist, gehören saniert! Andere Strafgefangene haben mir von einer Anstalt in Baden-Württemberg berichtet, in der Ratten und Mäuse über die Stockwerke gerannt sind – fast täglich! Ich fordere von der Regierung und den Aufsichtsbehörden, mehr Einfluss auf die

Justizvollzugsanstalten zu nehmen, um die bestehende Vetternwirtschaft zu unterbinden. Unsere Gesellschaft hegt den Wunsch nach Vergeltung. Für diesen Wunsch ist es nicht erforderlich, dass jemand hofft, die Bestrafung würde Täter und die Allgemeinheit gleichermaßen vor künftigen Taten abschrecken. Den philosophischen Sinn dieser Auffassung verteidigte Immanuel Kant. Kant führte diesen Gedanken noch weiter, indem er äußerte: „Selbst, wenn ein Inselvolk beschlösse, auseinanderzugehen und sich in alle Winde zu zerstreuen, müsse zuvor noch der letzte verurteilte Mörder hingerichtet werden, damit jedem das widerfahre, was seine Taten wert sind." Nur wenn dies der Fall sei, dann sei auch der Gerechtigkeit genüge getan. Wenn sie untergehe, „habe es keinen Wert mehr, dass Menschen auf Erden leben". Heutzutage wird in Deutschland niemand mehr hingerichtet. Darüber hinaus wird die Todesstrafe durch das Grundgesetz ausgeschlossen. Das Inselbeispiel lässt sich jedoch abändern: Diebe statt Mörder, Geldstrafe statt Hinrichtung. Was wäre in diesen Fällen von Kants Vergeltungsimperativ zu halten? Nichts, so sagen es die Strafrechtsprofessoren. Die Wissenschaftler zeigen ihren Studenten mit diesem Beispiel, dass die Vergeltung als Strafzweck – wörtlich genommen – keinen Sinn hat, da die Vergeltung keinen Nutzen für die Zukunft einer Gesellschaft innehat. Wer diese Ansicht als falsch empfindet, kann sich damit trösten, dass die Professoren in ihren Hörsälen nicht sonderlich viel Unheil stiften können. Die Gerichte im Land erachten jedoch die Vergeltung sehr wohl als Strafzweck. Es ist unschön, wenn sich Theorie und Praxis so unverkennbar widersprechen, zumal jeder Richter an einer Universität studiert haben muss. Dem Strafzweck der Vergeltung fehlt in der Praxis nämlich die Theorie. Es mangelt an empirischen Erkenntnissen, welche Taten unserer Gesellschaft wie viel Strafe „wert" sind. Das Gesetz lässt dafür einen großen Spielraum offen, außerdem wird es von den Gerichten auf schockierende Art unterschiedlich angewandt. So liegt beispielsweise das Strafmaß beim Totschlag etwa zwischen fünf Jahren und einer lebenslangen Freiheitsstrafe. Das Strafmaß hat dementsprechend einen größeren Einfluss auf die Tat, abhängig vom Ort der Verhandlung und dem zuständigen Richter. Vergeltung befindet sich nicht auf derselben Stufe wie Rache: Vergeltung verhindert Rache, die schnell und unwillkürlich um sich greifen kann. Vergeltung befriedet die Gemeinschaft (vgl. Walter, Tonio, Zeit Online, 2011). Trotz allem hat mich meine Inhaftierung von Beginn an zum Nachdenken über meine Suchtkrankheit sowie zur Aufarbeitung und Verarbeitung meiner Delinquenzen gebracht. Die Inhaftierung hat mich aber auch für ein zukünftiges straffreies Leben geprägt. Die Glücksspielsucht hat durch meinen Knastaufenthalt ihre Macht über mich verloren! Für die „The Länd"-Imagekampagne beglich das Ländle Medienberichten zufolge eine Rechnung über 21 Millionen Euro. Diese Ausgaben hätten meiner Ansicht nach sinnvoller in den hiesigen Strafvollzug investiert werden sollen.

THE
LÄND

Abbildung 3: THE LÄND – Wortmarke, Quelle: Staatsministerium Baden-Württemberg

Unsere Gesellschaft hat die Pflicht, der Justiz und ihrem teils sehr fragwürdigen Handeln mehr kritische Aufmerksamkeit zu schenken. Mit diesem Handeln wird die unantastbare Würde des Menschen gewahrt und ausgedrückt. Kommen wir dieser Pflicht nicht nach, wird sich dieser vermeintliche Rechtsstaat in einen Staat des Unrechts wandeln. In einen Staat, dessen Werte sich in etwas wandeln. Etwas, das unserem Land fast 100 Jahre zuvor beinahe den völligen Ruin brachte. Eines muss uns (Ex-)Inhaftierten allerdings bewusst sein: „Trotz unseres überwiegend regelkonformen Verhaltens im Knast, egal ob die Inhaftierung aufgrund einer (Sucht-)Krankheit oder welcher Tat auch immer stattfand; wären wir in Freiheit den geltenden Gesetzen gefolgt, wären wir nicht im Knast gelandet!“ Ich habe mich dazu entschlossen, mit diesem zweiten Buch das ganze prägende Erlebte abzuschließen und mich auf mein weiteres straffreies Leben, meine Familie und die Arbeit zu konzentrieren. Über meinen weiteren Kampf gegen das Glücksspiel und die geplante Präventionsarbeit berichte ich meinen Lesern in Zukunft auf den sozialen Kanälen: Facebook, Instagram.

Für Kritik, Fragen und Anregungen bin ich per E-Mail: daniel@230120.de erreichbar.

Quellen und weiterführende Literatur

- Beschlussfassungen der Strafvollstreckungskammer am Landgericht Ulm
- Beschluss des Oberlandesgerichts Stuttgart vom 06.07.2023
- Bewährungs- und Straffälligenhilfe Ulm e.V. Internetseite, Stand 07/2023
- Bundesministerium der Justiz, Bundesamt für Justiz www.gesetze-im-internet.de/stgb, Stand 04/2022
- „Der Lichtblick," 55. Jahrgang, 1/2022, Heft Nr. 390
- Drogenlexikon www.drugcom.de, Stand 04/2022
- Enke K, Flemming A, Hündorf H-P et al. (Hrsg.) LPN2 Berufskunde und Et. 5. Auflage Edewecht S+K; 2015: 420ff
- Gerichtsurteile der Strafgefangenen „Cem" und „Dieter"
- Gerichtsurteil der Berufungsverhandlung Landgericht Stuttgart
- „Glücksspiel und Corona," ZDFheute 25.02.2022, Panorama, Stephanie Schmidt
- Glücksspielstaatsvertrag 2021 verabschiedet durch die Ministerpräsidentinnen und Ministerpräsidenten der Länder am 27.10.2020
- Höck P, Ört H. Wörterbuch für Erziehung & Unterricht Friedberg: Brigg; 1994: 213
- „Im Dschungel der Justiz 15," „Das böse Spiel mit dem Leben 2," Prof. Dr. h.c. mult. Christian Lukas-Altenburg
- Klaus Laubenthal, „Strafvollzug" 7. Auflage Springer-Verlag
- Linden AE. Psychologie und Kommunikation für NotSan Bonn: Luhri; 2019: 127ff

- Luxem J, Runggaldier K, Karutz H et al. (Hrsg.) NotSan heute 6. Auflage München: Elsevier; 2016: 133ff
- Ministerium der Justiz und für Migration Baden-Württemberg, Internetseite, Stand 07/2023
- nd Zeitung, „Der Preis der Tütensuppe“ 23.10.2021, Ressort Politik, Johanna Treblin
- OASIS – Sperrplattform Regierungspräsidium Darmstadt Internetseite, Stand 02/2022
- Plusminus-Berichterstattung der ARD u.a. zur Firma Massak aus dem Jahr 2021
- Statistisches Bundesamt (Destatis), Fachserie 10 Reihe 4.1 erschienen am 14.12.2021
- Strafgesetzbuch 57. Auflage Beck-Texte Sonderausgabe dtv Verlagsgesellschaft mbH & Co. KG
- Strafprozessordnung 54. Auflage Beck-Texte Sonderausgabe dtv Verlagsgesellschaft mbH & Co. KG
- Staatsanwaltschaft Ulm, Pressemitteilung „Haftbefehl wegen Vergewaltigung…“ 20.08.2009
- Südwestpresse, „Zu viel Fleisch, zu wenig Obst“ 28.03.2022, Südwestumschau, Theo Westermann
- tz Zeitung, „Mit einer Gabel vergewaltigt…“ 10.09.2018, Welt, www.tz.de
- Verteidigung in Vollstreckung und Vollzug, 5. Auflage 2014, C. F. Müller, Praxis in der Strafverteidigung
- Verwaltungsvorschrift zum JVollzGB III Baden-Württemberg, gültig bis 31.03.2023
- „Wege durch den Knast,“ 3. ergänzende Auflage 2019, Redaktionskollektiv Assoziation A, Berlin